**基础教育
国际比较研究丛书**

Series of
International and
Comparative Studies on
Basic Education

顾明远　主编

比较研究的视角

基础教育国际化
政策与实践：

杨明全 —————— 著

Policies and Practice of
Internationalization
in Basic Education:
A Perspective of
Comparative Study

上海教育出版社
SHANGHAI EDUCATIONAL
PUBLISHING HOUSE

国家社科基金"十三五"规划2017年度教育学一般课题

"主要国家基础教育国际化的政策取向与实践路径比较研究"

（课题批准号BDA170024）研究成果

# 总　序

　　2020年注定是人类历史上不平凡的一年，新冠疫情的爆发改变了世界发展的基本格局。一些国家保守主义、单边主义抬头，逆全球化思维盛行；但更多国家和国际组织呼吁全球应加强合作，共同抗击疫情并抵制疫情给世界各国社会、经济、教育等不同领域带来的不良影响。受疫情的影响，不少国家因通信基础设施薄弱已出现了学习危机，加之疫情影响导致的经济危机势必影响很多国家的教育投入，进而加剧教育不平等的现象。此外，疫情期间不少国家不断爆出的种族歧视、隔阂言论和行为，给世界和平和发展带来了潜在的风险。为此，2020年联合国教科文组织"教育的未来"倡议国际委员会发布了《新冠肺炎疫情后世界的教育：公共行动的九个思路》(Education in A Post-COVID World：Nine Ideas for Public Action)，特别强调要加大教育投入，保障公共教育经费，同时呼吁"全球团结一心，化解不平等。新冠肺炎疫情解释了权力不均和全球发展不平等问题。各方应重新倡导国际合作，维护多边主义，以同理心和对人性的共同理解为核心，促进国际合作和全球团结"。[1]

　　事实上，全球教育发展面临的挑战远非如此。回

[1] International Commission on the Futures of Education, UNESCO. Education in A Post-COVID World：Nine Ideas for Public Action［R/OL］.［2020-06-24］https://unesdoc.unesco.org/ark:/48223/pf0000373717/PDF/373717eng.pdf.multi.

1

顾人类社会进入21世纪以来，经济的快速发展和科技的日益进步的确给教育的发展带来了很大的变化，"经济增长和创造财富降低了全球贫穷率，但世界各地的社会内部以及不同社会之间，脆弱性、不平等、排斥和暴力却有增无减。不可持续的经济生产和消费模式导致全球气候变暖、环境恶化和自然灾害频发……技术发展增进了人们之间的相互关联，为彼此交流、合作与团结开辟出了新的渠道，但我们也发现，文化和宗教不宽容、基于身份的政治鼓动和冲突日益增多"。[1]这些全球可持续发展的危机已然给世界各国的教育提出了巨大的挑战。为此，联合国教科文组织特别重申了人文主义的方法，强调："再没有比教育更加强大的变革力量，教育促进人权和尊严，消除贫穷，强化可持续性，为所有人建设更美好的未来，教育以权利平等和社会正义、尊重文化多样性、国际团结和分担责任为基础，所有这些都是人性的基本共同点。"[2]

对此，中国政府一直高度赞同并积极行动，响应国际社会的号召。我们以习近平总书记提出的"人类命运共同体"和"文化交流互鉴"的思想为指导，坚持教育对外开放，积极地开展各项国际教育交流与合作活动。日前，《教育部等八部门关于加快和扩大新时代教育对外开放的意见》也明确指出，要"坚持教育对外开放不动摇，主动加强同世界各国的互鉴、互容、互通，形成更全方位、更宽领域、更多层次、更加主动的教育对外开放局面"。[3]为此，我们需要更加深入地研究各国教育改革的最新动向，把握世界教育发展的基本趋势。

北京师范大学国际与比较教育研究院作为教育部普通高等学校人文社会科学重点研究基地，始终围绕着世界和我国教育改革与发展的

---

[1] 联合国教育、科学及文化组织.反思教育：向"全球共同利益"的理念转变 [M].巴黎：联合国教科文组织，2015：9.

[2] 同上：4.

[3] 教育部.教育部等八部门全面部署加快和扩大新时代教育对外开放 [R/OL].（2020-06-18）[2020-06-24]. https://www.xuexi.cn/lgpage/detail/index.html?id=12928850217812069436&amp；item_id=12928850217812069436.

重大理论、政策和实践前沿问题开展深入研究。此次组织出版的"基础教育国际比较研究丛书"共10本，既有国别的研究，涉及英国、美国、法国、加拿大等不同的国家，也有专题的研究，如基础教育质量问题、英才教育等。这些研究均是我院教师和博士生近年来的研究成果，希望能帮助从事基础教育工作的教育决策者和实践者开拓视野，较为深入准确地把握世界教育发展的前沿问题，以更好地促进我国基础教育新一轮的深化改革。在出版过程中，我们得到了上海教育出版社的大力支持，特别是此套丛书的负责人袁彬同志和董洪同志的大力支持，具体负责每本书的编辑不仅工作高效，而且认真负责，在此一并感谢！

2020 年 6 月 24 日
于北京求是书屋

前 言

一

　　党的十八大以来，我国在学校教育领域明确提出以"立德树人"为根本任务，"培养什么人、怎样培养人、为谁培养人"成为当下教育发展的时代课题。在这一宏观背景下，我国的学校教育改革进入了"快车道"，一系列改革举措陆续发布和实施。2014年3月，教育部印发《关于全面深化课程改革落实立德树人根本任务的意见》，要求充分发挥课程在人才培养中的核心作用，进一步提升综合育人水平，更好地促进各级各类学校学生全面发展。2016年9月，中国学生发展核心素养研究成果发布，提出了学生应具备的能够适应终身发展和社会发展需要的必备品格和关键能力。2019年2月，中共中央、国务院印发《中国教育现代化2035》，提出到2035年总体实现教育现代化、迈入教育强国行列的目标，明确了推进教育现代化的八大基本理念。2019年6月，中共中央、国务院印发《关于深化教育教学改革全面提高义务教育质量的意见》，提出坚持立德树人、坚持"五育"并举、强化课堂主阵地作用、深化关键领域改革等举措。同样在6月，国务院办公厅印发了《关于新时代推进普通高中育人方式改革的指导意见》，要求统筹推进普通高中新课程改革和高考综合改革，全面提高普通高中教育质量，推进普通高中育人方式改革。

可以说，我国当下的学校教育改革正经历着"百年未有之大变局"。之所以作出这一判断，是因为我们的改革在横向和纵向两个维度都体现出不同于以往的基本格局：横向来看，学校教育改革正在全面提速，一步跟不上就会落伍，似乎转瞬间，教育的图景已经沧海桑田；纵向来看，学校教育改革已经触及教育教学的深层次问题，其核心在于围绕人的培养而推动教育要素的调整与重构。在这一变局之下，我国学校教育无疑已经进入改革的"深水区"，千千万万所学校正在以不同于以往的精神状态展示其存在，绽放其精彩。总体而言，今天我们对教育改革的任何描述都不能忽视以下日趋凸显的三大特征：一是注重价值引领，学校教育的根本任务是立德树人，教育价值观指向人的发展与社会发展的统一，核心素养和"五育"并举是实现价值引领的直接抓手。二是崇尚文化重塑，表现为各种教育思潮、观点和术语不断涌现，这是一个大浪淘沙、去伪存真的过程，说明中国教育正在经历一系列思想涵养和文化启蒙，从而逐步形塑适合自身的新型教育文化。三是呼唤内涵发展，在发展素质教育的背景下，过去那种大投入、粗放式、集约化的发展思路已经难以满足未来人才培养的要求，学校这片沃土需要的是深耕细作和定向灌溉，学校只有确立自身的发展特色，才能在竞争中脱颖而出。

在民族复兴、大国崛起的语境中，我们深切感受到，中国的学校教育正在走向深刻的变革，并谋求对传统发达国家的超越，从基础教育到高等教育，无不如此。这种发展的底气，来自中华人民共和国成立70多年特别是改革开放40多年积淀下来的经济社会发展基础，以及构建人类命运共同体这一新时代坚持和发展中国特色社会主义的基本方略。从这个角度来说，教育的国际化其实也是我们的主动选择，是未来教育发展的一个重要趋势。这一趋势在高等教育领域已经非常明显，我国高水平大学的国际化程度已经越来越多地得到认可，无论是世界大学排名、留学生来华学习的数量，还是国际化的其他指标要素，都体现出我国在高等教育国际化领域取得的成就。在基础教育领域，特别是在高中教育阶段，国际化的元素也日趋彰显，如国际课程的引入、中外学校之间的沟通交流等。基础教育国际化是一个大课题，不管是否愿意，我们已经处在往前发展的道路上，如何回应世界基础教育发展的挑战，并借助国际化的浪潮推动我国基础教育迈上一个新台阶，这方面的研究无疑意义重大。

## 二

基础教育是造就人才和提高国民素质的奠基工程，在各国教育改革与发展中占有重要的地位。1977年联合国教科文组织在内罗毕召开的高级教育计划官员讨论会议指出，基础教育是向每个人提供并为一切人所共有的最低限度的知识、观点、社会准则和经验的教育，它的目的是使每一个人能够发挥自己的潜力、创造性和批判精神，以实现自己的抱负和获得幸福，并成为一个有益的公民和生产者，为所属的社会发展贡献力量。如果说人才培养是一座大厦，那么基础教育无疑就是这个大厦的地基，其重要性不言自明。在我国，基础教育是针对未成年人的教育，包括幼儿教育、小学教育、初中教育和高中教育，它在整个教育系统内部具有独立的、独特的价值。基础教育的重要性决定了各国在推进教育改革的过程中必然会关注基础教育领域的国际化问题，通过借鉴他国的先进理念和办学经验来改进本国的教育。

基础教育国际化是近年来我国教育界探讨的一个热点问题。它是21世纪人类社会全球化发展的产物，也是我国深化教育改革，不断融入国际教育潮流的必然结果。在经济全球化的大潮之下，各国之间在政治经济、社会生活、文化与教育、科技发展等领域的交流与合作不断向纵深发展，国际化已经成为全球教育发展的重要特征。2016年4月，中共中央办公厅、国务院办公厅印发《关于做好新时期教育对外开放工作的若干意见》，要求在教育领域坚持扩大对外开放，做强中国教育，推进人文交流，不断提升我国教育质量、国家软实力和国际影响力。文件提出了扩大教育对外开放的六个方面：加快留学事业发展，提高留学教育质量；完善体制机制，提升涉外办学水平；加强高端引领，提升我国教育实力和创新能力；丰富中外人文交流，促进民心相通；促进教育领域合作共赢；实施"一带一路"教育行动，促进沿线国家教育合作。这一文件的颁布意味着推动教育领域的国际化发展已经成为"国家工程"，是我国面向未来的教育发展的必然选择。

在世界范围内，各国在基础教育领域都面临着相似的问题，推进基础教育领域的比较研究具有重要意义。例如，随着科技的迅速发展，STEM教育[1]成为各国普遍关注的问题。2006年，美国政府发布了"美国竞争力计划"（American Competitiveness Initiative，简称ACI），提出知识经济时代的教育目标之一是培养具有STEM素养的人才，并称其为全球竞争力的关键。2008年，奥巴马政府在STEM教育方面不断加大投入，鼓励学生主修STEM，培养科技素养。2009年1月，美国国家科学理事会（National Science Board）发布致奥巴马的一封公开信，主题是"改善所有美国学生STEM教育"。信中指出国家的经济繁荣和安全要求美国保持科学和技术的世界领先和主导地位，敦促政府抓住这个特殊的历史时刻，动员全国力量支持所有学生发展高水平的STEM知识和技能。这启发我们，未来的经济增长和国际竞争力取决于一个国家的创新能力，而科技创新人才是这种创新能力的人力资源基础。科技创新人才的培养是教育规划的关注点，没有一流的科技人才，就没有一流的科学技术，培养创新型科技人才是我国教育发展的当务之急。我国比较教育界及时关注发达国家基础教育问题和发展动向，引介前沿的教育理念和办学经验，有助于提升我国的办学水平。近几年来，我国中小学校在STEM教育领域也开展了大

---

[1] STEM是科学（science）、技术（technology）、工程（engineering）、数学（mathematics）四门学科英文首字母的缩写。

量的探索，取得了积极成效，体现了比较教育研究的价值。

三

当前，国际化已经成为各国教育发展的一个重要特征。不管是否愿意接受，国际化作为一种社会现实已经席卷全球。因此，在21世纪，比较教育学界讨论的一个热点问题就是能否跟得上国际化的步伐。根据美国比较教育学家鲁斯特（V. D. Rust）的观点，比较教育学界对待国际化的态度可以归纳为三种：接受，即积极主动地借鉴他国的先进经验；抵制，即保持自身文化、语言、习惯等方面的差异性；修正，即在迎合国际化的同时，致力于保护和提升自身的地方知识。[1]这三种心态的存在说明，人们对国际化进程有着不同的理解和认识，也说明并不是每一个人都能做好迎接国际化的准备。

这一问题的关键在于如何理解教育中的"同质性"与"差异性"及其关系问题。显然，"国际化"强调教育实践的国际性，突出的是将具有差异性的地方教育纳入具有相对统一性的发展框架。与此相对的是"地域性"，也就是特定国家或地区在教育实践中所体现出的独特的一面，突出历史传承、地方特色与教育的国家主权。"国际化"的力量如此强大，必然影响到地方性的教育实践，它是一种"静悄悄"的变革力量。相对而言，"地域性"则具有强大的文化凝聚力和发展惯性，它在很大程度上抵制"国际性"的步伐，固守既有的教育传统。

任何研究都有一个基本的前提，那就是必须提出问题、致力于解决问题并服务于本国教育的发展。在当今时代，能够影响教育决策并服务于教育实践的改进，是比较教育获得生命力的根基。因此，当代

---

[1] Rust, V. D. Foreign Influences in Educational Reform［C］// H. Ertl (Ed.), Cross-national Attraction in Education. Oxford: Symposium Books, 2004:133.

各国比较教育研究的一个重要取向就是转向"本土化"，在以"国际化"视野考察外部教育问题的同时，立足于解决本土实际问题。正如一位美国学者所言，美国参与国际教育研究的重要原因在于提升对其自身教育体制的理解，也就是拓展和完善其本国的教育研究。由于不存在绝对的教育成就标准，比较研究对于决策者确立现实的标准并监督教育体制的成功运行具有重要作用。[1]美国的比较教育研究总是与其国内教育问题交织在一起，最明显的一个例子是，美国比较教育界热衷于对PISA这一国际性教育测评进行跨国比较研究，这个研究主题显然与美国本土高度关注的"高利害测试"（high stake testing）密切相关。为了提升学校教育的质量，美国积极推行"绩效责任"和"高利害测试"，这些测试本身对学生的未来发展会产生重大影响，此外还会把学生测试的结果与对教师和校长的评价挂钩，进一步左右了他们的发展前景。这种"高利害测试"目前在美国引起广泛争论，在这个领域推进国际性的比较研究，显然有助于美国在该领域的教育决策。

应该说，在教育国际化的实践中，各国在高等教育领域都进行了积极的探索，在合作办学、学历互认、留学教育、人员交流等方面均取得了显著的成就。但基础教育毕竟不同于高等教育，相对而言，基础教育领域的国际化变革与发展明显落后于高等教育阶段，这也是由基础教育阶段的特殊性决定的。因此，基础教育领域如何推动国际化成为各国普遍关注的重大课题。对我国来说，基础教育国际化显得更加复杂，因此在推动基础教育国际化的实践中也尤为谨慎。这说明基础教育国际化领域尚有一些重要的问题需要面对和解决。通过比较研究，发现基础教育国际化发展的规律，通过借鉴国外成功经验来推动我国的基础教育国际化改革与发展，应该是一条基本的路径。为此，

[1] Bradburn, N., M. A Framework and Principles for International Comparative Studies in Education［M］. Washington: National Research Council Press,. 1990: 12.

我们承担了国家社科基金"十三五"规划2017年度教育学一般课题"主要国家基础教育国际化的政策取向与实践路径比较研究"（课题批准号BDA170024），从国际比较的视角聚焦全球化语境中基础教育国际化发展的时代特征，对主要国家的基础教育国际化发展状况进行深入研究，侧重阐述主要国家在推进基础教育国际化方面采取的政策举措和实践路径，以期揭示我国基础教育国际化发展的本质和实践路径，为我国新时期教育对外开放的总体战略提供思路和参考。

本书是这一研究的成果。鉴于当前我国基础教育国际化领域的系统研究尚属起步阶段，在实践中尽管有学校已开始探索，但并没有形成成熟的经验，既有的可供参考的研究成果并不丰厚，某些数据和资料也不容易获得，书中不妥甚至错讹的地方，敬请读者批评指正。

杨明全

北京师范大学国际与比较教育研究院

2020 年 12 月

# 目　录

第一章

基础教育国际化的研究
及其意义

基础教育国际化是近年来我国教育界探讨的一个热点问题。它是21世纪人类社会全球化发展的产物，也是我国深化教育改革，不断融入国际教育潮流的必然结果。研究基础教育国际化，可以从国际比较的视角，聚焦全球化语境中基础教育国际化发展的时代特征，对主要国家的基础教育国际化发展状况进行深入探讨，揭示我国基础教育国际化发展的本质和实践路径，以期为我国新时代教育对外开放的总体战略提供思路和参考。本章将阐述这一课题，在梳理文献的基础上探讨学术界对基础教育国际化问题的研究，特别是对"基础教育国际化"这一核心概念进行系统阐述，并厘清已有的研究基础。


# 第一节

# 问题的提出


　　教育国际化是当今时代教育发展的重要趋势，尤其在高等教育领域，这一趋势更加明显，已经成为各国教育发展的重要特征。但在基础教育领域，教育的国际化并没有受到关注，尽管基础教育国际化发展的萌芽已经出现并得到了初步发展。为了系统地对基础教育国际化问题进行研究，我们提出了"主要国家基础教育国际化的政策取向与实践路径比较研究"这一课题。应该说在当今的时代背景下，这一课题有其研究价值，也具有积极的研究意义。

## 一、研究背景

国际化是当代世界教育发展的重要特征，它已成为当今时代教育发展的基本趋势，也是各国推动教育改革的重要主题。随着经济全球化的推进，各国之间在经济、文化和社会交往等方面的联系越来越密切，与教育相关的就业市场、国际学生流动、学历和学位认可等方面也日益国际化；与此同时，现代信息技术突飞猛进的发展也为教育的国际化提供了条件，使得跨境教育、大型开放式网络课程（MOOC）等成为现实。这一切推动了世界各国教育日益成为一个整体，尤其是发达国家早就行动起来，提出了一系列促进教育国际化的举措，推动教育国际化向纵深方向发展。例如，早在1998年，欧盟为了促进大学生和社会事务的交流、发挥欧洲高等院校巨大的人力资本潜能和优势，德国、法国、英国和意大利的教育部部长共同提出了"索邦宣言"（Sorbonne Declaration），后来，又有欧盟其他一些国家加入该宣言，一年后，29个欧洲国家共同发表"波隆纳宣言"（Bologna Declaration），目标是希望在2010年创造一个欧洲高等教育区。为了落实"波隆纳宣言"，欧盟先后推动"苏格拉底计划""达·芬奇计划""青年计划""田普斯计划""夸美纽斯计划""伊拉斯谟计划""格伦德维希计划"和"莫内计划"，希望通过签订宣言，解决欧盟各国遭遇的教育问题，改善欧盟的教育质量，提升欧盟的竞争力，促进欧盟国家经济的发展。[1]此外，1999年欧盟29个国家在意大利博洛尼亚提出了"博洛尼亚进程"（Bologna Process），改革欧洲高等教育，目标是整合欧盟的高教资源，打通教育体制，希望到2010年，欧

---

[1] 王云彪.欧盟教育政策及对我国教育事业发展的启示［J］.河南社会科学，2013（7）：73.

洲"博洛尼亚进程"签约国中任何一个国家大学毕业生的毕业证书和成绩，都能获得其他签约国家的承认，大学毕业生可以毫无障碍地在其他欧洲国家申请学习硕士阶段的课程或者寻找就业机会，实现欧洲高教和科技一体化，建成欧洲高等教育区。可见，发达国家在20世纪末就已经开始为高等教育的国际化发展布局，进一步强化教育国际化发展趋势，这对21世纪的世界教育发展产生了重大影响。"从简单的校际合作走向复杂的跨国性大学联盟（如环太平洋大学联盟、东亚研究型大学协会、国际研究型大学联盟、中国—东盟工科大学联盟、东盟大学联盟等）；从教师、学生、课程等专门性领域延展到教学、科研、服务等综合性领域；从零散的国际交流与合作跃迁到系统的国际化办学。"[1]

显然，在教育国际化的时代潮流面前，任何国家的教育发展都会受到国际化的冲击，都不可能独善其身。对我国来说，在2001年加入世界贸易组织（WTO）之后，我们开启了对基础教育国际化的实践探索：2010年颁布《国家中长期教育改革和发展规划纲要（2010—2020）》，提出"开展多层次、宽领域的教育交流与合作，提高我国教育国际化水平"，明确了国际化发展的方向；2016年颁布《关于做好新时期教育对外开放工作的若干意见》，提出坚持扩大开放，做强中国教育，推进人文交流，不断提升我国教育质量、国家软实力和国际影响力，进一步强化了推进国际化的意愿。"《国家中长期教育改革和规划纲要》最大的突破之一就是接受和提出教育国际化的理念。我们观察和犹豫了10年、20年，《规划纲要》终于突破了这一条。"[2]可以

---

[1] 李枭鹰，牛军明.高等教育国际化的本质与内涵：文化流的视角[J].高教探索，2015（11）：38.
[2] 王一兵.中国大学的国际化：一杆标尺和一张路线图[J].世界教育信息，2011（5）：20.

说，基础教育国际化领域的研究在当下我国的教育发展中有着重要的价值和研究意义。

## 二、研究意义

尽管基础教育领域的国际化形势逼人，但在研究层面，国内学术界目前并没有提供较充分的理论准备和实践对策。

### （一）推动我国学术界对基础教育国际化的理论研究

我们知道，除了高等教育的国际化，基础教育也日益呈现出国际化的发展趋势，这必将对各国的基础教育改革产生重大影响。2017年1月，习近平主席在世界经济论坛开幕式发表主旨演讲时指出："经济全球化是社会生产力发展的客观要求和科技进步的必然结果……我们要顺应大势、结合国情，正确选择融入经济全球化的路径和节奏……"与经济领域的全球化步伐相一致，推进基础教育领域的国际化发展也将是我国深化教育改革、扩大教育对外开放的重要选择。可以说，基础教育国际化是我国教育国际化战略的重要一环，而且鉴于其教育主体是未成年人，因此基础教育领域的国际化问题更复杂，更具挑战性。那么，如何认识基础教育国际化的本质？各主要国家在推动基础教育国际化方面有哪些值得借鉴的经验？如何推进我国基础教育国际化？这些问题是我国在推进教育国际化过程中面临的重大社会问题，也是我们必须面对和研究的理论问题。

### （二）拓展基础教育国际化发展的内涵

教育国际化是一个复杂的问题，涉及的领域很多。"高等教育国际化的表现形式复杂而多样，直观地或直接地表现为学生的国际化、教学人员的国际化、课程的国际化、大学办学的国际化、网络和信息的国际化，等等。"[1]在基础教育领域，问题显得更复杂。那么，如何理解基础教育国际化的内涵？其本质特征和属性又表现在哪里？一方面，我们需要融入国际化的潮流，需要回应国际基础教育发展的基本趋势并借鉴成功的做法来提升本土化实践水平；另一方面，我们又不能完全根据发达国家的基本主张和做法来推进我们自己的基础教育国际化，毕竟我们有着不同的发展愿景和价值诉求。本课题的研究力图在深层次探讨这些基础问题，以明确我们自己的定位，不至于在全球化的浪潮中迷失自我。

### （三）为解决政策和实践层面的一些困惑提供参考

近年来，我国各地在基础教育国际化领域做出了大量的探索，包括一些公立和民办中学与国外开展合作办学，引进国际课程并参与国际性学业成就评价，"小留学生"（中学阶段即出国留学）出国留学愈演愈烈等。应该说这些现象反映了基础教育发展的新取向和社会需求，是整个全球化发展在基础教育领域的折射，是不可避免的。但在实践过程中，我们也遇到了诸多问题，包括如何规范我国中学与国外机构的合作办学，在引进国际课程的过程中需要符合哪些规范，如何引导小留学生的出国留学，等等。这些问题关系到我国的教育主权和国家教育意志，也直接影响到我国基础教育国际化的健康发展。本课题的研究可以对这些实践问题作出一些回答，有助于理性对待基础教育国际化发展问题。

---

[1] 李桌鹰，牛军明.高等教育国际化的本质与内涵：文化流的视角 [J].高教探索，2015（11）：37.

# 第二节

# 文献综述

总体而言，教育国际化问题是当今学术界普遍关注的一个热点问题，但高等教育领域和基础教育领域国际化问题受关注的程度不一样。我们首先梳理了文献中对教育国际化的界定，然后关注国外学者对国际化问题的认识，最后聚焦主要国家基础教育国际化的实践经验，以期整体上呈现当前的学术研究状况。

## 一、关于教育国际化的概念

关于教育国际化，不同学者从不同的视角出发提出了对教育国际化的不同理解，目前学术界并没有形成一个有明确共识的界定。厘清概念的内涵是理解事物的基础，笔者通过对文献的研究，梳理出当前学术界对"教育国际化"这一概念的定义，大致有两种定义方式，即"自然发展说"和"利益取向说"。这两种定义方式尽管在一定程度上揭示了教育国际化的性质，但因缺少整体性视野而存在偏颇，需要全方位梳理这一概念并把握其内涵。

## （一）梳理与批判教育国际化"自然发展说"

这种观点认为，教育国际化是人类教育的一个自然发展的进程，具有必然性，体现了教育发展的趋势。代表性观点有：吴定初认为，教育国际化是现代人类跨越教育的时空障碍，既在世界这一空间范围内沟通、联系、交流与互动，又在时间这一尺度上共同面向未来、描绘明日世界教育图景的一种自然进程[1]；王少东、朱军文认为，国际化是一个用以表征人类历史进程的范畴，教育国际化是指以具体多样的国际交流与合作为载体，不同国家教育理念、教育方法、教育制度、教育模式的相互学习、交流与合作的过程。[2]

这种观点的实质是将教育国际化看作各国教育发展的必然选择，是一个自为的、自然发展的过程，具有天然的合理性。我们对于这一观点要一分为二地看待。一方面，这种观点确实看到了发达国家学校教育发展的新趋势，即进入21世纪之后随着经济领域的全球化，学校教育领域的交流与合作日益加强，教育的国际化趋势是一种必然的发展。尤其是欧洲，在推进欧洲经济社会一体化发展的过程中，欧洲各国为了共同应对全球化的挑战并确立未来发展的优势，在近二十年里强化了教育领域的国际化运作，成为教育国际化的典范区域。例如，早在2000年，欧盟成员国就在里斯本召开了高峰会议，提出了"里斯本战略"（Lisbon Strategy），认为只有欧盟进行深远改革，才能迎接人口结构老化与全球化的挑战，计划在未来十年实施多项整合性结构改革，在2020年之前让欧洲成为世界上最具竞争力的知识经济体。[3]显然，发达国家的这种国际化运作有其自身的经济考量和价值追求，总体上看是服务于强化自身教育优势这一战略目标的。另一方面，对于发展中国家来说，教育国际化并非从一开始就是一种主动选择，因为面对发达国家的强势介入，发展中国家并不能确保通过教育

---

[1] 吴定初.关于中国基础教育国际化与民族化的思考 [J].教育评论，2003（1）：7.

[2] 王少东，朱军文.教育国际化的内涵、动因与路径设计 [J].苏州大学学报（哲学社会科学版），2002（4）：123—124.

[3] 王云彪.欧盟教育政策及对我国教育事业发展的启示 [J].河南社会科学，2013（7）：73.

国际化可获得自身的利益，鉴于其孱弱的经济地位，它们甚至难以维护本民族的教育主权，难以推行符合民族利益的教育改革，只能成为国外课程的"试验场"和生源的"供应国"。以印度为例，印度高等教育的发展有着较高的国际声誉，高等教育领域的国际化发展也取得了骄人的成绩。但印度"流出"的学生人数仍远远多于"流入"的学生人数。据印度媒体2015年11月报道，2014年，美国所有国际学生为美国经济贡献超过300亿美元，其中印度贡献36亿美元，这一数据达到了美国门户开放计划数十年来印度贡献值的历史最高点。[1]

从立论的逻辑来说，这种理解依附于对国际化的理解，将国际化的概念在教育领域予以推演。"国际化是人类社会发展到一定历史阶段，由于生产力的发展与科学技术的进步所出现的以经济为主导的政治、经济、文化、教育、社会生活等诸方面在全球范围内互动的历史过程和客观趋势。"[2]显然，教育是社会生活的一个方面，随着社会各领域的国际化，教育也自然会走向国际化。它符合"三段论"逻辑推理：人类的社会生活会走向国际化（大前提），教育是人类社会生活的一个方面（小前提），所以教育也必然走向国际化（结论）。然而，这一逻辑推理是存在问题的，因为学校教育（尤其是基础教育阶段的学校教育）跟人类社会生活中的科技、经济等活动不同，它具有一定的国家属性，体现了特定的民族文化精神和价值追求，不能做到完全的价值中立，因此不可能以自为的方式走向国际化，就像今天我们尽管生活在"地球村"，但各民族的宗教、文化形态和价值观等并没有国际化一样。总之，对于发达国家来说，教育国际化是一个自然的过

[1] 刘婷.印度高等教育国际化历史、现状及特点 [J].世界教育信息，2016（18）：61.
[2] 袁利平.国际化语境中公民教育的愿景与策略 [J].外国教育研究，2007（3）：21.

程，因为发达国家通过教育国际化进一步强化了其在教育领域的优势地位，并借助这种优势地位进一步强化了对发展中国家教育领域的控制。但对发展中国家来说，教育国际化并不是一个自然的过程，它更多的是在自身发展的过程中被发达国家的国际化运作裹挟，身不由己地"参与"了国际化的进程。当然不可否认，发展中国家也会在教育国际化的潮流中不断调整自身的发展战略，在丧失部分教育利益的同时积极利用国际平台更快地发展自身，从而完成从"被动国际化"到"主动国际化"的转变。

## （二）梳理与批判教育国际化"利益取向说"

这种观点从国际化带来的好处或功能出发，对教育国际化进行描述，关注教育国际化的功利性目的，并由此定义教育国际化。代表性的观点有：黄炳煌认为，"教育的国际化包含三层意思：一是指教育应保证本国在国际事务中发挥更大作用；二是指培养关心人类共同命运、全球问题，有国际眼光并为本国发展所需要的人；三是指充分发展国际交流与合作，并使这种交流合作达到国际先进水平"；[1]肖凤翔认为，"教育国际化观念的精神实质可以概括为两方面：培养受教育者适应社会国际化的能力，增强学生的国际意识并促进国际理解"；[2]王华丽认为，"所谓教育国际化，就是站在国际的立场上看待和发展本国的教育，使本国的教育成为国际教育的一部分，为其他领域的国际化提供援助，其主要内容包括教育的国际交流、教育的国际理解和教育的国际合作"。[3]

---

[1] 黄炳煌.基于教育国际化的教师教育探略 [J].南华大学学报（社会科学版），2006（2）：101.
[2] 肖凤翔.教育国际化观念探微 [J].教育探索，2001（12）：49.
[3] 王华丽.全球化视野下的我国基础教育改革 [J].科教文汇，2009（7）：38.

以上这些观点是从国际化带来的实利和好处的角度来阐述其定义的，认为国际化的教育有助于本土教育的发展和国际化人才的培养，带有明显的功利化色彩。这种界定揭示了教育国际化发展的优越性，但其显著的不足在于有意或无意地遮蔽了国际化的弊端，陷入单纯的功利主义窠臼而不能全面评判其价值。事实上，产生于经济全球化背景的教育国际化是存在一些不足的，正如经济全球化由发达经济体确立贸易规则和运行体系，由此必然带来不平等关系一样，教育国际化也并不是各国公平协商和自由选择的结果，西方发达国家确立的价值观和教育规则仍然是主导的力量，它推行的是一种文化普遍主义的思维方式，容易带来教育的"同质化"，消解不发达国家教育的民族化和特色化，这应该引起人们的重视。而从实际获得的教育利益来看，发达国家和发展中国家在利益分配中扮演的角色也不是平等的。例如在留学生方面，发展中国家基本上面临"流入"远远少于"流出"的情况。这种"逆差"带来的消极结果除了带动发达国家的经济发展，最根本的损失就是人才外流。这方面，我国无疑深受其苦。从20世纪80年代初到2001年我国加入WTO，二十年里我国留学生累计达到40多万人，但"自改革开放以来，以出国留学为主要方式的人才外流逐年增加，规模不断扩大，我国年均出国留学2万人，累计40多万人，回国率33%。清华大学、北京大学涉及高科技专业的毕业生82%和76%去了美国。在美国硅谷20万名工程师技术人员中，有6万名是中国人"。[1] "人才外流"（brain drain）是发展中国家在推动教育国际化进程中付出的惨痛代价，在我们讴歌教育国际化取得的成果时，发达国家已经悄无声息地将教育市场收益和顶尖人才收于囊中。

--------

[1] 张明义.加入WTO后我国人才竞争面临的挑战与对策［J］.经济问题探索，2002（8）：92.

因此，作为发展中国家，我们不能简单地从利益获得的视角去定义教育国际化。教育国际化肯定会带来一些利益，但如果在教育国际化的进程中仅仅盯着这些利益，就不能全面、深刻地理解教育国际化的本质。

## （三）本课题对基础教育国际化的界定

基础教育国际化是一个复杂的概念，要准确地厘清其内涵，需要从多个视角和层面进行描述：一是要说明我国推进基础教育国际化的动因，即加入WTO后我国作出有限承诺允许外方为我方提供教育服务，这是基础教育国际化的根源和起点；二是要说明我们经过十多年的发展之后主动谋求基础教育的国际化发展，但我们追求的国际化与西方主导的国际化有所不同，那就是推进素质教育改革并实现教育现代化；三是要说明在哪些领域开展国际化的教育实践，也就是明确国际交流与合作的基本框架；四是要面向未来确立我国基础教育发展的引领作用，为人类教育的发展作贡献。根据这一理解，笔者对基础教育国际化界定如下：

基础教育国际化是我国在基础教育阶段，为适应国际教育服务贸易规则和深化素质教育改革，推动教育现代化而开展的有关学校教育实践探索和改革的过程，它以国际交流与合作为基础，以融合学校教育发展的世界眼光和本土情怀为追求，在国际基础教育援助、国家之间的课程借鉴、中小学生的跨境学习以及教育理念与模式的借鉴等领域开展双向互动，最终体现全球化时代人类教育发展的新趋势。

这是一个很长的定义，要阐释这一定义，除了上述的四个维度之外，还要明确基础教育国际化具有如下几个属性：（1）基础教育国际化是学校教育发展的现象，而不是本质；（2）基础教育国际化是学校教育发展的过程，而不是结果；（3）基础教育国际化是学校教育发展的手段，而不是目的。

## 二、国外学者对教育国际化问题的探讨

教育国际化是西方学者关注的一个话题。其中较早从事该方面研究并产生较大影响的是加拿大多伦多大学的简·奈特（Jane Knight）教授。她多年来研究高等教育的国际化问题，在她看来，"国际化"这个术语主要是用于讨论高等教育领域的国际因素，更宽泛地说是中等后教育（postsecondary education）阶段的国际因素。她认为，要搞清楚什么是教育国际化，就必须思考如下问题：国际化的目的是什么？人们期望通过国际化得到什么好处或结果？国际化背后的价值观是什么？哪些人和利益方在主导着国际化？它可能带来的消极后果是什么？国际化是否可持续？如果可持续，如何持续下去？在国际化问题上出现竞争性利益的时候，各种教育制度如何去应对？对全球化来说，国际化是一种回应还是一种激励？国际化在人才流失、文化同质化和国际人力资源流动方面扮演什么样的角色？[1]她将教育国际化作为一个过程来看待，认为教育国际化就是把跨国的、跨文化的或全球的维度整合到中学后教育的目的、功能或教育手段之中的过程。[2]所谓"过程"（process），意味着国际化是持续进行的一种努力，往往表现为"输入—运作—输出"这一模式，因此国际化必然也是一种输入、运作和输出的过程。"跨国的"（international）、"跨文化"（intercultural）、

---

[1]  Knight, J. Internationalization Remodeled: Definition, Approaches, and Rationales［J］. Journal of Studies in International Education, 2004, Vol. 8 No. 1, 6.

[2]  Knight, J. Updating the Definition of Internationalization［J］. International Higher Education, 2003，Vol. 33 No. 1, 2.

"全球维度"（global dimension）这三个术语共同反映了国际化的宽度：跨国意味着国际化发生在不同民族、文化或国家之间，国际化与具有差异性的民族文化有关系，因此跨文化必然指出了本土化的一面，而"全球化"在今天则是一个有争议的、价值负载的术语，它指出了国际化的全球意义。所谓"整合"（integrating），意味着将跨国的和跨文化的因素融入或体现在教育政策和项目中，以保证国际化维度是处于中心的而不是外围的，而且是可持续的。"目的"（purpose）指的是高等教育对一个国家的作用，"功能"（function）指的是高等教育发挥的作用，主要包括教学、科研和社会服务，"教育手段"（delivery）指的是提供学校课程或方案。从奈特的这些解释来看，她倾向于将教育国际化限定在中学后教育阶段（高等教育阶段），而且相对于国际化的结果，她更强调国际化的可持续性，因此将教育国际化作为一个过程来看待，这种理解符合教育国际化作为一种特定教育现象的发展本质。

奈特强调教育国际化是把超越国家的一些要素整合到学校教育的各方面之中，因此具体某一国家的教育也就具有了国际性的特征，这种理解将教育国际化看作是教育体系对全球化的一种反应。如果说这种观点是把教育国际化作为一种过程来理解，那么还有些学者关注的则是国际化的结果，强调的是教育国际化背后的价值观及其带来的学校转型。例如，俄罗斯学者罗马·达尼科（Roman V. Deniko）就认为：教育国际化的努力，需要为教育体制的核心任务和价值作出贡献。国际化不是一种结局，而是达成核心目标的一种途径，因此国际化的结果应该跟某种特定教育体制的使命和价值联系在一起。[1]他认

[1] Deniko, R.V. Learning Terminology in the Age of Higher Education Internationalization［J］. Social and Behavioral Sciences, 2015, Vol. 215, 107.

为，国际化的过程中有价值观的变化，因此在国际化的浪潮中，特定国家的学校教育会发生一些转型，当校长和教师在一种国际化情境下并针对跨国运作开展教育工作时，国际化就包含着转型的过程。因此，不同的教育体制对国际化的界定是不同的：有些根据国际性的活动来界定国际化；有些则为提升国际性和跨文化的理解而创造氛围，但更强调本土活动。而不同的界定会带来两种形式的国际化。国际化的过程因此表现为两种形式：本土中的国际化和本土之外的国际化。本土中的国际化可以帮助学生发展自身的国际角色并获得跨文化交流的必要技能；本土之外的国际化更强调跨境教育和人才流动。[1] 显然，如果强调国际化过程中的本土活动，那么国家层面的运作将会通过政策、资金、项目和制度框架等手段，这会对国际化产生重大影响。

在教育国际化的研究中，也有学者关注国际化给教育带来的好处。美国学者佛朗西斯科·马尔默勒吉（Francisco Marmolejo）就关注这一问题。他认为，如果有人问国际化的最大好处有哪些，前五项可能就是：提高学生的知识和能力准备；实现课程国际化；加强科研和知识的产出；培育国际合作和团结；增加学校的多元化和多样性。[2]

## 三、关于主要国家基础教育国际化的经验分析

近年来，国内学者对高等教育领域的国际化研究较多，基础教育国际化研究相对少得多，因此对国外经验的分析和介绍也非常单

---

[1] Deniko, R.V. Learning Terminology in the Age of Higher Education Internationalization [J]. Social and Behavioral Sciences, 2015, Vol. 215, 108.

[2] Francisco Marmolejo, F.Internationalization of Higher Education: the Good, the Bad, and the Unexpected [EB/OL]. https://www.chronicle.com/blogs/worldwise/internationalization-of-higher-education-the-good-the-bad-and-the-unexpected/27512. October 22, 2010. ［2017-10-05］.

薄。我们以"高等教育国际化"为关键词，设定时间跨度为2001年到2017年，对中国知网收录的学术论文进行检索，共检索到764篇，可见高等教育国际化领域的研究非常活跃。我们以"基础教育国际化"为关键词，设定时间跨度同样为2001年到2017年，结果只检索到21篇。这21篇论文中有17篇为普通学术论文，3篇为硕士学位论文，1篇为会议综述。学术论文主要发表在《中小学管理》（5篇）和《世界教育信息》（4篇），讨论的主题主要为基础教育国际化的本土化探索和区域推进的实践总结（涉及北京、上海、深圳、广州、苏州、无锡等地，有10篇），在研究层次和学术水平总体并不高。我们改变检索方式，对论文的题目进行检索，时间不变，结果题目中含有"基础教育国际化"的论文有96篇，而含有"高等教育国际化"的论文则达到了1 434篇。这进一步说明我们急需加强相关研究，提升研究的层次和水平。

文献中具有代表性的研究有如下几个方面：

（1）对多个国家的基础教育国际化政策进行分析。如赵萱对美国、英国和日本的相关经验进行分析，认为美国注重法律和政策体系保障，英国强化教育国际交流，日本重视国际理解要素的课程渗透，最后总结三个国家的共同特征："通过国家立法或政策保证，创造有利于国际化教育推进的政策空间；强化外语教育和教学；强调教师、学生和学校的国际交流与合作；注重将国际化要素渗透到课程之中。"[1]

（2）对某一国家特定领域的基础教育国际化情况进行介绍分析，聚焦国际化的具体领域。如郑彩华对英国中小学课程中的国际化问题进行了研究，指出英国的做法主要有"出台政策文件促进和指导中小

---

[1] 赵萱.基础教育国际化：美、英、日的经验［J］.中小学管理，2012（2）：52—53.

学课程融入国际和全球教育维度的内容；修订国家课程，落实中小学课程中融入国际与全球维度；把培养全球公民作为基础教育的重要内容组成部分；为中小学课程中融入国际与全球维度提供多种项目和服务支持"。[1]再如介绍了丹麦21世纪以来的战略目标和行动纲领，指出了丹麦政府的主要做法："加强教育内容的国际化，推动学生和教师的国际流动，搭建基于IT技术的国际合作平台，促进公共机构参与教育国际合作与竞争，积极参与国际教育合作论坛，持续追踪调查和评估教育国际化改革的效果。"[2]

（3）对国外基础教育和我国基础教育的国际化问题进行比较研究。例如肖海祥撰写的硕士学位论文《中美公立高中国际课程引进与实施研究》，主要围绕美国引入国际文凭课程（IB课程）的情况和我国高中引进美国大学先修课程（AP课程）进行分析，从课程目标、课程设置、课程的学业评价和课程实施四个维度进行比较，认为"美国公立高中在实施国际课程过程中更加追求公平，学校尽可能扩大优质资源的覆盖范围，课程实施有良好的支持系统，有利于国际课程良性发展。相比之下，我国的国际课程的实施对象仅限于一部分出国留学人群，课程实施支持系统较为缺乏"。[3]

可贵的是，目前学术界也出现了一些有关基础教育国际化的基础理论研究。如，周满生的《基础教育国际化的若干思考》分析了我国基础教育阶段学生出国留学现象及原因，反思我国基础教育阶段学生出国留学现象并提出政策建议，同时对如何提升我国基础教育国际

[1] 郑彩华.英国中小学课程中的国际与全球维度及启示［J］.基础教育，2012（4）：72—76.
[2] 李丽洁.我国基础教育国际化发展路径设计——对丹麦教育国际化的实践反思［J］.教学管理，2011（10）：8—9.
[3] 肖海祥.中美公立高中国际课程引进与实施研究［D］.北京：首都师范大学，2014.

化水平进行了思考，认为我国在推进基础教育国际化的进程中需要注重四个方面："重视国际理解教育，开辟中国特色的基础教育国际化发展道路，抓好课程建设与改革，处理好国际化与本土化的关系。"[1] 吴定初的《关于中国基础教育国际化与民族化的思考》对国际化过程中的本土化问题进行了思考，认为观念上应"重心下移"，使国际化理念从高等教育下移至基础教育；方法上强调平等交流，寻求平等对话的"原点"；思路上注重研究东西方教育的差异，进而"明辨短长"；操作上应"扩大开放"，并选择"优先区"。在国际化与民族化方面，他提出"坚持自强不息、推陈出新的精神；立足中国基础教育实际，有针对性地学习西方基础教育的长处；造就既有世界眼光又有中国灵魂的新型人才"。[2] 陈如平、苏红的《论我国基础教育的国际化》对我国基础教育国际化的基本模式进行了总结和提炼，认为主要有合作办学模式、扩展国际业务模式、项目合作与交流模式、境外教育消费模式和专业研修模式；此外还指出了我国基础教育国际化的基本特征，如形式多样、数量较多，政府在国际化过程中起主导作用，对国际化理念的认识水平有待提升，地区、学校、合作对象之间的发展不均衡，社会中介机构、商业机构是重要的推动力量等。文章认为，要更好地推进基础教育国际化，就"要在人才培养的定位上突出国际化的培养目标，而且要培养学生将来在国际社会环境中生活、工作所需要的知识和技能，重视外语教学，在教育内容上要加强国际理解教育，注重国际精神的培养，进一步扩大国际教育交流与合作"。[3] 项贤明看到了基础教育国际化进程中国内和国际的双向互动，认为

---

[1] 周满生.基础教育国际化的若干思考 [J].教育研究，2013（1）：65—68.
[2] 吴定初.关于中国基础教育国际化与民族化的思考 [J].教育评论，2003（1）：7—9.
[3] 陈如平，苏红.论我国基础教育的国际化 [J].当代教育科学，2010（14）：3—7.

"国际经验中国化、中国经验国际化"是基础教育国际化的题中应有
之义。[1]


# 第三节

# 研究设计


尽管基础教育国际化这一问题已经引起国内教育界的关注，也出
现了一些具体的零星研究，但深入而系统的研究尚不多见。随着近年
来我国重大国家战略和规划的不断推进，尤其是"一带一路"倡议的
实施，基础教育领域的国际化特征日趋明显，相关的问题亟待回答。
因此，对基础教育国际化问题展开系统研究，回应社会发展的重大需
求，已成为学术界的重要课题。

## 一、研究问题的界定

基础教育国际化是一个大的研究领域，关涉众多具体的问题。从
现实性和紧迫性的角度看，可以聚焦如下几个主要问题：

一是我国基础教育国际化的内涵与本质是什么。这个问题属于基
础理论研究，试图探讨基础教育国际化的本质属性、理论依据以及价

---

[1] 项贤明.基础教育国际化题中应有之义［N］.光明日报，2015-7-14.

值取向，它可以奠定研究的基础，使研究工作更具深度。在国际范围内，基础教育国际化的基础理论研究也是一个薄弱环节，很多问题并没有形成共识，因此这方面的研究亟待加强。

二是主要国家推进基础教育国际化的经验和举措有哪些。这个问题属于国际比较研究，需要选择有代表性的国家作为样本，考察其推进基础教育国际化的实践模式、策略，并从中提炼相关经验，为我国的基础教育国际化提供参照。

三是如何借鉴国际经验，推动我国基础教育国际化发展。这个问题属于实践路径研究，需要通过分析和梳理提炼出推动基础教育国际化的本土化路径和操作路线图，这也是整个研究的最终落脚点。

## 二、研究目标、思路与方法

### （一）研究目标

对基础教育国际化进行比较研究，其重点在于对主要国家基础教育国际化的政策文本进行分析，梳理和研究其国际化的实践策略，同时强调对基本理论的研究与本土化实践对策的研究。因此，主要的研究目标如下：

一是厘清基础教育国际化的内涵和基本特征，对教育国际化的理论基础进行探讨，阐述主要国家基础教育国际化发展的动机及其带来的影响。

二是归纳主要国家基础教育国际化的实践模式和举措，包括部分发达国家（如英国、美国等）和发展中国家（如印度等），为我国基础教育国际化提供借鉴。

三是借鉴国外基础教育国际化的经验，为提升我国基础教育国际化的治理水平提供建议，包括教育输出、出国留学和国际课程本土化等。

## （二）研究思路

总体研究思路将在三个层面展开，即战略层面、技术层面和借鉴层面。

### 1. 战略层面

梳理基础教育国际化的理论依据，并采用文化范式对主要国家的基础教育进行文化分析和制度比较，揭示基础教育国际化发展的深层动因。对这些国家的历史渊源、文化传统和教育制度进行分析，揭示其教育的文化特质，为确定各国基础教育发展的价值取向奠定基础。然后，选择21世纪以来各国基础教育领域的政策文本，尤其是最新改革文件，对其进行内容分析，梳理其政策导向，在比较研究的基础上提炼其发展走向，揭示其规律。

### 2. 技术层面

考察主要国家推动基础教育国际化的政策依据、改革举措和推进手段，提炼其国际化的操作模式。利用世界银行、经济合作与发展组织等国际组织提供的相关数据（如基础教育投入、留学交流人数、国际课程设置等），考察各国基础教育国际化带来的影响和取得的成效。

### 3. 比较和借鉴层面

关注如何在国际化的背景下推进我国的基础教育改革与发展。梳理各国的成功经验和具体操作模式予以借鉴，选取影响我国基础教育国际化发展的几个重要领域进行研究，如教育输出、国际课程和留学生交流等，提出推进我国基础教育国际化的战略思路和方式方法，尤其关注如何控制国际化的冲击和由此带来的风险，对国际化领域的相关事物进行本土化改造。

基于上述分析,可以用以下路线图（见图1-1）描述研究的基本框架。

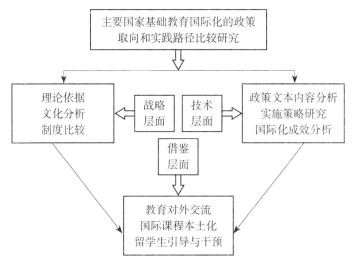

图1-1　基础教育国际化比较研究的路线图

这一研究思路较为清晰,在三个层面上推进,既分开进行国别研究,又进行综合化的比较研究,有助于研究实现预期结果。

## （三）研究方法

本研究在方法论上力图体现文化范式,揭示教育现象背后的文化因素。具体采取如下研究方法:

比较研究法。对各国影响基础教育国际化的文化因素进行分析和比较,通过分析异同寻求相关规律,并提出对我国基础教育国际化发展的借鉴和启示。

调查和统计法。利用大数据,对各国基础教育国际化发展的相关数据进行调查和统计分析,用数据说明各国基础教育国际化发展的成效及带来的影响。

内容分析法。对各国基础教育国际化发展的政策文本和相关文件进行内容分析，用以揭示其政策取向和实践路径的选择。

理论研究法。对基础教育国际化发展领域的一些基本概念进行厘清和阐释，确立该领域的基本理论观点，提升基础教育国际化研究的学术水平。

## 三、研究内容与创新之处

### （一）主要研究内容

本课题针对三个大的问题领域展开研究：我国基础教育国际化的内涵与本质是什么？主要国家推进基础教育国际化的经验和举措有哪些？如何借鉴国际经验以推动我国基础教育国际化发展？基于这三个研究问题领域，从战略层面、技术层面和借鉴层面开展研究。在国别上，选择美国、英国、德国、日本、新加坡、印度等国作为研究的对象国，进行深入、系统、具体化的研究。根据上述框架，我们将课题分解为如下三个方面：

### 1. 基础教育国际化的理论依据、文化分析与制度比较

基础教育国际化是教育国际化的一部分。梳理教育国际化的基本理论依据是本课题的首要目标，主要涉及国际理解教育理论、多元文化教育理论等。在理论依据部分，我们将基础教育国际化看作一种教育变革的过程，在此基础上深入剖析基础教育国际化的本质与内涵，以明确有关基础教育国际化的认知，并深入阐释国际化与本土化的关系。此外，在方法论上，力图引入文化范式，充分关注影响各国教育的历史文化因素，在进行文化分析的基础上推进对各国教育的制度比较。

### 2. 主要国家基础教育国际化的政策分析与实施策略研究

我们选择美国、英国、德国、日本、新加坡、印度等作为研究对象国，这涵盖了发达国家和发展中国家。聚焦主要国家教育改革的前沿课题，搜集最新颁布的政策文本，通过对政策文本的话语体系、核心概念的内容分析，寻找主要国家推动基础教育国际化的价值取向和政策依据。对各国的基础教育国际化策略进行分析和提炼，探讨各国推动基础教育国际化的基本实践模式。此外，我们将努力掌握国际基础教育发展的"大数据"，利用国际组织（如世界银行、经济合作与发展组织等）提供的数据库进行统计分析，深度阐释主要国家在推进基础教育国际化发展方面取得的成效和成功的经验。

### 3. 推动我国基础教育国际化发展的对策研究

借鉴国外成功经验，抓住基础教育国际化发展的机遇，研究提升我国基础教育国际化的对策，包括教育对外交流、国际课程本土化和对中小学生出国留学的引导与干预、国际教育援助等。

### （二）创新之处

一是将教育国际化看作一种文化现象和历史过程，将基础教育国际化放在人类文明演化和文化进步的大背景下来考察，有助于深层次探究基础教育发展规律，从而引导我国基础教育改革。

二是聚焦基础教育领域的国际化，针对我国学术界积极探讨高等教育国际化而相对忽视基础教育的状况，本研究有助于凸显基础教育在国际化趋势中的主体地位，弥补这一短板。

三是在研究方法上尝试一些创新。坚持比较教育研究的文化范式，从文化这一深层次的影响因素来解读各国教育异同而不是进行简单的信息梳理，将有助于获得较为深刻的研究结论；同时将定性研究和量化研究相结合，引入实证性的研究手段，利用相关数据库，通过对数据的调查和统计分析来探寻教育现象背后的教育规律。

第二章

教育国际化的理论依据

教育国际化的实践已经在世界各主要国家展开，各国也颁布了一些相关的法律法规和政策来推动其发展，它对各国人才培养、人文交流和经济发展起到了积极的促进作用。尽管教育国际化是各国教育改革的直接产物，但从深层次的观念准备和理性认识的角度来看，随着对相关问题的探讨，学术界提出了一些学术思想和观点，揭示了一些规律性的认识，为教育国际化的实践提供了重要的理论依据。总体而言，主要有几种思潮或理论对教育国际化产生了较大的影响，它们是后现代主义（postmodernism）、多元文化主义（multiculturalism）和国际理解教育（education for international understanding）。

# 第一节

# 后现代主义与教育国际化

教育国际化在实践中获得广泛认同，是与一些思想观念的流行密切相关的，其中最深层次的影响，当数后现代主义。可以说，后现代主义为当今时代的很多观念和认识提供了哲学层面的论证，其中就包括教育国际化这一观念。

# 一、后现代主义的起源与界定

## （一）后现代主义的起源

在分析后现代主义产生的背景时，我国学者杜以芬指出，"作为一场范围广大的思想运动，后现代主义所产生的影响是深远而持久的。其原因就在于它不仅触及了西方文化的根本，而且也体现了西方文化发展的内在逻辑"。[1]她认为后现代主义既"触及了西方文化的根本"，又"体现了西方文化发展的内在逻辑"，这一判断非常准确。这意味着后现代主义诞生于西方社会及其文化土壤，是西方文化发展的必然结果。这种理解符合学术界的主流认识。例如，美国后现代主义重要的代表人物之一詹明信（Fredric Jameson）基于对后工业社会的总体性观察，对西方资本主义的发展进行理论反思，将后现代主义归结为一种社会批判理论。他说："我相信，后现代主义的出现和晚期的、消费或跨国的资本主义这个新动向息息相关。我也相信，它的形式特点在很多方面表现出那种社会系统的内在逻辑。"[2]如果从社会批判的角度考察后现代主义的起源，我们会发现，后现代主义的观念和主张恰恰体现了发达工业社会中人们对当下生活的疑虑、对存在意义的追问以及对现代性的逆反。

发达工业社会被西方学者描述为"后工业社会"（post industrial society），它有着过去千百年来所不曾有的一些特征。20世纪60年代以来，西方资本主义经济发展迅速，生产能力和财富创造能力极大增强，创造出惊人的物质财富和消费资料，社会进入一个消费至上和物

[1] 杜以芬.后现代主义兴起的社会背景分析 [J].济南大学学报（社会科学版），2011（1）：68.
[2] ［美］詹明信.晚期资本主义的文化逻辑 [M].北京：生活·读书·新知三联书店，2013：418.

质化的时代。然而，在看似无比繁华的表象背后，却隐藏着各种断裂和冲突。对个体而言，贫富差距仍然存在，甚至被不断扩大；在消费社会的奢华背后，文化趋于低俗、生活趋于商品化，资本主义的繁荣也无法为人的存在提供终极的意义支撑。旧的信念不复存在，而现世生活则变得虚无，于是现代资本主义不可回避地走向信仰迷失和精神危机。与此相伴，人类对自然的征服和索取登峰造极，人类生产和生活对大自然的破坏令人发指。人类对自然施加的作用大大超过自然系统自我调节和承载的能力，自然界的生态平衡受到威胁，由此带来了人口、环境、资源、能源、社会秩序和伦理道德等一系列问题。1962年，美国化学家蕾切尔·卡逊（Rachel Carson）出版《寂静的春天》（*Silent Spring*）一书，她痛心地写道："当人类向着他所宣告的征服大自然的目标前进时，他已写下了一部令人痛心的破坏大自然的记录。"[1]卡逊的呼吁揭开了西方环保主义的序幕，从此，环境保护已成为后工业社会一个紧迫的命题。

随着资本主义社会的文化矛盾日趋暴露，西方思想界逐渐出现了一些不安的气氛。不少人开始反思现代社会对启蒙理性的执着，开始检讨"启蒙理想对科学和理性所持的未加批判的信念"，开始对曾经坚信的理性主义标准产生怀疑。于是，在20世纪60年代之后，后现代主义就在西方思想界应运而生。

### （二）后现代主义思潮的本质及特征

要对"后现代主义"下一个定义非常困难，因为这一思潮本身并没有明确而清晰的观念模式或思想体系。它似乎更像一把"伞"，在

---

[1] ［美］蕾切尔·卡逊.寂静的春天［M］.吕瑞兰，李长生，译.长春：吉林人民出版社，1997：86.

这把"伞"下汇集着形形色色的观点、理论和假说，具体包括后结构主义、生态主义、女性主义、多元文化主义等。如果进行笼统的描述，大概可以这样说：后现代主义是20世纪60年代之后流行于欧美的一种有着深刻影响的思潮和广泛的社会运动，它最初在哲学、艺术和建筑等领域发展起来，后来进一步扩展到文学、教育学等更加广泛的领域，是当代非常重要的一种学术思潮。

那么，这种思潮的本质是什么呢？简言之，后现代主义旨在反省启蒙理性的弊端，由此放弃现代性的基本前提及其规范内容，它是对西方理性主义文化传统的反动。"如果说传统哲学强调的是普遍化、总体化、同一性、本质论和基础论，那么，进入后工业社会以后，这种哲学观念被颠倒了，取而代之的是后现代主义所推崇的多元性、差异、非中心化、混沌、不确定性等。"[1]

后现代主义堪称"西方思想与观念的革命"。它孕育于西方现代社会，带有显著的西方文化的基因；同时西方后工业化的特殊语境又赋予后现代主义以反叛的性格，因此它是西方现代文明的"基因变异"生成的"文化幽灵"。它一开始就以一种极端"反传统"的面貌出现，凡是现代性规范和秩序所崇尚的基础性、一元性、整体性、中心性、必然性、明晰性、稳定性，都会成为其批判的靶子，而它自身标榜的则是必然与之对立的，譬如碎片性、多元性、差异性、边缘性、偶然性、混沌性和变异性，它否定了近代文化确立起来的启蒙理性、文化信念和叙事规则。后现代主义思潮的这些特征对当代人文社会科学的各个领域都产生了一定的影响，也是我们理解很多教育现象的重要思想依据和理论来源。

---

[1] 杜以芬.后现代主义兴起的社会背景分析 [J].济南大学学报（社会科学版），2011（1）：72.

## 二、后现代主义对教育国际化发展的意义

### （一）后现代主义为教育国际化提供了思想资源

后现代主义思潮兴起于20世纪60年代中后期，是对启蒙主义话语或者说现代性方案加以怀疑和否定的思想成果。与现代性强调理性选择、客观规律和准则以及统一性相反，后现代主义坚持差别性、多样性以及异质性高于同质性。换言之，后现代主义尊重多样性与差异性，以颠覆、解构西方现代主义的理性思维方式与人类中心主义价值观为己任，倡导多元主义，尊重各种文化形态的存在权力，否定欧洲中心主义。后现代主义坚定拒绝元叙事、整体性模式或普遍主义，因为它们通过包容与排斥策略，将异质性整理并同质化纳入自己的秩序当中，在总目标或普遍原则的名义下削弱或剥夺其他的、弱势的以及边缘的话语权力。提倡解中心、消结构、消边界和多元化的后现代主义是现代社会在思维方式上的一次根本性的转型，在这个转型过程中，多元化在社会各个方面逐渐成为一个基本的原则。

后现代主义视角改变了人们对传统世界的看法，在这种思潮的影响下，往往会产生一些非正统的甚至颠覆性的观点。教育的国际化发展超越了传统的单一性和民族性，迎合了后现代主义对多元性的追求，因此，后现代主义的思潮也为教育国际化带来了更宽广的视野和信心。后现代主义思潮对教育国际化影响最大的领域，首推多元文化主义。后现代主义颠覆了一元性的传统认识，倡导多元化，这是对旧的哲学观和认识论的解构。而后工业社会带来的经济一体化和全球化浪潮则必然催生出国际化这一基本的发展特征，经济全球化与文化多元性日益紧密地联系在一起，后现代主义恰可以为国际化提供思想的滋养，因此也为教育国际化奠定了思想的基础。

## （二）后现代主义为国际教育研究和比较教育研究带来新视野

后现代主义是西方人文社会思想的一次重要转向，其主要特征是拒绝"启蒙运动"以来形成的理性主义传统，在认识论上否定"本质主义"和"基础主义"等，反对"宏大叙事"式的普遍话语，对现代社会形成的"知识""权力"和"真理"等观念持质疑态度。"后现代"思潮对人文社会科学研究产生了深刻的影响，它使比较教育研究在20世纪90年代之后增添了一些"后现代"的特征。当然，"后现代"是一个宽泛的术语，比较教育领域中经常出现的"后殖民主义""后结构主义"等术语也属于这个阵营。这些概念和理论话语使得比较教育学呈现出一定的"后现代"色彩，甚至有的学者称之为"后现代转向"（postmodern turn）[1]，这说明比较教育的宏观理论范式再次发生重大转变，目前我们很难用一个确切的术语来表达，只能对一些具体的现象和特征进行描述。

教育领域很早就有学者对后现代主义理论进行了系统运用。例如，1988年车里·霍尔姆斯（Cleo Cherryholmes）出版了《权力与批判：教育中的后结构主义考察》（*Power and Criticism: Post-structural Investigations in Education*）。此后，不少学者开始借用后现代主义的术语和批判方法去研究课程和其他教育问题，例如，1993年多尔（William E. Doll, Jr.）出版了《后现代课程观》（*A Postmodern*

---

[1] Liebman, M., Paulston, R. (November 6, 1992). Mapping the Postmodern Turn in Comparative Education [C]. Paper presented at the Comparative and International Education Society Northeast Regional Meeting. University of Pittsburgh. 1992, 2–3.

*Perspective on Curriculum*），1995年斯拉特瑞（Patrick Slattery）出版了《后现代时代的课程发展》（*Curriculum Development in the Postmodern Era*），等等。1999年，车里·霍尔姆斯又出版了《解读实用主义》（*Reading Pragmatism*），提出了"批判实用主义"的观点，进一步阐释了后现代主义的教育观。比较教育学对后现代主义的回应也是基本上与此同步的，这也体现了比较教育研究对后现代主义的敏感性。

1991年，作为美国"比较与国际教育协会"（CIES）主席的鲁斯特（V. D. Rust）倡议对后现代思潮进行讨论，这是比较教育研究首次对后现代主义进行明确的回应。此后，一些后现代主义者的观点逐渐进入比较教育研究的视野，尤其是法国的代表人物，如德里达（Jacques Derrida）、福柯（Michel Foucault）、利奥塔（Jean Francois Lyotard）等。鲁斯特认为，比较教育学不应缺席对这些后现代主义者的关注，他认为后现代主义对当代比较教育的影响有四个方面：（1）对元叙事的批判；（2）认识到他者的存在；（3）在信息化社会中认识到可以通过技术革新获得发展；（4）对艺术和审美持开放心态。[1] 后现代主义在学术界的流行使得比较教育界看到了"科学主义"之外的另一些研究视角和新思路，由此带来了比较教育理论话语的繁荣与多元化发展。目前，有人将"女性主义""种族主义"等理论也归入后现代主义的范畴，在比较教育领域也有所体现。例如，有学者对巴西、非洲和美国的种族问题进行剖析，致力于消除教育中的种族歧视、实现社会公正，它体现了后现代主义对根深蒂固的种族歧视问题

---

[1] V. D. Rust (November, 1991). Postmodernism and Its Comparative Education Implications [J]. Comparative Education Review, 1991: 35(4), 610-626.

的解构，其实也反映了一种社会批判的视角。[1]

后现代主义批判文艺复兴和启蒙运动以来形成的理性传统，认为这是现代性得以形成的基础。因此，凡是跟"理性"和"现代性"相关的观念和思想都处于后现代主义批判的枪口下，譬如本质主义、基础主义、逻辑中心主义、表象主义、理性主义、人本主义，等等，它似乎没有提出什么主张，但它却旗帜鲜明地反对这些所谓"现代性"的主张，因此它具有明显的"否定性"。后现代主义思潮及其影响下的学术研究尽管在西方社会很时尚，但不可否认的是，近代西方确立起来的"理性传统"仍然是当代社会得以发展的思想根基，后现代主义的批判性能够促使人们去反思这一传统的局限，但它不可能成为主流，在比较教育学界，这个判断同样适用。

# 第二节

# 多元文化主义与教育国际化

文化的多样性是人类社会存在和发展的基本特征，不同种族、不同民族和不同宗教信仰的人们共同生活在这个蓝色的星球上，构成了

---

[1] Walker Huntley. Beyond Racism: Embracing an Interdependent Future [J]. The Southern Education Foundation. 2000: 1-6.

一幅绚丽多彩的生活图景。文化的多样性是多元文化主义存在的社会基础，也是开展教育国际化的前提。

## 一、多元文化主义的提出

生产力水平低下的远古时期，各种族、各民族在相对封闭的状态下各自独立发展，创造了各自富有特色的风俗习惯和文化特征。交通的不发达使征服远距离他邦也较难实现，各种族和各民族的人群基本上在相对稳定的区域生活，并建立相对稳定的城邦和国家，较难出现大规模的移民和人群交流。但随着生产力的不断发展，特别是进入近代社会之后，随着新航道的开辟、美洲新大陆的发现，近代西方资本主义国家开始在世界范围内进行拓展殖民，由此带来文化之间的对立和冲突。文化的多样化，特别是文化之间的不平等必然带来不同文化之间的相互认同问题，作为一种思潮的多元文化主义由此诞生。

从源头上看，多元文化主义产生于西方文化的扩张。对这个问题的关注始于殖民地文化与宗主国文化之间的对立。西方列强的殖民扩张给落后地区民族带来的不仅是坚船利炮，还裹挟着一种文化对另一种文化的压迫。凡沦为殖民地的国家和地区都必然存在两种以上的文化，即宗主国文化和殖民地本土文化。这两类文化在地位上是不对等的：前者是一种优势文化，也是西方列强试图确立的主流文化；后者则是前者的附庸，是处于劣势地位甚至是被试图消灭的文化。这种文化的对立折射出不同族群之间的隔阂和对抗：宗主国试图通过各种"去本土化"的文化演变来推崇西方文化，而殖民地本土文化则努力保持自身的独立性而设法存在下去。

学术界对多元文化问题的讨论始于20世纪20年代之后。进入20世纪后，西方的殖民扩张不断受到殖民地国家和民族的反抗，越来越多的殖民地国家提出了民族独立的呼声和诉求，民族解放运动如火如荼，文化之间的冲突日趋明显。西方文化以自身作为参照，对世界各国各民族的文化进行划分，认为自身的文化是先进的、优越的，而其他文化则是落后的、需要被改造的。由此，西方工业文明的价值、观念和社会道德被作为西方文化的核心而备受推崇，而落后地区的价值观和社会意识形态则需要被推翻并被取而代之。这种民族中心主义的主张首先在西方内部受到质疑。一些西方学者怀着对文化殖民主义的厌恶和对落后国家文化的理解与尊重，提出了"文化相对主义"（cultural relativism）概念，代表学者为"美国人类学之父"弗朗兹·博厄斯（Franz Boas）。他认为，每一种文化都是特定民族经过长期的发展形成的，本身并没有高低之分，各种文化都是平等的，基于民族文化特征而形成的社会思想、世界观和道德伦理也没有高低贵贱之分，不能用某一种文化理念作为标准去衡量其他文化。"古代文明发展是所有人共同劳动的结果。我们必须向所有民族的才智表示敬意。"[1]

博厄斯开启了"文化相对主义"的先河，但多元文化主义真正成为一种学术思潮则是在"二战"结束之后的20世纪五六十年代。这一时期，近代以来沦为西方殖民地的大部分亚非拉国家获得了民族独立，人类社会进入新的发展格局，文化的多样化和多元性特征进一步凸显，多元文化思潮发展的土壤进一步丰厚。这一时期多元文化现象可分为两种情况：一是指在原有殖民地社会存在的多元文化形态，在这种社会中，包含了两种地位悬殊的文化，即曾经的宗主国文化继续存在，同时也存在既有的本土文化或土著文化，于是社会上必然就存在多元文化；

---

[1] 弗朗兹·博厄斯.原始人的心智［M］.项龙，王星，译.北京：国际文化出版公司，1989：4.

二是指多民族国家中不同的民族文化，如果一个国家由不同的民族构成，不同的民族有各自的文化，这也带来了多元文化现象。我们可以将这两种情况分别称为广义多元文化和狭义多元文化：前者意味着近代之后在本土文化之外引入了外来文化从而增加了文化的种类；后者意味着本土文化中由于既有的多民族共处而带来了多种文化的共存。无论广义的多元文化还是狭义的多元文化，都意味着在同一个国家中明显存在两种及以上的文化类型，文化的多样性是多元文化的根本标志。

## 二、多元文化相关概念的内涵

### （一）文化

文化（culture）是一个复杂的概念，在人类文明的早期，古人就对此进行过探讨。如我国两千多年前的《周易》中就有"观乎人文，以化成天下"的记载，这是汉语中"文化"一词的由来；在古希腊，表示"文化"的词来源于拉丁文cultura，指的是耕作、培养、发展等，与今天的词义有所不同。这些词源上的分析说明，文化是与人的生产生活和精神活动密不可分的，是人类特有的一种社会现象。

在日常生活中，我们谈到"文化"，一般指的是知识、信仰、风俗习惯等相关，于是对"文化"一词的理解，不少学者是从人的精神层面去界定的。例如，美国学者索尼娅·涅拖（Sonia Nieto）的观点就是从这一视角进行解释的。她认为，文化是由具有共同的历史、地理位置、语言和宗教等的人群所创造并认同的价值取向、传统、社会和政治态度、世界观。[1]但还有一些学者认为"文化"不仅仅局限于

---

[1] Sonia Nieto & Patty Bode. Affirming Diversity: The Sociopolitical Context of Multicultural Education(6th edition) [M]. Boston: Allyn & Bacon, 2012: 218.

精神层面，它有着更丰富的内涵。例如，我国学者庞朴就认为文化是分层次的，文化的结构由三个层次构成，即物质文化、制度文化和心理文化。他说："文化的心理层面包括人们的价值观念、思维方式、审美趣味、道德情操、宗教情绪、民族性格，等等，它是整个文化结构中最为稳定的部分，是整个文化的灵魂。如果要用本末来分解文化，说物质技术是末、制度理论是本的话，那么文化心理则是本中之本。"[1]这就是著名的文化"三层次说"。

当代对"文化"一词的界定最有影响的首推英国文化哲学家爱德华·泰勒（Edwrd B. Taylor）的定义，他认为："文化，或文明，就其广泛的民族学意义来说，是包括知识、信仰、艺术、道德、法律、习俗以及作为一个社会成员的人所掌握和接受的任何其他的才能和习惯的复合体。"[2]我们认为，文化是一个广义的概念，是人类所创造和形成的所有非物质化成果的综合，包含了人的行为方式和风俗习惯。"它有两层基本的含义：第一，文化是一种复合的整体，是知识、信仰、艺术等的综合；第二，文化是人类社会所独有的，具有社会性，它指的是某个人类群体独特的生活方式。"[3]

### （二）多元文化主义

顾名思义，"多元文化"这一术语指的是多种文化共存的状态，是一个社会或国家存在的多种文化的总称。多元文化是移民国家和多民族国家现实的客观存在，但对这一现实存在的认识和态度则多有不

---

[1] 庞朴.近代以来中国人的文化认识历程 [J].教学与研究，1988（1）：36.
[2] ［英］爱德华·泰勒.原始文化 [M].连树声，译.上海：上海文艺出版社，1992：1.
[3] 杨明全.论课程知识的文化本质——基于东西方文化的诠释与比较 [J].全球教育展望，2013（12）：12.

同。多元文化主义最初是一种社会主张，是在与另一种社会主张"文化同化论"相抗衡的过程中不断发展起来的。这两种主张所针对的论题是相同的，即在移民国家中如何应对种族和民族的多样性问题。对这个问题的讨论最先出现在美国。早在19世纪末，美国作为移民社会的特征已经展现：在主流的盎格鲁-撒克逊文化之外，来自非洲、拉丁美洲和亚洲的其他种族和民族的移民也带来了多样化的文化。为了达到社会融合的目的，美国出现了"熔炉论"，它要求其他外来文化放弃原来的风俗习惯和文化传统，无条件接受美国文化，其实质就是"文化同化论"（cultural assimilation）。当然，在这个问题上并非只有一种声音，"同化论"对非主流文化的漠视必然引起对抗和反叛，1924年犹太裔学者霍勒斯·凯伦（Horace Kallen）提出了"文化多元论"（cultural pluralism），认为任何人都无法选择和改变自己的祖先、血统和家族关系，倡导各种文化之间的平等与共存。这是多元文化主义的思想基础。

到20世纪70年代，多元文化主义更多地被作为一种民族政策和文化政策出现，尤其是在美国、加拿大、澳大利亚等移民国家。到20世纪末，随着东欧剧变和苏联的解体，世界范围内掀起一股民族主义的浪潮，多元文化主义在西方移民国家进一步发展，甚至成为一种政治思潮，负载了特定的政治诉求。以美国为例，这是一个有着种族冲突传统的国家，欧洲白人中心主义对非洲黑人中心主义的政治论争此起彼伏。一些政治团体顺势打出"多元文化主义"的旗号。特定事件也很容易引起民权运动，推动了美国民众对多元文化的追求，也使少数民族群体可以团结起来争取自己的权利。来自世界各地移民的涌入也必然带来多元文化问题。1999年美国人口统计局根据当时各种族的人口出生率和人口结构，以中等增长水平作为参

照，对50年之后未来美国人口发展趋势进行了预测，得出了如下统计
（见表2-1）。

表2-1　2050年美国人口组成（单位：百万）

|  | 总人口 | 白人 | 非裔 | 拉美裔 | 亚裔 | 印第安人 |
|---|---|---|---|---|---|---|
| 数目 | 393.9 | 207.9 | 53.6 | 96.5 | 32.4 | 3.5 |
| 比例 | 100% | 53% | 16% | 23% | 10% | 1% |

（资料来源：U.S. Bureau of Census. Statistical Abstract of the United States (119th edition). Washington, D.C., 1999: 206.）

　　在这种背景下，"多元文化主义"就成了一把可以容纳各种观点和主张的"雨伞"，其内涵愈加驳杂。诚如美国学者唐纳德·罗伊（Donald H. Roy）所指出的，多元文化主义至少有三层意思：（1）终结种族歧视与男性至上主义制度，赋予妇女与少数民族诸如选举权和参与权等公民权利；（2）一个新的全面的多元文化，包括容纳迄今仍处于社会边缘的种族文化；（3）一种认同差异的文化世界观，它致力于实现不同文化之间的相互理解。[1]我国学者常士闇则将多元文化主义划分为四种类型：激进的多元文化主义、自由多元文化主义、社群主义的多元文化主义和保守的多元文化主义。[2]可见，多元文化主义的学术话语较为庞杂，要进行归类和分析着实不易，但我们可以对其内在的本质和追求进行描述，这方面我国学者郑金洲的概括则简洁明了："总体而言，多元文化论强调的是尊重文化间的差异，接受不同的文化和群体，注重促进个人与社会在文化诸方面的沟通与联系。"[3]

---

[1] Roy, Donald H. The Reuniting of American: Eleven Multiculturalism Dialogues［M］. New York: Peter Lang Publishing, Inc., 1996: 217.

[2] 常士闇.异中求和：当代西方多元文化主义政治思想研究［M］.北京：人民出版社，2009：233—424.

[3] 郑金洲.多元文化教育［M］.天津：天津教育出版社，2004：4.

## 三、多元文化主义对教育国际化发展的意义

多元文化主义为教育的国际化发展提供了重要的观念准备。学校教育本身就是多元文化主义一个重要的影响领域，或者说，学校教育是各种多元文化主义观点的"试验场"，甚至由此诞生的多元文化主义教育理论成了各国学术界讨论的一个热点话题。国外对多元文化教育的表达有多种方式，包括：Multicultural Education, Intercultural Education, Cross-cultural education, Trans-cultural Education，这些表达在含义上非常接近，基本上属于同义词，指的都是在两种文化之间进行的教育。

毋庸置疑，学校教育的开展一定是在特定的某种文化基础上来进行的，文化既是教育的内容，又要通过教育来得到传承和发扬。文化是学校教育发展的"基因"，它从内部决定和制约着学校教育发展的内容和方向，而多元文化教育则需要在两种或两种以上的文化情境中进行。多元文化教育的概念也得到了联合国教科文组织的认同。1992年，联合国教科文组织召开第43届国际教育大会，发布建议书《教育对文化发展的作用》( The Contribution of Education to Cultural Development)，提出了"跨文化教育"的概念，这是第一次在国际范围倡导多元文化教育，具有重要的意义。该文件对"跨文化教育"进行了解释，认为跨文化教育（包括多元文化教育）是面向全体学生和公民设计的，是一种促进学习者对文化多样性的尊重与理解的丰富多彩的教育，它包含为全体学习者所设计的计划、课程或活动，而这些计划、课程或活动能促进学习者尊重文化的多样性，增强对不同文化的理解。此外，这种教育还能够促进学生的文化融入和学业成功，增进国际理解，并促使学生与各种歧视现象作斗争，其目的是从理解本民族文化发展到

鉴赏相邻民族的文化，并最终上升到鉴赏世界性文化。[1]

　　对于多元文化教育这一概念，比较权威的界定是美国学者詹姆斯·班克斯（James A. Banks）提出的观点。我国学者郑金洲对班克斯的观点进行了总结，认为多元文化教育至少包括三个方面：第一，多元文化教育是一种教育观念，它主张所有的学生不论性别、社会阶层、民族、宗教、特殊性或文化特质，在学校都应获得平等的学习机会；第二，多元文化教育是一场教育改革运动，它试图通过教育制度结构的改革，使不同社会经济地位、性别、种族和文化群体的学生在学校都有均等的机会享受到学业成功，这种改革的范围包括整个学校或教育环境，而不是仅局限于正式课程；第三，多元文化教育是一个持续不断发展的过程，它所要达到的目的，如教育机会均等、社会公平、反种族歧视、反性别歧视、反残障歧视，也是民主生活要达到的目标。[2]

# 第三节

## 国际理解教育思潮与教育国际化

　　国际理解教育思潮与教育国际化实践之间的关联非常密切。前者在一定程度上为后者提供了舆论导向、政策依据和实践路径；后者

---

[1] UNESCO International Bureau of Education. International Conference on Education 43rd Session［R］. 1992: 498.
[2] 郑金洲.多元文化教育［M］.天津：天津教育出版社，2004：25—26.

则回应了前者的理念诉求并在具体实践上拓展了前者的实践领域。因此，国际理解教育作为一种思潮对教育国际化的实践提供了直接的指导，产生了具体的影响。

## 一、国际理解教育思潮的提出与发展

"二战"的硝烟逐渐散去，但战争的残酷以及由此带来的创伤却引起世界各国的深刻反思，积极发展教育、推动世界和平成为各国的共识。在这一背景下，1946年11月，联合国教科文组织（即联合国教育、科学及文化组织，英文简称UNESCO）正式成立。作为联合国的下设专门机构，它是各会员政府间讨论教育、科学和文化问题的国际组织，其宗旨在于加强人类智力上和道义上的团结，促进教育、科学及文化方面的国际合作，推动各国人民之间的相互了解，最终维护世界和平。联合国教科文组织章程明确规定："教育要在不同文化和种族间促进人们的相互理解，依靠教育领域的国际合作促进和平。"因此，国际理解教育最先由联合国教科文组织所倡导，其思想萌芽已经在联合国教科文组织的使命中悄然扎根。

1948年是国际理解教育发展的重要一年。联合国教科文组织下设机构国际教育局在日内瓦召开第11届国际公共教育大会，会后发表了《关于发展青年人之间国际理解和国际组织的教育之建议》，倡导各国教育部和其他教育当局应鼓励培养青少年的国际理解精神，并对以促进世界和平为己任的相关国际组织的教学提供帮助。[1]这一文件明确

---

[1] 赵中建，主译.全球教育发展的历史轨迹——国际教育大会60年建议书［M］.北京：教育科学出版社，1999：78—79.

指出了通过学校教育实现不同国家和民族的"国际理解"，必然会推动各国教育之间的交流与合作，为教育的国际化发展奠定了理念的基础。

1974年，联合国教科文组织第18次会议通过了《关于促进国际理解、合作与和平的教育以及关于人权与基本自由的教育的建议》。从内容上看，它既是联合国教科文组织一贯倡导的和平与合作教育、国际理解教育精神的体现，同时又是在新的政治、经济和科技相互依赖的条件下对国际理解教育的深化和发展。在此文件的倡议推动下，许多国家的中小学乃至大学都实施了国际合作学校教育，以消除种族的、宗教的歧视，促进各民族的交往，为人类个体发展提供更为有利的国际环境。1981年联合国教科文组织又编写了有关国际理解教育的指引性文件，对国际理解教育的目标进行了明确界定，指出要通过国际理解教育培养和平处事的人、具有人权意识的人、能够认识自己国家和具有国民自觉意识的人，等等。应该说，联合国教科文组织在成立后的半个世纪里，呼吁通过学校教育构筑世界和平的基石，积极推动国际理解教育的理念和实践，为教育国际化发展营造了良好的氛围。

"二战"之后国际理解教育的发展与时代条件和社会进步密不可分。在战前，倡导超越国家的国际教育是不可能的；但进入20世纪五六十年代后，在相对和平的国际环境下，各国之间的交流活动迅速发展，教育领域的交流和交往也日趋频繁，这些都为国际理解教育的提出和发展创造了条件。

## 二、国际理解教育的界定与基本主张

国际理解教育从本质上而言就是以推动国际理解和世界大同为教

育理念而开展的各种教育活动。其目的是增进不同文化背景的、不同种族的、不同宗教信仰的人们之间相互了解和相互宽容，加强他们在教育领域的相互合作，以便共同认识和处理全球社会存在的重大共同问题。根据联合国教科文组织《第44届国际教育大会宣言》，国际理解教育，是为了使青少年在对本民族文化认同的基础上，了解别国历史、文化、社会习俗的产生、发展和现状；学习与其他国家人们交往的技能、行为规范和建立人类共同的基本价值观；学习正确分析和预见别国政治、经济发展状况及其对本国发展的影响；正确认识和处理经济竞争与合作、生态环境、多元文化共存、和平与发展等方面的国际问题；是为了培养具有善良、无私、公正、民主、聪颖、热爱和平、关心人类共同发展等品质，担负起全球公民责任和义务的青少年。[1]

国际理解教育体现了特定的教育主张。从目的来看，国际理解教育是为了培养青少年在对本民族主体文化认同的基础上，尊重、了解其他国家、民族、地区文化的基本精神及风俗习惯，学习、掌握与其他国家、民族、地区人民平等交往、和睦相处的修养与技能，探讨全人类共同价值观念，增进不同宗教信仰和文化背景的民族、国家、地区的人民之间的相互理解与宽容。这一目的对世界各国的教育发展产生了积极的影响。例如，20世纪七八十年代后，日本就开始重视国际理解教育，《现代教育学基础》一书中提到，国际理解教育的目标是：以尊重人权为基础，培养对异国、异民族、异国文化的理解与世界大同意识。尤其是对于生活在岛国，处在单一民族、单一语言条件下的

---

[1] International Bureau of Education. 44th session (1994)［EB/OL］. http://www.ibe.unesco.org/en/areas-of-action/international-conference-on-education-ice/44th-session-1994.html.［2018-06-21］.

日本人来说，理解不同民族的思想方式和生活方式，与他们共处，是生疏的。从这一意义上说，在日本振兴国际理解教育是极端重要的。[1] 可见，国际理解教育这一思潮对很多国家的教育发展发挥了重要的引领作用。

从内容上来看，国际理解教育的实践侧重于通过教育推动各国、各民族之间的相互理解和交流合作。随着当代经济贸易活动国际化而发展起来的，旨在通过传播和掌握各国地理、经济、文化和政治等知识，适应日益扩大的国际交往的需要，达到各国及其人民之间相互理解和相互关心。这样，在内容上国际理解教育关注一些特色领域，主要包括理解发展中国家和异国的文化传统，参与各国开发以及和平教育、环境教育、回国子女教育等；主要的教育形式则有语言课程和社会课程的教学，以及邀请外籍人员参加学校活动和作报告等。

## 三、国际理解教育思潮对教育国际化的影响

第一，国际理解教育思潮为教育国际化的开展提供了基本的观念准备和铺垫。应该说，在教育国际化的实践和政策主张出现之前，国际理解教育的思潮就已经在国际层面流行开来。尤其是在联合国教科文组织的倡导和组织下，该思潮赢得了广泛的认同，成为面向21世纪国际教育改革与发展的重要理念和实践举措。由于有了这种铺垫，当学校教育问题超越国家层面时就会得到更多国家的关注，各国才可能联合起来共同予以应对，国际教育交流与合作才能顺利开展。因此，在一定程度上，国际理解教育的思潮为教育国际化的教育实践进行了最初的思想启蒙，这对于后者的顺利开展具有积极的意义。

---

[1] [日]筑波大学教育学研究会.现代教育学基础 [M].钟启泉，译.上海：上海教育出版社，1986：58.

第二，国际理解教育将学校教育提升到跨国别、跨文化的高度，从而使后来的教育国际化能够整合更多的教育形式。其实，在超越国家的层面上，教育的观念和形式有很多，包括国际理解教育、多元文化教育、国际教育等。国际理解教育思潮的深入人心有助于这些不同的教育形式进行整合。例如，国际理解教育和多元文化教育都是为了让学生能够正确认识、了解整个全球化背景下的文化形态与政治、经济状况，从文化以及经济层面把握整个世界的发展脉络与走向。国际理解教育与多元文化教育这两者都强调消弭文化和种族上的偏见与歧视，保障每个人的公民权利与地位。这种普世的价值观支撑起了全球化发展的浪潮，是整个全球化发展过程中不可或缺的精神力量，因此国际理解教育与多元文化教育本身就是拥抱全球化的重要精神力量。

第三，国际理解教育在内容上为教育国际化提供了启发和借鉴。教育国际化如何开展？有哪些具体的途径？这些问题影响着教育国际化的实践成效。其实国际理解教育已经为教育国际化的实践提供了一些基本的路径，它要求各国在各年级课程中引入国际通行的教育内容，包括国际意识和国际视野、跨文化交流的技能、异文化教育、和平教育、可持续发展教育和环境教育等，这些内容为教育国际化的实践指出了方向。

第三章

主要国际组织的教育国际化
与教育合作政策比较

国际组织是指两个以上国家或地区的政府及民间团体基于特定目的，依一定协议形式建立的各种机构，它是现代国际生活的重要组成部分，也是教育国际化的重要推动者。由于国际组织的"跨境"特征，它们更容易从超越国家的视角去关注全球问题，推动跨文化交流与合作。因此，国际组织往往又成为教育国际化的策源地，是教育国际化不可忽视的重要力量，发挥着举足轻重的作用。本章选择对教育事务影响最大的三个国际组织——联合国教科文组织、经济合作与发展组织和亚太经合组织作为代表，分析国际组织在教育国际化领域作出的努力，探讨其推动各国在教育领域加强合作的基本主张和实践策略，以阐明基础教育国际化的发展趋势。

# 第一节

# 联合国教科文组织的教育国际化与教育合作政策

第二次世界大战是人类历史上的一次浩劫，战争范围从欧洲到亚洲，从大西洋到太平洋，先后有60多个国家和地区、20亿以上的人口卷入战争，给世界各国带来了深重灾难。"二战"结束后不久，1945年10月24日，中、美、苏、英、法等国家在美国旧金山签订《联合国宪章》，正式成立联合国（United Nations，简称UN），致力于促进各国在国际法、国际安全、经济发展、社会进步、人权及实现世界和平方面的合作。1946年11月正式成立联合国教科文组织（United Nations Educational, Scientific and Cultural Organization，简称UNESCO），以推动各国在教育领域开展合作、解决教育领域的世界性问题。联合国教科文组织在推动教育国际化和各国的教育交流与合作方面不遗余力，对全球教育的发展发挥了重要的作用。

## 一、联合国教科文组织及其教育功能

### （一）联合国教科文组织简介

战争对社会的巨大破坏作用给参战国带来了极大震撼。在"二战"炮火尚未停息的1942年，与法西斯苦战的欧洲国家面对残酷的战争，决议战争结束后合力重建教育制度、重建和平。1945年，在法国和英国的推动下，44个国家代表齐聚伦敦，共同决定建立一个真正体现和平文化的组织来防止世界大战的再次爆发。根据当时盟国教育部部长会议的提议，1945年11月1—16日在伦敦举行了一次会议，44个国家的代表出席了这次会议。会议的主旨是成立一个关于教育和文化组织的联合国机构。在法国和英国的推动下，会议代表决定成立一个以建立真正和平文化为宗旨的组织，这个新的组织应致力于人类智力上和道义上的团结，从而防止爆发新的世界大战。他们认为，既然战争始于男人和女人的头脑，那么就必须在男人和女人的头脑中构筑起保卫和平的屏障。[1]会议结束时，37个国家签署了一项《组织法》，"联合国教育、科学及文化组织"（联合国教科文组织）由此诞生，并

---

[1] UNESCO in brief-Mission and Mandate［EB/OL］. https://en.unesco.org/about-us/introducing-unesco.
　　［2020-03-29］

于1946年12月成为联合国的一个专门机构。

联合国教科文组织总部设在法国巴黎。其主要机构有大会、执行局和秘书处。大会为该组织最高权力机构，每两年召开一次会议，决定该组织的政策、计划和预算。执行局为大会闭幕期间的管理和监督机构，负责监督该组织各项计划的实施，每年至少举行两次会议。秘书处负责执行日常工作，由执行局建议、经大会任命总干事领导秘书处的工作，秘书处分成若干部门，分别实施教育、自然科学、社会科学、文化和交流等领域的业务活动，以及行政和计划工作。另外，该组织在其成员和准成员国家和地区设有委员会，作为其在各个成员的常设机构。

截至2020年2月3日，联合国教科文组织有成员193个，另有11个准成员，共计204个国家和地区，在教育、科学、文化领域是最有影响力的国际组织。在决策模式上，联合国教科文组织实行"一国一票"，即不论会员规模大小或对预算的贡献程度如何，每个国家均有一票。中国是联合国教科文组织创始国之一，1971年恢复在联合国的合法席位，1972年恢复在教科文组织的活动。1979年2月，中国联合国教科文组织全国委员会正式成立。1997年12月，中国继续当选为执行局委员，此后中国一直连任这一职务。2017年10月，美国宣布退出联合国教科文组织，声称该组织长期以来对以色列存在偏见，随后以色列政府发表声明跟随美国退出。

### （二）联合国教科文组织的功能

联合国教科文组织致力于促进教育、科学、文化和交流方面的国际合作。它从"二战"的硝烟中走来，其宗旨在于通过教育、科学及文化促进各国的合作，对和平与安全作出贡献，以增进对正义、法治及联合国宪章所确认的"世界人民不分种族、性别、语言或宗教均享人权与基本自由"的普遍尊重。联合国教科文组织在其主管的教育、科学、文化、传播与信息等业务范围内设立了十多个政府间机构及大型合作计划，以推动国际智力合作，其中主要有：国际教育局、人与生物圈计划、国际地质对比计划、国际水文计划、政府间海洋学委员会、社会变革管理计划、世界遗产委员会、促使文化财产归还原主国或归还非法占有文化财产政府间委员会、世界版权公约政府间委员会、国际传播发展计划、综合信息计划、政府间信息学计划、政府间体育运动委员会等。教科文组织大会选举产生的各执行理事机构负责规划和管理各计划的活动，并建立各自的国际或地区合作网络，如"世界生物圈保护区网络"和"世界遗产名录"等。

发展教育是联合国教科文组织的工作重心。它设有一些专门的教育研究机构，主要有：（1）国际教育局（International Bureau of Education，简称IBE），设在瑞士日内瓦，任务是协助筹备和组织两年一次的国际公共教育会议，出版国际教育年鉴和比较研究丛书，建立国际教育情报交流网等；（2）国际教育规划研究所（International Institute for Educational Planning，简称IIEP），主要活动是组织教育计划和教育行政管理方面的人员培训，开展有关教育计划、教育改革评价方法、教育与劳动就业关系的合作研究；（3）终身学习研究所（UNESCO Institute for Lifelong Learning，简称UIL），设在德国汉堡，主要研究终身教育理论及其在教育制度、教育内容、师资培训等方面实施的问题；（4）教育信息技术研究所（Institute for Information Technologies in Education，简称IITE），1997年设立于莫斯科，致力于研究以技术为支撑的教育，以实现知识型社会并普及优质全民教育；（5）欧洲高等教育研究中心，设在罗马尼亚布加勒斯特，主要任务是组织欧洲地区会员在高等教育领域的合作和交流。联合国教科文组织还有一些有影响力的出版物，主要有：《信使》《教育展望》《国际社会科学杂志》《自然与资源》《国际教育杂志》《版权公报》《博物馆》等，均以多种文字出版。

联合国教科文组织在教育方面开展的活动形式主要是：（1）举办各种类型的国际会议，促进政策性对话；（2）开展教育研究，对当今世界教育方面的某些热点问题进行探讨；（3）促进教育人员与教育成果交流，通过发行出版物和建立信息网促进信息传递与交换；（4）举办培训活动；（5）开展实验项目。例如，联合国教科文组织与我国教育部合作举办了一系列颇具规模和影响的国际研讨会，近年来召开的主要有：第四届九个人口大国全民教育部长级会议（2001年）；农村教育国际研讨会（2003年）；亚太地区教育革新国际研讨会、世界开放大学校长会议等。此外，联合国教科文组织的一项重要工作是实施"全民教育计划"，自1990年"世界全民教育大会"以来，联合国教科文组织将教育领域的工作重点放在了发展基础教育与扫盲、职业技术教育等方面，2000年在塞内加尔的达喀尔举办的国际教育论坛，为在实现这些目标方面取得进步，联合国教科文组织制定了一个行动纲领——《全民教育：实现我们的集体承诺》。

## 二、联合国教科文组织教育国际化政策的发展脉络
### （一）1945—1970年的教育国际化政策

联合国教科文组织建立初期，把为成员提供战后紧急救援以及帮助各国教育体系的恢复重建作为工作重心。因而，这一时期联合国教科文组织在教育领域的关注点主要为普及教育和成人教育。

1949年，联合国教科文组织第二任总干事贾米·托雷斯·博德（Jaime Torres Bodet）上任，他把"促进人权"视为联合国教科文组织

的使命，把教育作为促进发展和进步的最佳途径，积极推进教育，并在全球范围内开展了"扫除文盲运动"。[1]

1947年，联合国教科文组织与国际教育局（IBE）达成合作关系，共同开展了一系列活动，如联合召开国际公共教育大会（International Conference Public Education），发布相关的教育建议书等。1947—1949年，联合国教科文组织与国际教育局一共合作发布了8份建议书，为不少国家的教育当局、学校、教师提出了切实的、具有可操作性的建议。[2]1950—1969年，联合国教科文组织与国际教育局合作发布了36份建议书，主要内容也是关于基础教育。

1949年6月，联合国教科文组织在丹麦召开了第一届国际成人教育大会，会议聚集了106名来自27个国家和21个国际组织的代表。会议主题分别为：成人教育的内容；机构和组织问题；方法和技术；建立国际永久合作的途径。[3]1960年，第二届世界成人教育大会于加拿大蒙特利尔召开。此后，联合国教科文组织每隔12年举办一次国际成人教育大会，致力于对特定的时代要求和现实作出回应。

"二战"后，国家间的不信任与偏见依然存在，在一些事务上仍摩擦不断。为促进各国和平往来，实现创建初期的和平理想，联合国教科文组织1968年第64号建议提出，要将国际理解教育作为学校课程和生活的组成部分。

20世纪60年代后，随着教育经济学的发展，人们逐步认识到教育对经济发展的贡献，也逐渐在经济规划中加入教育规划的内容，教

[1] 张民选.国际组织与教育发展［M］.上海：上海教育出版社，2010：85.

[2] 陈铭霞.联合国教科文组织教育政策价值取向发展研究［D］.上海：上海师范大学，2018.

[3] 中国成人教育协会.国际成人教育发展的历史轨迹——联合国教科文组织六次成人教育大会文集（1949—2009）［M］.北京：教育科学出版社，2012：1.

育规划受到关注。1963年，联合国教科文组织在巴黎成立国际教育规划研究所，为联合国教科文组织及其成员的教育规划工作作出了重大贡献。

### （二）1970—1990年的教育国际化政策

20世纪70年代至80年代是一个相对动荡的时期，整个国际社会发生了重大变革。70年代，第四次中东战争爆发，石油危机蔓延全球，引起全球性的经济危机。联合国教科文组织作为国际机构，受到了全球局势的严重影响，相继经历了国际新秩序的建立、美国退会引发的组织危机和财政危机等。联合国教科文组织为此做出了一系列的努力，延伸到教育领域则是，教育民主化、教育平等得到关注和传播。同时，70年代开始，第三次科技革命爆发，知识与技术不断发展，生产方式得到革新，对人的能力提出了更高的要求；再加上人力资本理念得到广泛认可，教育开始被人们视为个体发展的关键，终身教育理念开始兴起。

而早在20世纪60年代，1965年，在第三届成人教育国际促进会议上，联合国教科文组织成人教育计划处处长保尔·朗格朗提交了名为《关于终身教育》的报告。对外发表后，终身教育思潮得到广泛传播。1969年，国际教育局作为一个相对独立的部分并入联合国教科文组织，并于1970年成立国际教育发展委员会。1972年，联合国教科文组织国际教育发展委员会提交了《学会生存——教育世界的今天和明天》，认为"每一个人必须终身继续不断地学习"，[1]

---

[1] 联合国教科文组织国际教育发展委员会.学会生存——教育世界的今天和明天 [M].北京：教育科学出版社，1996：223.

建议各国应把终身教育作为制定教育政策的主导思想，这进一步推动了终身教育的传播，并在全球范围内引发了对终身教育的思考与重视。

这一时期，在教育国际化方面，联合国教科文组织主要推出了以下标志性教育政策：（1）1974年通过了《关于教育促进国际理解、合作与和平及教育与人权和基本自由相联系的建议》，以期促进国际理解教育的发展。（2）随着世界各国之间交流更加密切，联合国教科文组织认为，促进互认学历和文凭能为国际人才流动与增进国际合作等提供有效的途径。1974年至1983年，联合国教科文组织举办了若干国际大会，先是通过了有关高等教育学历、文凭和学位认证的地区性公约，如《欧洲地区国家承认高等教育学历、文凭和学位公约》；1993年，教科文组织大会第27次会议上通过《关于承认高等教育学历和资格的建议书》；2005年，联合国教科文组织与经济合作与发展组织共同制定了"保障高等教育跨国办学质量的指导方针"，其中提出构建一个国际框架，用以保护学生和其他利益攸关方，防止出现质量低劣的办学和声名狼藉的办学方。[1]

1975年，第70号建议中提出了国际教育标准分类，为各成员在国家（地区）内和国际上收集、整理和提供教育统计资料时提供了一个国际通用的适当工具，便于其编制和比较各种类教育资料。1985年于法国巴黎召开了第四届国际成人教育大会，会议强调了教育方面处境最为不利的集团的教育权利，指出要让绝大多数人有受教育的机会，并使人人有最大的成功机会，并通过了《学习权宣言》。[2]

---

[1] 联合国教科文组织.关于起草承认高等教育资历的全球公约的初步报告草案 [EB/OL].http://unesdoc.unesco.org/images/0023/002347/234743C.pdf.[2017-11-18]

[2] 张茵.第四届国际成人教育会议综述 [J].外国教育研究，1986（1）：21—27.

## （三）1990年至今的教育国际化政策

20世纪90年代，国际格局仍不断变化。1989年前后，东欧剧变，1990年两德统一，1991年苏联解体，美国以超级大国的身份成为"一极"，冷战虽宣布结束，但其阴霾仍未散去。2001年，美国"9·11事件"震惊全球，人们开始思考如何促进人类社会持久的和平。同时，环境恶化、资源浪费、人口激增等成为全球性问题，人类社会如何实现长远发展成为国际性事项。在1992年联合国环境与发展大会提出的"可持续发展"概念中，联合国教科文组织认为教育是改善环境、实现可持续发展的关键因素，继而积极在全球范围内开展和推广可持续发展教育。

1990年，在联合国教科文组织等国际组织的倡议下，世界全民教育大会（World Conference on Education For All）在泰国宗迪恩召开，会议讨论并通过了《世界全民教育宣言》及其指南《满足基本学习需要的行动纲领》，致力于为所有儿童、青少年和成人提供优质的基础教育。上文已提到，2000年，联合国教科文组织与儿童基金会、世界银行在塞内加尔达喀尔召开了世界教育论坛，并通过了《达喀尔行动纲领》，即《全民教育：实现我们的集体承诺》，明确了到2015年应实现六项内容广泛的教育目标，即幼儿教育、初等教育、青年和成人教育、扫盲教育、男女平等、教育质量六个方面；联合国教科文组织通过其附属的统计研究所来统计全民教育运动的情况，并从2002年开始，几乎每年发布一份《全民教育全球监测报告》，以监测全民教育运动在世界范围内的发展过程及面临的问题。[1]2005年，联合国教科

---

[1] 陈铭霞.联合国教科文组织教育政策价值取向发展研究［D］.上海：上海师范大学，2018.

文组织发布《全纳教育指南：确保全民教育的通知》，提出要转变观念与态度，以最有效的方式，构建一个和谐（全纳）的社会，实现全民教育。2008年，联合国教科文组织于瑞士日内瓦召开了第48届国际教育大会，再次强调了会议主题全纳教育。

21世纪来临之际，人们对高等教育的需求空前高涨。据联合国教科文组织统计，1985年至1997年，高等教育的世界平均毛入学率，从12.9%上升到17.4%，而发展中国家从6.5%上升到10.3%，发达国家已从39.3%快速上升到61.1%。[1]高等教育的重要性得到极大的增强。1998年，联合国教科文组织在法国巴黎召开了第一届世界高等教育大会，并通过了《面向21世纪的高等教育：愿景与行动》和《高等教育改革与发展优先行动框架》，提出高等教育迫切需要彻底革新以适应瞬息万变的社会发展。2009年，联合国教科文组织在法国巴黎召开了第二届世界高等教育大会，主题为"促进社会变化与发展的新活力"，会议除强调高等教育的社会贡献和社会责任外，还提出了要特别关注非洲。联合国教科文组织召开的两次世界高等教育大会，都得到了国际社会的高度参与和关注，大大促进了高等教育的国际合作。

2005—2014年被作为"联合国可持续发展教育十年"，这段时期联合国教科文组织为可持续发展教育研究和推广作出了一系列努力。2015年5月，联合国教科文组织在韩国仁川召开了世界教育论坛，并与联合国儿童基金会、世界银行、联合国人口基金、联合国开发计划署、联合国妇女署、联合国难民署携手，在会上总结了全民教育目标和与教育有关的千年发展目标等方面取得的进展以及经验，随后通过

---

[1] 联合国教科文组织.世界教育报告2000［M］.北京：中国对外翻译出版公司，2001：65.

了关于2030年教育的《仁川宣言》，为今后15年提出了新的教育愿景，即实现包容和公平的全民优质教育和终身学习。[1]2015年9月，联合国大会第70届会议上通过了新的全球发展议程《改变我们的世界：2030年可持续发展议程》，其核心是17个可持续发展目标，包括四个教育方面的可持续发展目标，即：确保包容和公平的优质教育（SDG4）。为促进SDG4的实现，全球教育界于2015年11月在巴黎通过了"教育2030行动框架"，提出了七大具体目标及其指示性策略以期为全球未来教育提供蓝图。

在高等教育领域，联合国教科文组织一直努力推动在全球范围内制定关于高等教育资历认可的规范性文件。早在1992年，六个区域认可公约委员会在巴黎召开联席会议，就认可高等教育学业和学位的《世界公约》的可行性展开讨论。2012—2013年，第37届大会批准并通过了可行性研究报告；2013—2015年，第38届大会批准初步报告，大会决定于2015年11月成立《全球高等教育公约》起草委员会，并开展编写工作。2017年6月28日，《全球高等教育公约》起草委员会在巴黎召开关于拟定《高等教育资历认可公约》草案的会议，继续推进该项工作。2019年12月，第40届联合国教科文组织成员代表大会通过了《全球高等教育资历认可公约》。过去，在异地完成学业的学生在返乡或迁往其他地区时，常会面临学历资格认证困难等问题，而《全球高等教育资历认可公约》一旦生效，学生将获得公平、透明和非歧视性的学历资格评价机会。[2]

[1] 陈铭霞.联合国教科文组织教育政策价值取向发展研究［D］.上海：上海师范大学，2018.
[2] 赵琪.《全球高等教育资历认可公约》通过为全球人才流动创造条件［EB/OL］. http://www.cssn.cn/hqxx/bwych/201912/t20191218_5061139.shtml?COLLCC=4294745761&.［2020-4-13］

## 三、联合国教科文组织在基础教育领域推动教育合作的基本做法

### （一）全球层面的宣传和活动

联合国教科文组织作为重要的国际教育组织，有权组织召开各类国际大会和活动，通过具有国际影响力的国际宣言，鼓励开展南南合作和南北合作，协助最不发达的国家和受冲突影响的国家实施大会的建议，发挥其在国际教育领域的标尺作用。自成立以来，联合国教科文组织就将推动基础教育的普及化，将促进每个个体平等地接受教育权作为关键性工作予以重视，联合国教科文组织通过举办各类国际教育大会，推动各方积极对话，达成教育宣言。例如，作为联合国教科文组织的常设机构，国际教育局协助筹备和组织每两年一次的国际公共教育会议。

20世纪90年代以来，国际教育民主化热潮涌起，全纳教育作为其中的重要内容，在国际组织的推动下逐渐成为各国的教育热点。在联合国教科文组织的组织下开展的三次国际性教育大会及其大会宣言成为全纳教育普及的重要里程碑。上文已提到的"世界全民教育大会"，这次大会肯定了全民基础教育的重要性，认为教育对于个人发展和社会进步的重要意义，强调各国政府必须普及基础教育和促进教育平等。1994年，联合国教科文组织在西班牙萨拉曼卡召开"世界特殊需要教育大会：入学和质量"（World Conference on Special Needs Education: Access and Quality），共有92个国家、25个国际组织参加了大会，大会通过了《萨拉曼卡宣言》。该宣言在全民教育的基础上正式提出"全纳教育"的概念，明确指出"有特殊教育需要的儿童必须有机会进入普通学校，而这些学校应以一种能满足其特殊'需要'的

儿童中心教育学思想接纳他们"，该宣言呼吁各国政府并敦促以法律或方针的形式通过全纳性教育原则，在普通学校招收所有儿童。此后全纳教育在世界各国范围内广泛开展，这在推动世界基础教育发展的过程中具有重大意义。例如，2008年的第48届国际教育大会，主题为"全纳教育：未来之路"（Inclusive Education: the Way of the Future）。此次会议指出了基础教育领域存在的排斥、歧视和分类现象，尤其关注残疾学生及各类特殊学生群体。大会希望国际教育系统能够认识到当前教育理念和教育体制存在的诸多问题，呼吁会员以全纳教育的理念思考教育问题，据此制定、实施和监督教育政策，进行相应的教育改革。与会各国对此作出积极承诺，全球再次掀起一股"全纳"热潮。

## （二）建立国际公约

公约，一般指就有关国家、部门、人员之间的利益问题进行公开讨论、达成一致意见，并且同意遵守的一个规定，具有公众约定性、一致认同性和长期适用性等特点。而国际公约是用来称呼在国际组织主持下或国际会议上通过的关于某一个专门领域的规则的多边条约，具有开放性的特点，非缔约国可以在公约生效前或生效后的任何时候加入。国际公约具有法律约束力，凡是加入国际公约的国家或地区都应遵守公约规定。在基础教育领域，联合国教科文组织制定的最具权威性的国际教育公约为《取缔教育歧视公约》，它为保障公民平等的受教育权利提供了制度保障，得到了国际社会的广泛认同。

《取缔教育歧视公约》于1960年在联合国教科文组织大会上获得通过，该公约一直是联合国教科文组织教育领域内头等重要的规范性文件之一。它是第一部广泛涵盖受教育权利各个方面的国际文书，作为国际公约具有法律约束力。[1]《取缔教育歧视公约》强调各国要切实落实无偿义务制初等教育，中等教育对所有人平等开放，同时指出国家要为教师提供无差别对待的培训机会。该公约禁止会员采取任何形式的教育歧视，倡导教育机会公平公正。《取缔教育歧视公约》在国际教育领域受到高度重视，被视为《2030教育议程》的基石，得到了现代国际法体系的认可，公约中的主要内容也被联合国教育文书反复提及。当前，已有104个会员签署了这个没有设置任何保留条款的公约。

需要强调的是，虽然联合国教科文组织在基础教育领域制定了相应的国际公约，达成了一定的教育共识，但在当前的教育格局中，国家依旧是教育政策制定的主体，是教育服务最重要的提供者以及教育决策的制定者。联合国教科文组织为各国的教育政策提供了一个更高的标准和方向，在此基础上，各国依照联合国教科文组织制定的国际公约要求，采取相应的教育行动，这并不影响国家拥有独立的教育主权实施教育行为。

### （三）跨境交流与人员培训

智力合作是联合国教科文组织给予会员援助的主要方式，如教学培训、派遣专家、人员交流、参与会员在相关领域的能力建设等。通过开展国际教学交流和人员培训，促进教育人员与教育成果交流，联合国教科文组织力图通过加强国际教育合作促进优质教育资源共享，缩小教育发展差距。

---

[1] 联合国教科文组织《取缔教育歧视公约》[EB/0L].https://zh.unesco.org/themes/right-to-education/convention-against-discrimination.［2020-5-09］

　　为了推动"全民教育计划"的全面实施，联合国教科文组织在南非洲地区组织实施了一项为期十年（2006—2015年）的"撒哈拉以南非洲师资培训计划"（Teacher Training in Sub-Saharan Africa，简称TTISSA）。这是一项由联合国教科文组织高等教育部教师教育处负责，专门针对撒哈拉以南非洲国家小学教师的师资培养计划。该计划通过发展信息与网络技术（information and communications technology，简称ICT），提高在职教师的教育教学技能，通过建立远程教育网开展教师培训，提高在职教师的教学技能，促进教师专业发展。为了确保 TTISSA 能够顺利实施，联合国科教科文组织加强了与国际劳工组织（International Labour Organization，简称ILO）、国际教育组织（Education International，简称EI）以及非洲国家联盟（African Union，简称AU）的合作，通过提高教师地位与工作条件、建立英联邦学习共同体（Commonwealth of Learning，简称COL）来改进教育与培训质量，提高教师教育的质量。这项计划的实施有效地推动了非洲国家普及基础教育发展目标的进程，TTISSA 的全面实施已经产生了一些积极的成效。[1]

　　联合国教科文组织还注重加强与教育企业的交流合作，推动企业现代技术成果与全球共享。2019年，联合国教科文组织在巴黎总部与中国好未来教育集团签署为期3年的战略合作协议，协议约定：双方将共同实施"人工智能促进未来教育"计划，助力教育发展。好未来集团将与联合国教科文组织和来自世界各国的教育组织及代表开展更加紧密、深入的国际教育交流与合作，围绕人工智能、智慧课堂、未来学习、综合能力测评等主题不断探索，全面助力全球基础教育的公

---

[1] UNESCO.Partners［EB/OL］. http://www.unesco.org/en/ttissa/about-us/partners.［2021-08-10］.

平及高质量发展。"科技+教育"的碰撞可助力国际基础教育合作，联合国教科文组织不断吸收前沿技术以推动科技教育成果惠及世界各国。

### （四）发起"联系学校项目网络"

"联系学校项目网络"（ASPnet）是联合国教科文组织联系学校项目网络（UNESCO's Associated Schools Project Network, ASPnet）的简称，在联合国教科文组织的倡导和推动下于1953年成立。这是一个旨在通过学校教育促进世界和平和国际理解的全球性基础教育学校项目。时至今日，已有182个国家的11 500多所学校加入[1]，包括我国北京、南京、上海、三亚等地的10所中学。2018年，"联合国教科文组织联系学校国际中心"经联合国教科文组织第204届执行局会议审议通过，正式落户中国海南三亚。

"联系学校项目网络"旨在促进相关学校成员间的交流与协作，吸取发达国家基础教育创新发展的成功经验，通过人员交流、教师培训、国际会议、网络平台、课程开发等多样化活动，应对全球化和新技术革命对学校教育带来的冲击与挑战，提高学校教育的可获得性、公平性、质量和治理水平；提升教育政策制定者、学校管理者、教师以及行政人员的能力与胜任力等。

联合国教科文组织鼓励联合学校开展丰富多彩的实验项目，主题涉及世界人民共同关心的问题，如贫困、环境、种族、灾难、女性教育、人权、民主和就业等问题，以及提升基础教育阶段学生的国际理解能力、全球责任意识和解决问题的实际能力。"联系学校项目网络"的成员积极

---

[1] UNESCO Associated Schools Project Network［EB/OL］. https://aspnet.unesco.org/en-us/Pages/About_the_network.aspx .［2021-08-10］

组织各种层面的交流会、学校间的师生交流活动，并积极开展合作项目等，增强了国际教育的理解与合作。"联系学校项目网络"还注重从微观层面入手，加强课程建设与创新，如开设公民教育、国际理解教育、可持续发展教育等必修或选修课程，动员社会、社区和家庭也参与到学校课程与文化建设中来，提高普通大众对国际理解与和平教育的认识水平。

## （五）推动信息技术发展和数据建设

在信息技术产业高度发展的今天，互联网为基础教育国际合作搭建了便捷的交流平台，教育资源与经验得以实现快速共享，缩短了国家间的教育差距。21世纪以来，联合国教科文组织将推动远程教育技术在基础教育领域的推广作为重要工作，通过开展远程教育技术国际交流大会以及发布信息数据建设文件等形式促进国际教育合作。

从2005年起，由联合国教科文组织和上海电视大学联合主办的联合国教科文组织东亚远程教育教席国际系列研修班至今已举办十余届。研修班聚焦远程教育国际发展的最新形势，不断提出最前沿的研究问题，促进与会专家和受训者之间的相互交流和日后的网络合作，将远程教育国际学术交流向教学实践和学科领域纵深发展，将会上经验惠及更多一线教师和技术管理人员，通过合作开发线上优质课程、共商课程评价标准、创新学生评价体系等途径，为推进远程教育的国际合作服务。2007年10月19—21日，第三届研修班在上海举行，以"开放教育资源建设与应用案例分析"为主题，吸引了来自海内外的70多位专家、教师参加。本届研修班聚焦课程资源开放共享的热点，采取典型案例分析和交互式讨论的研修方法，注重课程资源在本国的具体化运用。在此后几届国际研讨会上，参会国家代表探讨了课程开发的周期问题、课程版权保护、学分银行建设、教学模式与学习支持服务、泛在学习等一系列的教育话题，这些分享与讨论深化了各国对远程教育理论与实践的认识，推动了基础教育远程开放教育的进程。

除了召开信息技术国际交流会议，联合国教科文组织还注重发布相关报告，推动各国信息技术的教育改革。2017年初，联合国教科文组织统计研究所（UNESCO Institute for Statistics，简称UIS）发布报告，呼吁各国在国家统计系统的基础上发起教育数据革命，并通过全球契约支持监测"全球教育目标和可持续发展目标4"（SDG4）的进展情况。报告指出，教育数据改革需要全球治理主体的共同参与，通过各国建立统一的全球检测契约，实现对改革的指导并提供技术支持，从而推进"教育2030议程"的实施。

在教育成为"全球共同利益"的今天，联合国教科文组织秉承着让人人都能平等地获得知识和受教育权的美好愿景，促进各国间在基础教育领域达成对话和合作，从理念和实践等方面采取一系列措施促进各方达成共识，争取让知识的创造、获取、认证和应用向所有人开放。我们认为，各国的教育管理者和参与主体都应当以联合国教科文组织所倡导的知识理念和教育宣言为指导，重新审视教育政策和教育实践，整合国家优势和国际力量，结合本国实际和国际经验，为本国的基础教育发展注入新鲜的活力，为全球基础教育事业的发展作出贡献。

## 四、联合国教科文组织教育国际化政策展望

### （一）倡导各国进一步加大教育资源开放和共享

2019年12月，联合国教科文组织召开第40届大会，大会的一个议题是宣布有193个联合国教科文组织成员一致通过了关于开放教育资源的建议书。这一建议书由国际开放与远程教育协会（International Council for Open and Distance Education）发起，该协会是联合国教科

文组织的重要合作伙伴。建议书聚焦如下目标：提升利益相关者获取、运用、改编和重新分配教育资源的能力；制定支助性政策；确保包容和公平的高质量的教育资源；构建开放教育资源的可持续性模式；促进国际合作。

开放教育资源有助于建立开放和包容的知识型社会，也有利于实现联合国的可持续发展目标，它为在世界范围内推进开放式教育提供了独特的机会。

### （二）关注数字技术在教育中的应用

联合国教科文组织教育部门教育信息技术团队于2019年7月29—30日在联合国教科文组织巴黎总部组织召开了一次专家组会议。会议围绕世界各地使用的各类现有指导框架及评估工具展开讨论，计划为在学校层面规划和评估数字技术的使用制定框架。自2016年以来，联合国教科文组织在法政集团的支持下，一直致力于开展一项关于移动学习最佳实践的项目。该项目的第一阶段目标是在学校内寻找循证移动学习实践，从而将规划及实施校级移动学习方案的经验传递给政策制定者和相关从业人员。作为项目的一部分，项目工作人员编写了一系列案例研究方案。项目第二阶段旨在通过制定一项指导框架，以变革性的方式对数字技术的使用进行规划和评估，创新教育模式、营造创新学习环境，从而实现可持续发展目标。[1]

2019年3月，联合国教科文组织和布罗孚图卢基金（ProFuturo Foundation）发布了《教育中的人工智能：可持续发展的机遇和挑战》工作报告，以人工智能技术如何帮助教育系统利用数据推动教育公

[1] 姜雪.UNESCO计划制定校内数字技术使用与评估框架［J］.世界教育信息，2019（19）：73.

平、提高教育质量为核心，分析了相关研究案例和如何进一步推动人工智能在教育中的应用。报告指出，人工智能在教育领域的应用已成为移动学习的新常态，但其核心潜力仍有待发掘和释放；需要全面审视人工智能对教育公平和包容性、教育管理效率、学习质量、技能发展等问题的影响；要帮助教师为人工智能辅助的教育做好各项准备。

### （三）继续推动全民教育和跨境教育的发展

全民教育一直是联合国教科文组织关注的一个焦点问题。自2000年以来，全民教育的实施取得了明显的成就，世界上很多国家尤其像印度这样人口众多的发展中大国，为其公民提供了接受初等教育的机会；女童受教育歧视现象减少，早期儿童受教育机会显著增加；教育教学质量大幅度提升。2015年11月，联合国教科文组织在巴黎正式审议并签署《教育2030行动框架》，规划了2015年之后的15年里全球教育发展的蓝图。

关于跨境教育，早在2003年10月，经济合作与发展组织和联合国教科文组织两大国际组织就"跨境高等教育质量保证"制定了方针，从而为高等教育机构及提供者、质量保证和鉴定机构、认证和证书评估机构的行动提供了指导。从那时开始，联合国教科文组织就致力于推动建立一个不受限制的国际跨境高等教育框架。为此，联合国教科文组织呼吁调整这些国家高等教育体系的质量保证和认证，促使不同投资者达成共识，使教育输出国和接收国在教育服务上进行更多的合作。其目标是：保护学生及学习者的利益，防止他们遭受错误信息、低质量教育的危害；资格证书应该简单易读、一目了然；认可程序应该透明、连续、公平、可靠，尽量减少各国专业人员的负担；为了促进互相理解，各国质量保证和认证机构需要加强国际合作；等等。

# 第二节

# 经济合作与发展组织的教育国际化政策

经济合作与发展组织（Organisation for Economic Co-operation and Development，简称"经合组织"，英文缩写为OECD）是目前非常活跃的一个国际组织，它是由36个国家组成的政府间国际经济组织，旨在共同应对全球化带来的经济、社会和政府治理等方面的挑战，并把握全球化带来的机遇。尽管经合组织主要围绕经济领域的发展开展工作，但对包括教育在内的社会问题也非常关注，其制定的政策和开展的研究对世界各国产生了深刻的影响，在推动教育国际化发展方面也作出了积极的贡献。

## 一、经合组织及其教育功能

### （一）经合组织简介

经合组织的历史可以追溯到1948年美国以援助欧洲经济发展为目的的"马歇尔计划"（The Marshall Plan），这一计划让欧洲各国政府认识到了经济的相互依赖性，这也为改变欧洲面貌的合作新时代铺平了道路。在"马歇尔计划"的援助下，经过十多年的发展，欧洲经济取得了快速恢复和发展。受到这种经济发展成就的鼓舞，加拿大、美国及欧洲经济合作组织的成员国于1960年12月14日签署了《经济合作与发展组织公约》，1961年9月30日公约生效，经合组织正式成立。1964年日本加入经合组织，此后又有多个国家加入其中，至今共有36个经合组织成员国。[1]中国是该组织的重要合作伙伴，并以持续和全面的方式为该组织的工作作出贡献。2015年7月1日，中国以观察员的身份加入经合组织下属的经合组织发展中心，中国的加入也为经合组织"大家庭"翻开了新的一页。

经合组织的核心价值：（1）客观，基于证据作出独立的分析和建议；（2）开放，鼓励通过商讨，达成全球关键性议题的共识；（3）敢于挑战，敢于从自身做起，挑战传统观念；（4）不断开拓，确立并解决不断出现的各种新挑战和长期挑战；（5）恪守道德，坚信公信力建立在信任、廉正和透明的基础上。[2]

经合组织成员国的代表在专业委员会上提出看法并评论有关政策领域的发展，包括经济、贸易、科学、就业、教育以及金融市场，一共有大约300个委员会、工作组和专家组。经合组织设有秘书处，秘书处与各委员会的工作并行不悖，秘书处每位理事服务于一个或多个专业委员会、委员会工作组及子工作组。经合组织涉及的主题领域有：农业和渔业、公司治理、教育和就业、环境和健康、工业与创业、国际移民、互联网经济、公共治理、法规改革、科学与技术、社会福利问题、税收和贸易、投资和能源、可持续发展等。

### （二）经合组织的教育功能

经合组织的使命是推动改善世界经济与社会民生的政策。经合组织提供了一个平台，各国政府可以借此平台展开合作，分享经验并寻求共同问题的解决方案。经合组织积极推动与各国政府合作，探究

---

[1]  History of OECD［EB/OL］.http://www.oecd.org/about/history.［2020-03-29］
[2]  关于经济合作发展组织（OECD）［EB/OL］. http://www.oecdchina.org/about/index.html.［2020-03-29］

经济、社会和环境变化的推动力量；它分析并比较相关数据以预测未来趋势，从农业、税收到化学制品安全性，对范围广泛的事务制定国际标准。与此同时，该组织也关注直接影响普通人生活的各种问题，比如：人们缴纳多少税收和社会保障金、有多少休闲时间等；比较不同国家的学校制度如何使该国的年轻人应对现代生活，以及不同国家的养老金制度如何照顾该国的老年人。此外，从实际情况和现实经验出发，经合组织还提出了各种旨在改善民生的政策，如：通过经合组织工商咨询委员会，与企业展开合作；通过工会咨询委员会，与劳工展开合作；等等。此外，经合组织与民间团体也有积极的接触。

经合组织成员国基本上都是发达国家，其经济发展水平和社会文明程度都比较高，人均GDP和社会福利水平都居世界前列。这为经合组织的教育决策提供了很好的基础，其不少政策导向和教育研究的成果在世界范围内都具有引领价值。如PISA（Program for International Student Assessment，即国际学生评估项目）测试项目，1997年经合组织开始启动PISA测试项目，各成员国教育部派代表组成了"PISA项目理事会"。随后，该理事会着手对世界范围内的知名教育评价项目进行了研究，在吸收其合理经验的基础上对PISA项目进行设计和命题。2000年，PISA项目在32个国家的25万名15岁学生中进行了第一次测试，以纸笔测验衡量这群初中学生的阅读能力、数学能力和科学能力，该测试希望了解即将完成义务教育的各国初中学生，是否具备了未来生活所需的知识与技能，并为终身学习奠定良好基础。PISA是一项定期的、动态的监控方案，每三年将进行一次评价，目前已经成为全球范围进行的一项大型学生学习质量比较研究项目。2009年以来，我国已经连续多次参加

PISA测试项目，这对我国的基础教育质量监测和评价产生了较大
影响。

经合组织强调教育的国际化发展，尤其在高等教育领域大力推进
"跨境教育"，同很多国际组织和国家召开多次"教育服务贸易论坛"，
教育服务贸易包括境外消费、人员流动、跨境交付等形式。此外，经
合组织还从课程国际化方面着手推动高等教育国际化。为把握世界高
等教育未来发展趋势，从2008年开始，经合组织先后发布了四卷本的
《OECD展望：高等教育至2030》，主要分析了人口变化趋势对高等教
育的影响，预测了从现在到2030年之间全球化背景下高等教育的发展
趋势，以及技术和管理等对未来高等教育的影响，具有较强的前瞻性
和实践指导价值。

## 二、经合组织推动基础教育国际化发展的基本做法

作为一个国际组织，经合组织关注的主题非常广泛，如经济、贸
易、科学、就业、教育以及金融市场等，教育是其中的一个重要关注
点。经合组织看重教育对经济增长和社会内聚力的积极作用，致力于
帮助成员国实现有助于个人发展、可持续性经济增长和社会内聚力的
高质量的教育。尤其进入21世纪以来，经合组织在教育领域的工作重
点在于如何评估和提高教育成果、促进高水平教学以及通过教育促进
经济社会发展；其教育工作还涉及全球化经济时代的教育改革与学校
改进、教育的未来发展，以及促进终身学习的策略等。经合组织在推
动成员国的教育合作方面主要聚焦入校方面：

### （一）定期对教育体系进行评估

经合组织对成员国和非成员国家的教育体系进行定期的评估，并

把教育和培训体系的发展情况刊登在年度《教育概览》(*Education at a Glance*)上。自1992年以来,经合组织每年出版一册《教育概览》,这是一本教育研究和数据统计的报告,是世界各地教育状况的权威信息来源。它所发布的统计数据涵盖了几乎所有教育层次和类别,主要覆盖四大关键领域:教育的财政和人力资源投资、入学人数和保持率、学习环境和学校组织、教育的个人收益和劳动市场状况。它提供了关于经合组织国家和一些伙伴经济体的教育系统的结构、资金和绩效的数据。每册《教育概览》一般包括100多张图表以及教育资料库内更多资料,涉及有关教育机构的产出及学习的影响、教育机会、投资于教育的财政资源,以及教师、学习环境和学校组织等重要资料。

2019年的《教育概览》重点介绍了有关高等教育完成率、博士毕业生及其劳动力市场成果的新指标,以及高等教育招生制度等。它提出的结论主要有:尽管毕业生供应量较大,但对高等教育的需求仍然强劲;教育体系为高等教育入学提供了便利,但仍存在一些差距;高中教育转型和高等教育录取制度的转变影响着个人通过教育获得的进步;增加的资金支持了高等教育的扩张;在过去的十年中,高中毕业率有所上升;教师这个职业仍然很难吸引到新人。2019年的《教育概览》还发现:2017年,超过三分之一的三岁以下儿童在经合组织国家的幼儿教育和护理服务中注册,比2010年增加了七个百分点;在经合组织国家中,平均14%的18—24岁的年轻人既没有工作,也没有接受教育或培训;在巴西、哥伦比亚、哥斯达黎加、意大利、南非和土耳其,超过25%的18—24岁的年轻人都接受了教育或培训;学历较高的成年人倾向于参加更多的文化或体育活动,受过高等教育的成年人90%以上愿意参加文化或体育活动,而没有受过高中教育的成年人参加文化或体育活动的比例不到60%。[1]

## （二）开展国际学生评估项目（PISA）

PISA测试的是15岁孩子运用他们的阅读、数学、科学知识和技能来应对现实生活中的挑战的能力。直到20世纪90年代末，经合组织对教育成果的比较主要是基于对各国青少年受教育年限的统计，当然这个指标并不可靠。而PISA测试背后的想法是基于国际公认的度量标准而直接测试学生的知识和技能，将其与来自学生、教师、学校和系统的数据联系起来，以了解表现上的差异。在工作方法上，PISA动员了来自参与国家的数百名专家、教育家和科学家来建立一个全球性的评估系统。

PISA2018是第七轮国际评估。2018年的重点是数字环境下的阅读，由于评估的设计使得测量过去20年的阅读能力趋势成为可能。2018年PISA测试将阅读素养定义为理解、使用、评估、反思课文，以开发个人知识和潜力，并由此参与社会；PISA测试还收集了关于学生态度和幸福感的大量数据。2018年，PISA测试首次提出测评学生和教师的全球素养，被称为全球素养（又称为"全球胜任力"）测评。该测评从能力的角度提出了中等教育第一阶段的学生、教师和学校的国际化能力发展体系。2018年PISA提出了学生国际化能力发展标准，规定全球素养测评可以从知识（knowledge）、认知技能（cognitive skills）、社会技能和态度（social skills and attitudes）和价值（values）四个维度开展，是不论生活环境以及社会文化背景如何，学

---

[1] OECD. Education at a Glance 2019: OECD Indicators, Paris: OECD Publishing, 2019, 23-26.

生都应该掌握的全球化能力（见表3–1[1]）。

表3-1　PISA 2018全球素养测评的学生国际化能力发展标准

| 主　　题 | 子　能　力 | |
|---|---|---|
| 1. 文化与跨文化关系 | 1.1 | 认识多元文化社会中的身份形成 |
| | 1.2 | 进行文化表达与文化交流 |
| | 1.3 | 进行跨文化交际 |
| | 1.4 | 正确看待歧视与不容忍 |
| 2. 社会经济发展与相互依存 | 2.1 | 认识经济相互作用和相互依存 |
| | 2.2 | 认识人力资本、发展和不平等 |
| 3. 环境可持续性 | 3.1 | 认识自然资源和环境风险 |
| | 3.2 | 认识环境可持续性政策、做法和行为 |
| 4. 体制、冲突和人权 | 4.1 | 预防冲突和仇恨犯罪 |
| | 4.2 | 尊重普遍人权和地方传统 |
| | 4.3 | 政治参与和全球参与 |

（资料来源：OECD2019. PISA 2018 Assessment and Analytical Framework［EB/OL］. PISA, OECD Publishing, Paris. https://doi.org/10.1787/b25efab8-en:166:190.［2019–09–20］.)


## 三、经合组织教育国际化政策展望

一是关注教育公平问题。2018年10月，经合组织发表了一份报告，报告表明，富裕家庭的儿童和贫困家庭的儿童在学习能力上的差距从10岁开始显现，并在未来的学习生活中扩大。《教育的平等：打破社会流动的壁垒》（Equity in Education: Breaking Down Barriers to Social Mobility）指出，在有可比较数据的经合组织各国，2/3以上的

---

[1] OECD2019. PISA 2018 Assessment and Analytical Framework［EB/OL］. PISA, OECD Publishing, Paris. https://doi.org/10.1787/b25efab8-en:166:190.［2019–09–20］.

基础教育国际化政策与实践：
比较研究的视角

学力差距在15岁时出现，而25—29岁人口中的学力差距约有2/3在10岁时就开始显现[1]。此外，经合组织也指出，社会背景依然是影响教育和学习参与以及经济和社会成果的重要因素。《2018年教育概览》发现，母亲未受过高等教育的儿童较少参与早教（ECEC）项目。尽管社会已普遍认识到，儿童的认知发展在学龄前便早已开始，但政府向早教项目的投入仍不如高等教育。

二是注重为未来做准备，适应数字化社会的需求。2019年9月10日，经合组织的一份报告显示，对高等教育的需求持续增长，但只有使毕业生的供应与劳动力市场和社会需求相匹配，并让他们掌握驾驭未来所需的技能，高等教育的进一步扩张才是可持续的。作为经合组织"我是工作的未来"活动的一部分，《2019年教育概览》发现，2018年，在经合组织成员国25—34岁的人中，平均44%的人拥有高等教育学位，而这一比例在2008年为35%。受过高等教育的成年人的就业率比受过高中教育的人高出9个百分点，收入高出57%[2]。报告认为，各国政府必须立即加大力度，改善教育和培训政策，帮助更多人从数字化转型中获益，并降低自动化造成不平等扩大、失业加剧的风险。"我是工作的未来"活动也显示，在技术变革带来的就业市场变化中，一些国家的民众技能水平比其他国家准备得更好。

三是关注幼儿教育，为人才培养奠定基础。经合组织认为，国家应该要加紧努力于提供可负担且高质量的早期儿童教育与照顾，可以改善社会流动并给所有孩子实现他们潜能的机会。近年来大部

---

[1] OECD.教育不平等从10岁开始［EB/OL］. http://www.oecdchina.org/topics/edu/2018/20181023.html ［2020-06-28］
[2] OECD.让学生为未来做好准备［EB/OL］. http://www.oecdchina.org/topics/edu/2019/20190910.html ［2020-06-28］

80

分政府已经增加投资在扩充入学及增设更多的日托中心与学校，下一步应该专注于改善教师的工作条件、确保所有孩子有公平受教育的机会，以及引进新的教学方法。2019年10月25日，经合组织指出，各国需要确保幼儿教育与保育从业人员有能力满足在工作中与儿童相处的需求，以便为所有儿童提供一个良好的开端。根据经合组织的"良好的开端教学国际调查"发布的报告《提供优质幼儿教育与保育》（Providing Quality Early Childhood Education and Care），在幼儿教育与保育从业人员的教育中，时常缺乏关于在工作中如何与儿童相处的培训。该报告还指出，接受过与儿童相处的培训的从业人员能够运用更多的方法，促进儿童在广泛领域的学习和发展。

# 第三节

# 亚洲和太平洋经济合作组织的教育国际化政策

亚洲和太平洋经济合作组织（Asia-Pacific Economic Cooperation，简称"亚太经合组织"，英文缩写APEC），是亚洲和环太平洋地区内各成员经济体加强多边经济联系、交流与合作的重要组织之一。根据工作的不同领域，亚太经合组织下设10个工作组，教育事务属于人力资源发展组（The Human Resources Development Working Group）的工作范畴。人力资源发展组成立于1990年，其目的是"促进所有人的福祉，实现地区经济的持续和内涵发展"。它通过三个网络开展工作，即能力建设网络、教育网络、劳动力与社会保障网络。其中，教育网络的工作目的是在亚太经合组织成员中建立强有力的、有弹性的学习系统，加强全民教育以及加强教育在社会、个体和经济发展中的作用。历届亚太经合组织教育部长会议都会对当前教育发展所面临的问题进行分析，并提出现阶段各成员之间教育发展的优先领域及相应的措施，这些教育政策的提出对我国教育的发展也具有十分重要的指导意义与参考价值。

## 一、亚太经合组织及其教育功能

### （一）亚太经合组织简介

亚太经合组织于1989年在澳大利亚堪培拉成立，是亚太地区重要的政府间区域合作的论坛平台，是本区域国家和地区加强多边经济联系、交流与合作的重要组织之一。亚太经合组织的运作是通过非约束性的承诺与成员的自愿，强调开放对话及平等尊重各成员意见，不同于其他经由条约确立的政府间组织。截至2019年12月，亚太经合组织共有21个成员，分别是澳大利亚、文莱、加拿大、智利、中国、中国香港、中国台北、印度尼西亚、日本、韩国、马来西亚、墨西哥、新西兰、秘鲁、巴布亚新几内亚、菲律宾、俄罗斯、新加坡、泰国、美国和越南，亚太经合组织21个成员经济体的总人口约占世界人口的40%，国内生产总值约占世界的56%，贸易额约占世界总量的48%，在全球经济活动中具有举足轻重的地位。

亚太经合组织始终坚持"开放、渐进、自愿、协商、发展、互利与共同利益"的大家庭精神，以"保持经济的增长和发展、促进成员间经济的相互依存、加强开放的多边贸易体制、减少区域贸易和投资壁垒、维护本地区人民的共同利益"为宗旨，在推动区域和全球范围的贸易投资自由化和便利化、开展经济技术合作方面不断取得进展，为加强区域经济合作、促进亚太地区经济发展和共同繁荣作出了突出贡献。

## （二）亚太经合组织的教育功能

亚太经合组织的组织机构包括领导人非正式会议、部长级会议、高官会、委员会和专题工作组等，其中领导人非正式会议是亚太经合组织最高级别的会议。亚太经合组织的活动主要通过下属的10个工作组展开，人力资源开发工作组是亚太经合组织中较为活跃的工作组之一。其主要任务是："扶持一切旨在促进亚太地区人力资源开发的活动，以实施亚太经合组织领导人和部长级会议的倡议，并提出相关的政策建议。"工作组每年召开一次会议，回顾上一年度工作成果，通过下一年度工作计划，就各成员在人力资源开发方面关注的热点问题进行研讨并对提交的合作项目进行评估。该工作组下设三个网络：能力建设网络、劳动与社会保障网络、教育网络。[1]

亚太经合组织教育网络的目的是在其成员中建立强有力的、有弹性的学习系统，进一步加强全民教育以及促进教育在社会、个体和经济发展中的作用。截至2018年，亚太经合组织已分别于1992年、2000年、2004年、2008年、2012年、2016年、2018年举办七届教育部长会议。教育部长会议的不少议题和共识对各国教育的发展发挥了

---

[1] 中华人民共和国教育部国际合作与交流司.［EB/OL］http://www.moe.edu.cn/publicfiles/business/htmlfiles/moe/A20/index.html.［2020-04-18］

积极的引领作用。例如，2008年第四届教育部长会议指出，21世纪每个学生必须掌握的核心能力和技能，包括批判性思维、创新能力、分析和解决问题、终身学习、团队合作、自我管理和自学能力等。为了获取这些能力，必须进行教育制度改革、整合知识、提高技术水平和转变学习观念。此次会议确立了教育的四个重点优先领域：数学与科学教育、语言尤其是外语学习、职业和技术教育、信息通信技术与教育体制改革；会议还就各个领域的重点和行动进行了实证研究和政策比较研究。[1]

自1992年以来，我国教育部积极参与亚太经合组织教育网络中的各项活动，并发挥了重要的建设性作用。2004年和2008年，我国教育部分别在北京和西安举办了"亚太经合组织教育部长会预备会"，为第三、第四届亚太经合组织教育部长会议的成功召开奠定了基础。2016年8月28日，由中国教育部国际司指导，北京环亚青年交流发展基金会、亚太青年模拟亚太经合组织大会组委会主办，北京外国语大学承办的第六届亚太经合组织教育部长会议配套活动顺利举办。为借鉴亚太经合组织成员教育发展的经验，更好地配合中国教育改革与发展，教育部还积极申请亚太经合组织合作项目，积极融入亚太地区的经济建设和教育发展。

亚太地区是目前全球教育改革与发展领域最为活跃的地区之一，拥有全球最大的教育输出地和最大的教育输入地。近年来，亚太地区的教育得到了持续快速的发展，为世界其他区域经济体的教育和经济发展作出了积极的贡献。作为亚太经合组织的重要一员，我国在教育领域积极参与该组织的相关事务，尤其是通过教育部长会议，不断传

---

[1] 周满生.亚太经合组织教育部长会议确立教育四个优先领域 [N].中国教育报，2008-07-08（4）.

达我国对教育发展的见解以及教育改革的实践经验，对亚太地区教育的发展与合作产生了较大影响。

## 二、亚太经合组织教育国际化政策的发展脉络

### （一）1992年第一届亚太经合组织教育部长会议

1992年8月，包括美国在内，应美国总统的邀请，澳大利亚、文莱、加拿大、中国、中国香港、中国台北、印度尼西亚、日本、韩国、新西兰、菲律宾、新加坡、泰国等14个国家和地区的高级教育官员（以下简称"部长"）在华盛顿举行会晤，召开第一届亚太经合组织教育部长会议，会议发表了《亚太经合组织第一届教育部长会议联合声明》。[1]

第一届亚太经合组织教育部长会议提出了"推进教育领域的地区合作"的倡议。倡议指出，为了回应教育领域的挑战，有必要强化各成员之间的密切合作，以解决一些重大的教育问题，如提升学生的能力以适应技术的迅速发展、理解亚太地区文化的差异等。本届部长会议将主题确定为"面向21世纪的教育标准"，这也是每一个亚太经合组织成员必须优先发展的领域，它涉及每一个成员经济体的学生应实现的成就和个人发展水平，使学生能够更好地适应快速变化的世界，并为丰富多彩的生活做好充分准备。"21世纪的教育标准"应当与以往的有所不同，必须设置在较高的水平，以满足不同能力和不同兴趣水平学生人群的需要，进一步促进学生个性、创造力和独立思考能力的发展。不过以完美的教育标准要求亚太经合组织中的每一个成

---

[1] APEC Education Ministerial Meeting Declaration: Toward Education Standards for the 21st Century. 1992-8-6 [EB/OL].http://www.apec.org. ［2020-04-19］

员，而不考虑他们独特的社会发展状况和文化需要，则既是不能也是不可取的。由于社会发展不断加速，经济全球化趋势逐渐加强，知识的学习和技能的掌握也越来越需要跨越国界的交流与合作，因此我们虽然不能将标准定义在整个亚太地区的所有教育领域，但是在一些特定的课程，例如数学、自然科学和技术性的学科领域，可以考虑设立可比的共同标准。即：所有学生必须掌握基本的识字和计算技能、学会认识和处理问题、学会以国际视野理解和赞赏本民族的文化以及其他优秀文化、熟悉与自然打交道的技术、学会与其他人合作。

因此，为了确保亚太经合组织各成员经济体的教育标准能够满足本国或本地区应对21世纪的需要，所有成员必须加强教育领域的互利合作。在亚太经合组织人力资源开发工作组的组织下，官员们一致同意成立亚太经合组织教育论坛。论坛可以更好地规划并实施各地区之间的教育合作项目，它也成为亚太经合组织成员加强教育领域互动交流的桥梁：一方面可以加强信息交流，增进相互了解，改善本国或本地区教育发展；另一方面可以加强人员往来，甚至在有必要时可以使人员交流直接参与到教育的开发和实施中去，例如参与教育政策制定、进行教育理论研究、参与学校管理或是面对面与学生交流。这有助于亚太经合组织各成员之间加强合作研究，制定合作计划，借鉴他国教育发展中更有效的方法和体系。此外，信息和人员的合作往来必须遵循三个原则：所有活动应当建立在互惠互利的基础之上；实施一项具体的措施应当有促进各成员教育发展的可能；所做出的行为不应当是对该地区现有成果的重复，而应当加强成员之间的相互协调。

在这三条原则的指导下，会议一致通过将教育合作的优先发展领域确定为以下七个方面：（1）现有课程内容标准的比较研究，以及根据这一标准对学生的学业成就进行评价的比较研究，包括对课程、教材、评价工具的比较分析，尤其是数学、自然科学和技术科目领域的比较研究。（2）推进有效教学实践研究，以满足21世纪的发展需求，包括为了教学目的而恰当有效地使用技术，以及对这些研究结果进行传播等。（3）提升教师能力，使他们能够向学生提供指导性教学方案。（4）找到学和用相结合的方式，探索如何推进区域内的质量认定。（5）鼓励有技能的人继续发展，并为其提供创新和有效的方式。（6）发掘学生学习更多知识的有效途径，推动学生对其他成员的语言、文化、地理和历史的了解，推动区域内的多元理解。（7）促进教育信息可用性、可依赖性和可比较性。当然，这些领域的合作是面向所有成员开放的，任何一个成员或一组成员都可以提出具体的合作倡议，其他成员可自愿参与。

## （二）2000年第二届亚太经合组织教育部长会议

2000年4月，第二届亚太经合组织教育部长会议在新加坡召开。本次会议将主题确定为"建设21世纪学习型社会的教育"，会后签署《亚太经合组织第二届教育部长会议联合声明》。[1]会议强调了促进教育发展对实现个人价值的重要性，所有亚太经合组织成员都有义务为本国家、本地区以及全世界人民提供最优质的教育。此次会议一共讨论了四个方面的议题，分别是：

---

[1] APEC Education Ministerial Meeting Declaration: Education for Learning Societies in the 21st Century.2000-4-7［EB/OL］.http://www.apec.org.［2020-04-20］

## 1. 信息技术在学习型社会中的应用

随着社会的发展和科学技术的进步，信息技术在学习型社会中所发挥的作用越来越大，它不仅能够更好地为学生的未来做准备，也为成人提供了继续学习的机会。亚太经合组织各成员经济体之间开展跨国界的教育互动与研究应当得到鼓励，而信息技术将是满足这些需求的一个关键因素。将信息技术引入到教育发展之中也必然会带来一些挑战，主要包括：明确信息技术项目的清晰目标；管理各种资源和相关群体；完善教师的态度、知识和技能；设计有效的测量工具；制定缩小各成员经济体之间"数字鸿沟"的政策和方案。虽然每个成员都要根据实际情况制定符合自身的信息技术教育方案，但这中间仍然有许多需要合作的方面。

## 2. 改善教学体制

教师是教育的灵魂，在教育实践中发挥着主导性作用，教师这个职业也应该受到社会应有的尊重，使教师能够在其工作岗位上更加有效地履行职责，即帮助学生发挥自己的能力和特长，追求终身学习，形成正确的道德责任感和文化认同感，尊重其他文化和种族，肩负起家庭、社会和整个世界所赋予的历史使命。教师最重要的任务是教学，而教学既是一门方法也是一门艺术，在未来的学校课堂上，教师应努力改善传统的角色定位，充分尊重学生的主体性，改变过去以知识传授为主要方法的教学形式，以引导者的身份鼓励学生进行开放的、自主的学习。其实，教师的发展是一个终身的过程，它既包括岗前培训也包括持续的专业发展，教师必须积极参与相应的理论学习和实践活动，进而更快更好地适应新的角色定位。

## 3. 改革教育管理体制

为了满足学生的需要，促进学生的发展，每一个成员经济体都必须提高自身的教育质量，建立有效的学校领导和教育管理体制，提供教育发展过程中所需要的资源并落实到位，使学生真正从中受益。在21世纪新的教育目标的导向作用下，监测和评价的结果将是衡量一个国家或地区教育管理系统的重要组成部分。为了确保教育政策和改革能够在学校层面得到贯彻落实，我们有必要制定一个良好的监控系统，而这些在各级各类教育机构中都是可以做到的，例如，将学校的考核制度与所期待的教育成果挂钩。在系统层面，教育管理系统应将目标集中在实现效率、效益和公平上，并建立起有效的质量保证体系以确保良好的教育管理体制能够带来相应的学习成果。

### 4. 加强人员和专家的合作与交流

进入21世纪，经济和社会全球化的趋势对教育发展产生了越来越大的影响，亚太经合组织各成员经济体的多样性也为彼此之间的信息、理念和专业交流提供了一个理想的平台，同时，信息技术的发展也为这种跨国界的合作带来了更多的机会。而这种互动的范围不仅局限在教育管理者和学者之间，更包括教师和学生，尤其是青少年之间的交流，互动的形式既可以是面对面的交流，也可以是借助信息技术平台开展的虚拟交流。这一方面可以使人们更好地理解并尊重不同地区文化的多样性，也可以促进亚太地区内部各成员经济体之间的和谐发展。

在确定了大会的四个议题之后，会议又提出了今后亚太地区教育发展的四个战略领域：（1）承认未来作为学生核心竞争力的信息技术素养的重要性，信息技术素养能够促进教与学、推动终身学习；（2）改善教学和教师队伍质量，使教师成为学习型社会中学生学习的楷模；（3）面向政策制定者和实践者培养良好的教育管理实践，以确保每个人都有机会获得教育，每个人都付得起费用，并保证教育质量；（4）形成积极参与的文化，增进教育领域的相互了解，改善各地的教育水平。为了实现这四个战略领域，亚太经合组织各成员同意在以下三个领域进行初步的尝试：在教育领域利用信息技术鼓励和加强各地区之间教育理念、经验和实践资源的共享；分享教师在教育实践过程中总结出的有效教学方法；通过信息和专业人员的往来进一步完善当前的教育管理实践。

## （三）2004年第三届亚太经合组织教育部长会议

2004年4月，第三届亚太经合组织教育部长会议在智利圣地亚哥举行，本次会议的主题是"为迎接挑战培养技能"。会议的目的是，加强亚太地区在教育领域的联系与合作，为各成员提供更多公平、良好的机会，使每个成员发挥最大潜力，为实现亚太地区经济更大程度的整合和开放作出贡献。会议签署了《亚太经合组织第三届教育部长会议联合声明》。[1]

该声明包括四部分：导论、亚太地区近年来的发展、通过合作直面教育挑战、将理念付诸行动。会议指出，社会的发展给教育的发展提供了机遇，但同时也带来了挑战。会议在大量的调查与分析基础上，重点讨论了"教育管理与体制改革""信息技术在教学中的应用""数学和科学教育""语言和外语教学的战略规划"四个优先发展领域中，成员共同关注的主题及其政策、改革与发展。

会议聚焦了一些必须迎接的挑战：

（1）在学校中加强对英语和其他外语的学习。从长远角度考虑，

---

[1] APEC Education Ministerial Meeting Declaration: Skills for the Coming Challenges. 2004-4-29［EB/OL］. http://www.apec.org.［2020-04-21］

在学校层面提高对英语和其他语言的学习是必不可少的，但这些需要通过设置清晰的标准并贯彻执行相关的策略才能够实现。在英语和其他语言的学习主体方面，也不应仅限定于传统的学生群体，可以延伸到工人、小企业家、妇女以及社会弱势群体，以此帮助他们更好地融入于全球化发展的社会。（2）课程改革尤其是语言、科学和数学领域的改革，必须结合社会背景，在保存已有优势的基础上克服弱点。（3）尽管掌握信息和通信技术的基本操作对于学习具有非常大的意义，但它的作用往往体现在支持其他科目方面，因此我们应该支持教师、学生、研究人员和其他利益相关者开展可持续发展的社区实践，并在现有的教与学的经验基础上，充分利用已有知识和研究成果对信息技术的教学进行改革创新。（4）亚太经合组织各成员经济体在教育领域必须进行有效的管理，包括：问责、监管、认证和质量保障系统等，应出台相应的政策和实施方案，以期获得最优质的教育成果。

### （四）2008年第四届亚太经合组织教育部长会议

2008年6月，除巴布亚新几内亚和越南之外，来自亚太经合组织19个成员经济体的官员们在秘鲁首都利马举行会晤，召开第四届亚太经合组织教育部长会议，本次会议的主题是"注重质量的全民教育——掌握21世纪所需的能力和技能"。[1]会议通过了《第四次亚太经合组织教育部长联合声明》。会议指出：数学和科学对于人们适应21世纪至关重要；职业和技术教育变得越来越重要，因为劳动者必须适应新的技术革新，而劳动者一生中大都需要从事多个工作；学习其

---

[1] APEC Education Ministerial Meeting Joint Statement. 2008-1-11［EB/OL］. http://www.apec.org.［2020-4-23］

他国家的语言也是必要的，因为我们现在生活在一个经济全球化的时代，能够用他国语言交流并理解其文化，这对于贸易和其他形式的国际交流是必需的；信息和传播技术对于整合课堂教学、学生学业成就评价和学校绩效体系将发挥基础性作用。

会议一致认为，21世纪每个学生必须掌握的核心能力和技能包括：批判性思维、创新能力、分析和解决问题、终身学习、团队合作、自我管理和自学能力等。为了获取这些能力，各国家和各地区必须进行教育制度改革、整合知识、提高技术水平和转变学习观念。此次会议也同样确立了今后几年内教育的四个优先发展领域，并就各个领域的重点和行动进行了实证研究和政策比较研究。[1]

### 1. 数学和科学教育

由日本和美国牵头进行的数学与科学教育研究分析了亚太经合组织成员学生的国际数学与科学测验（TIMSS）和国际学生评价项目（PISA）成绩，对各国数学与科学课程标准进行了比较，在此基础上提出了东西方数学与科学教育的基本特点和差异。亚太经合组织东方经济体的特点是重视基础知识和基本技能，重视学生学习结果和成绩，重视进行大量的训练；亚太经合组织西方经济体的特点是重视学习过程，重视兴趣和个性，重视问题解决能力的培养。这些特点使东方经济体数学与科学教育的基础和成绩比较好，而西方经济体在创新人才培养方面形成了较明显的特色。东西方都充分认识到各自的优势，也都强烈感受到危机和挑战，东方经济体需要加强学生创造能力的培养，包括质疑能力，发现和提出问题的能力等，西方经济体强烈意识到需要加强学生基础知识的学习，提升学生普遍的数学和科学能

---

[1] 周满生.亚太经合组织教育部长会议确立教育四个优先领域［N］.中国教育报，2008-07-08（4）.

力，而提高的途径在于双方的合作。

## 2. 语言和外语学习

语言尤其外语学习在21世纪必须掌握的能力和技能中占有重要位置。由智利和中国台北牵头进行的语言研究表明，所有亚太经合组织成员都面临一个共同问题，即如何有效地培养能够使用两种以上语言进行跨文化交流的公民。东方经济体越来越重视英语教学，注重在早期如低年级阶段引入外语教学，强调英语应用能力；而母语为英语的西方经济体，面临在中学阶段难以激发学生学习外语的动力和合格的外语师资也不足等问题。亚太经合组织工作组提出了一个"相互学习语言"的建议，该建议呼吁，要编制各经济体共同的英语和其他语言的标准，提高教师外语教学的专业能力，加强语言政策研究。

## 3. 职业和技术教育

职业教育是亚太经合组织教育网络中一个新的优先发展领域，由中国和菲律宾牵头进行前期调查研究。研究发现，面对全球化进程，亚太经合组织各经济体都更加重视发展职业教育，以促进就业、促进青年发展。此次会议提出的21世纪能力和技能，使职业教育尤显重要，特别是价值观和职业道德教育已经上升为各经济体的就业首要要求。会议对职业教育的政策建议，包括改变传统观念，提升职业教育的社会地位，将职业教育真正纳入终身学习体系，使青年既有就业机会，又有升学机会，促进职业教育深层次发展。提高职业教育质量，应由政府协调行业机构实质性参与职业教育办学，以保证专业设置、教学内容及评价标准符合劳动力市场需求。

## 4. 信息通信技术与教育体制改革

信息通信技术已经融入现代生活的每个层面，因而也必然被用于课堂教学、成绩测算、学校问责等方面。教育体系为了努力保证数学与科学、职业技术教育、语言等优先领域的成果被有效传递，必须进行制度改革。制度改革涉及：教师培训质量的提高，运用新的教学方法帮助学生获得21世纪所需能力，评估标准的建立与完善，资源和教学工具的分享，政策研究方法的科学化等诸多方面。

## （五）2012年第五届亚太经合组织教育部长会议

2012年5月，来自亚太经合组织21个成员经济体的代表出席了在韩国庆州举行的第五届亚太经合组织教育部长会议，本次会议的主题是"教育应对未来挑战：发展全球化、创新性、合作型教育"。[1]会议发表了题为《为未来和希望一起展望》（Envisioning Together for the Future and Hope）的联合声明。会议肯定了亚太经合组织在亚太地区的教育发展中所取得的成果与进步，并依托2008年以来在教育优先发展领域所取得的经验，在此基础上重申新的优先发展领域，以引导亚太经合组织各成员经济体共同创建学习型社会，促进学习者个人的发展以及全社会的共同富裕。

随着全球化趋势的不断加强，人力资本和信息交流的机会逐渐增多，各成员经济体的发展逐渐走向区域一体化，而教育在其中扮演了重要的角色。为了更好地适应这种变化趋势，教育的发展需要作出适当调整。具体而言，改善数学和科学教育的学习和教学，建立一个相对开放的环境有利于进一步培养学生的逻辑思维能力和认知能力，增强学生的创造性和灵活性，而这些技能正是学生获得实用性知识所必

---

[1] APEC Education Ministerial Meeting Declaration: Envisioning Together for the Future and Hope. 2012-5-21［EB/OL］. http://www.apec.org.［2020-04-25］

须具备的能力，有利于帮助他们认识世界，解决现实问题。同时，进入21世纪以来，世界各地的联系更加紧密，交往日益频繁，语言不通成为适应全球化发展趋势，增进不同文化之间交流的障碍之一。因此，改善外语教育，加强与其他地区之间的沟通是非常有必要的。但也绝对不能忽视对本国语言的学习，这是各成员经济体保持自身文化独特性的重要途径之一。此外，21世纪的发展所需的人才是技术性的、多样性的，职业技术教育和高等教育的发展肩负着为社会培养高素质人才的重任。因此，改善职业教育和高等教育的发展现状，使其培养的人才能够满足全球化劳动力市场的实际需求，各国应为学习者提供更多的受教育机会，并保证人才培养的质量。

成员一致同意强化教育发展的如下方向：（1）进一步提升数学教育和科学教育能力，确保学生能够学到数学和科学的基础知识，并能够将其应用于解决真实社会中的问题，如保护环境、减少自然灾害、实现绿色和可持续发展；（2）为数学、科学教育方面的教育合作创造开放的环境，以有效解决基于数据的数学问题以及评估和评价的方法问题；（3）在学生所有的学术领域都支持其对外语的学习，开发一种系统以培养和训练高质量的、能够熟悉文化差异的外语教师；（4）为学生参与技术与职业教育培训提供机会，尤其是针对妇女和女孩，加强技术与职业教育领域的合作，使学生学到的知识和能力能够符合全球化劳动力市场的需求；（5）通过提高教学能力，提升高等教育的质量。

近年来，亚太经合组织继续关注教育领域的国际合作与发展，如为了应对国际化带来的挑战，2016年亚太经合组织制定了教育战略的三大支柱：增强并适应个人、社会和经济需求的能力；加速创新；增强就业能力。亚太经合组织以这三大战略为基础制定了每个战略方针

的前景规划和实施方法、目标和指标、工具和手段、监测和报告机制
等具体内容。它提出了到2030年的教育发展前景，明确了未来几年
教育发展的三大目标，提出了实现这些目标的九项优先行动和实施杠
杆。[1]指导意见分为两部分，一是教育对各经济体的人力资本质量的
推动，二是教育在各经济体中的合作和联合。

### 三、亚太经合组织教育国际化政策展望

#### （一）提出全球素养的概念，学校教育致力于发展学生的全球素养

全球化带来的影响是多方面的，如：知识体的改变，信息时代知
识交流方式的改变，对劳动力数量和质量要求的改变；不同经济文化
的影响，以及不同经济对创新和多元化人才素质的需求等。亚太经合
组织全球能力素养报告就全球素养的定义做了确切的说明，其中就包
括知识、技术和个人素质。[2]亚太经合组织2019标准职业发展和能力
图表中也清晰地显示了国际化、全球化以及多元化在个人职场发展中
的重要位置。[3]

亚太经合组织在全球素养框架中不仅说明了全球素养的意义和
对经济体的作用，也对全球素养融合在课程中作出了指导。具体目
标如下：（1）认识到亚太经合组织在人力资本提升、经济增长和实现
一体化方面的必要性和影响力，并就亚太经合组织教育战略及其行
动计划中亚太经合组织的定义、组成和定位达成一致；（2）建立全球

---

[1] APEC Ministerial Meeting (2016-11-17). https://www.apec.org/EDNET/News/APEC-Ministers-Welcome-
Action-Plan-of-APEC-Education-Strategy-to-Guide-Education-Work-in-APEC.［2020-04-26］

[2] Global Competencies and Economic Integration: Final Report［Z］. APEC, 2017.

[3] Career Roadmap and Competence Requirements for Standards Professional［Z］. APEC 亚太经合组织,
2019.

化教育最佳实践和教育评估标准和框架；（3）通过创新的教学方法，利用全球素养的优势，借助ICT展开教学将全球素养注入教育系统；（4）建立教育和其他行业的伙伴关系和互动关系是全球化的关键要素；（5）加强亚太经合组织成员经济体的人员、技术、机制和标准的整合，以实现全球合作。[1]

## （二）消除壁垒，进一步强化成员之间的合作

亚太经合组织在实施诸多教育政策的过程中发现，目标、标准、各经济体政策甚至语言的不一致都会成为实施教育政策的障碍。全球化带来了差异，了解亚太经合组织经济体之间的差异，建立统一的衡量目标和时间表进展基线变得尤为重要。信息的互换和分享拉近了亚太经济合作组织经济体之间的距离和理解。达成对质量教育中教学方式及课程内容的一致认同，也是亚太经合组织经济体之间在不同体制下互相学习的关键。消除创新壁垒在国家和地区两个层面上都应如此。

面对全球化挑战，亚太经合组织先对全球化进行统一定义，再决定全球化包含的因素，明确国际化素质包含的知识、技能、态度等因素，而不是单纯的个人素质，这些是将全球化融入各经济体基础课程内容的前提。亚太经合组织将继续研究全球化因素的具体内容和框架，并提供给各经济体教育部门以便他们能够使其融合进各种的教育课程和教学之中。亚太经合组织提出让国际化知识融入现有的课程和教学中。在各经济体中，国际化被广泛认定是促进经济繁荣的必须要素。亚太经合组织对国际化的界定带来的是各经济体对同一目标的共

---

[1]  Global Competencies and Economic Integration: Final Report［Z］. APEC, 2017.

同实施，亚太经合组织不仅制定了实施方式，同时在框架和评估上都给予了一定指导，亚太经合组织提倡利用ICT促进英语以及其他国际化知识的学习。

高等教育的流动与合作建立在掌握第二外语的基础上，而国际化知识也同样建立在以英语作为第二外语之上。亚太经合组织在对高等教育合作项目成果调查中显示，英语能力不足成为高等教育合作的巨大障碍。第二语言的学习对儿童各方面发展的促进，也使得很多国家对第二语言在基础学习阶段就提出了要求。亚太经合组织在加拿大儿童第二语言研究中发现，第二语言能够使学生更加具有推理能力，增进学生的认知能力和对社会的理解以及包容力。而第二语言能力较弱的德国也因此开始推进其基础教育中对第二语言的学习要求。英语作为广泛应用的第二语言被世界绝大多数国家采用。在全球化时代，无论是商业、技术或学院创新都需要英语能力强的工作人员参与。对英语学习的重视也成为质量教育课程内容方面达成一致的必要因素之一。

亚太经合组织提出要加强经济体之间的教育合作。加强各方教育合作是各个国际机构、经济体之间一贯的工作方式。亚太经合组织号召消除壁垒，提倡学校之间、学校机构之间、国家之间的多方合作。亚太经合组织与国际各相关机构合作的同时，提倡各经济体与各相关国际机构合作，参与更多的教育相关论坛，为教育发展提供更多机遇。

### （三）关注科学教育和STEM教育，注重信息技术在教育中的应用

STEM学科教育是美国提出的教育倡议和项目。STEM课程重点是加强学生四个方面的教育：一是科学素养，即运用科学知识（如物

理、化学、生物科学和地球空间科学）理解自然界并参与影响自然界的过程；二是技术素养，指使用、管理、理解和评价技术的能力；三是工程素养，即对技术工程设计与开发过程的理解；四是数学素养，指学生发现、表达、解释和解决多种情境下数学问题的能力。亚太经合组织倡议各经济体共同努力，鼓励参与STEM研究，并改善各级STEM的教学。在STEM教育与合作方面，亚太经合组织确定了在区域一级鼓励跨区域合作的具体交流模式，亚太经合组织各经济体可根据各自的国家政策，共同努力并更好地利用信息和通信技术，同时增加农村地区的参与。

此外，亚太经合组织还特别强调信息和信息技术在教育中的应用。全球化的信息科技带来新的知识体和更多信息交流机会。亚太经合组织与各经济体的广泛联系是其机构特点之一，可谓"桥梁"性机构：亚太经合组织经济体之间的相互联系，教育机构在各经济体中的联系，与其他国际组织的联系如与经合组织的联系，与世界性大商业机构的联系，以及与各大论坛的联系也决定了亚太经合组织能够成为信息交换中心。教育信息分享也是实现教育现代化和质量教育的必要方式之一。

信息搜集以及各经济体之间的信息分享也是亚太经合组织教育策略的重要方法之一。信息分享包括：酌情分享有关学校标准的信息，以提高质量和学习成果，加强机构伙伴关系，扩大学生、研究人员、教师的流动性。也包括分享教育体系和现代化政策进程的最佳做法，并就各级实施的最佳质量标准达成相互理解。各经济体通过酌情分享信息，增进了解，提高新教育模式和创新的质量。信息分享和被事实证明的良好教学方法，改革和改进标准和教学方法，并有效监测和评估成果。

# 第四章

## 美国、英国、德国的基础教育国际化政策比较

进入21世纪以来，尤其是近年在经济全球化浪潮的冲击下，基础教育国际化已经成为世界主要国家教育发展的重要特征。为了促进和规范基础教育国际化的发展，各国制定了相关的政策，并采取了相应的措施，这也体现了各国在基础教育国际化进程中的政策取向和发展特征。本章对美国、英国、德国基础教育国际化的政策进行分析，以揭示其政策取向和发展策略，并探讨基础教育国际化发展的基本规律。

# 第一节

# 美国基础教育国际化的政策及实践

美国基础教育发展的低迷现状一直饱受诟病，其直观反映就是美国中小学生在国际奥林匹克竞赛、PISA测试等诸多国际竞赛中表现不突出，这与美国高等教育表现出的国际领先地位和教育大国的形象有极大的反差。事实上，教育国际化一开始就是从高等教育领域兴起并得到发展的，美国在高等教育国际化方面一直走在世界前沿；在基础教育领域，美国则是近年来才有明确的国际化行动导向。其基础教育国际化改革既受到国内政治体制的影响，也深受国际经济及科技竞争的制约，在政策制定上具有本土化与国际化兼具的特色。

# 一、美国基础教育国际化的历史演进和发展

## （一）立足本国，追求公平及效益

20世纪前半期，美国工业化发展迅速，新兴中产阶级兴起。基于这一背景，让所有青年都有机会接受中等教育，并突出中等教育的职业培训能力，是这一时期美国基础教育改革的核心。这一时期，公立中学数量扩张，教育与生活的联系得到强化。第二次世界大战以后，美国对基础教育改革的重心从抓数量转为求质量，通过加强天才儿童教育带动一般儿童的发展，以此提高中小学的教育质量。1958年，美国国会颁布《国防教育法》，以法令形式要求学校教育目标从适应生活转向加强基础科学知识教育，培养未来尖端科技人才。可以看出，这个时候，国际形势对基础教育政策的影响已经十分明显，美国意图培养具有前沿科技能力的人才。1966年美国国会通过的《国际教育法》，标志着国际教育交流与合作已经成为美国法律规范的对象，只不过法律最终落实到了高等教育领域，但至少教育国际化已经上升为国家的意识。

20世纪60年代以后，基础教育政策向弱势群体倾斜，政策主张通过对少数民族儿童和贫困家庭儿童提供补偿教育来平衡和提高整体基础教育水平。随后，20世纪70年代中期，"回归基础学科"运动开始，美国基础教育改革的重心又放在了一般儿童身上。通过自上而下的改革实现教育机会的均等和教育质量的提高是整个20世纪70年代政策改革的基本导向。

20世纪80年代，美国的经济发展进入低谷。受到自由主义经济思想的影响，联邦政府对教育改革基本采取不干预状态，基础教育改革主要由民间教育团体和组织发起。美国高质量教育委员会1983年

提交报告《国家处在危险之中：教育改革势在必行》，明确提出学校教育的基本目标为：学校教育要维护平等和保证质量这个双重目的，这对于我们的经济和社会来说，具有深远的实践意义；无论在理论上还是在实践上，我们都不能允许一个目的屈从另一个目的。如果那样做，就是拒绝给青年人按照自己的抱负和能力去学习和生活的机会。那样做还将导致我们的社会要么迁就普遍平庸的教育，要么造成不民主的精英主义。[1]由此可以看出，这个时期教育改革的大方向是，在保证教育公平的基础上追求教育质量的提高。整体来说，这一时期美国的基础教育政策改革在一定程度上考虑到了国际形势，但这一倾向并不明显。

### （二）放眼世界，与国际形势接轨

20世纪90年代，全球经济一体化发展迅速，"新经济"的出现和壮大使各国与国际社会的关系更为密切，同时也对基础教育改革提出了新的要求，即培养拥有创新意识和国际竞争力的知识型人才。这一变化不仅要求美国联邦政府必须承担起领导教育改革的责任，同时还要求教育改革的重点，应该从对公立学校的整体改革转向创建面向21世纪的新型学校与教育体制。1989年底布什举行的教育最高级会议通过了《全美教育目标报告》，其中提出了未来美国学校的六大目标，而六大目标之一就是"每个成年人都具有文化知识和在国际经济活动中的竞争力"。1991年，布什签署的《美国2000年教育战略》重申了六大目标，同时提出了为实现六大目标而制定的四大战略和九年综合

---

[1] 李爱萍，肖玉敏.20世纪美国基础教育改革政策的演进与启示 [J].外国教育研究，2005（04）：42—46.

教育改革计划，其中一个重要战略是"创建满足未来21世纪需要的新型美国学校"。

2000年，克林顿签署了美国历史上第一份国际教育执行备忘录。同年，《美国迈向国际教育的政策》正式发布，主张从幼儿阶段到中学阶段的教育要强化儿童的外语学习，鼓励学生参与国际合作。"9·11事件"后，美国更加重视国际教育。2001年，美国参议院一致通过推进国际教育政策的决议。2002年，美国教育部部长提出鼓励教师从幼儿园开始就将国际知识介绍给学生。同年，美国教育理事会发表《超越"9·11"：国际教育的综合国家政策》，强调"增加留学生数量"。在2002年9月的联合国大会上，布什宣布美国重返联合国教科文组织的决定，并表示美国将充分参与教科文组织促进人权、宽容和学习的使命。重返教科文组织是美国基础教育转向国际化改革的重要契机。2003年，美国国际教育者协会（NAFSA）发布了题为《符合美国利益：欢迎国际学生》的报告。2004年，美国西弗吉尼亚国际教育委员会发表国际教育白皮书《全球化时代公民素养之准备》，指出中小学要重视国际教育，旨在强化经济意识，统整国际社会与民族文化，维护国家安全。2005年，美国大学联合会（AAU）、美国教育理事会（ACE）等著名学术团体的主席联名向美国国务院递交了《为了提升美国科学、经济竞争力和国家安全利益而改善美国签证制度的建议书》，就基础教育国际化方面提出了政策性的改革意见。2006年10月，美国国家基础设施咨询委员会（National Infrastructure Advisory Council）公开发表了题为《劳动力的培养、教育和科研》的报告。它的意图是将美国基础教育的发展放到国际经济竞争的大环境下进行综合考量。鉴于亚洲部分国家成功地开展了数学和科学教育，该委员会还正式提出了向亚洲学习的建议。[1]2008年，美国国会参众两院通过了《提高国际开放程度以提高美国国家竞争力法案》，该法案强调要继续保持并提高美国对国际学生、教师、科学研究者等人士的吸引力，并以此强化美国的国家安全。

2008年金融危机后，奥巴马政府逐渐摒弃新保守主义的单边政策与紧缩政策，增强了教育的国际交流和实践。2009年6月，奥巴马在演讲中指出将扩大教育的国际交流项目，并增设奖学金。同年11月，奥巴马在访问中国期间表示欢迎更多的中国留学人员赴美学习，并承诺提供更加便利的签证政策。2011年8月，奥巴马政府开始实行更加简单、便利的新签证政策。时任美国国务卿的希拉里·克林顿表示，美国的年轻毕业生应当跨出国境，成为美国缔造全球伙伴关系的公民大使。《国际教育：公共外交被忽视的一面》是美国国际教育者协会专门为奥巴马总统撰写的建议报告，报告为美国教育的国际政策提出了建议，如：设定国际教育的目标，使其成为美国本科教育的固定组成部分，这样至少在10年时间内，本科毕业时学生都能够熟练掌握一门外语，对至少一个国家或地区有所了解。同时还强调小学、中学阶段加强文化和外语学习。这也是高等教育国际化在基础教育领域提出的要求。

## 二、美国基础教育国际化的具体措施和行动
### （一）国际文凭高中课程

国际文凭组织（International Baccalaureate Organization，简称IBO）1968年在日内瓦成立，是一个得到联合国教科文组织承认的非营利

---

[1] 中国驻美国大使馆教育处.美国基础教育发展拟借鉴国际经验 [J].基础教育参考，2007（06）：24—25.

性国际化教育基金组织。该组织提供小学、初中和高中三个层级的课程体系，被称为国际证书课程（International Baccalaureate，简称IB），又称国际文凭课程（简称IB课程）。其中，IB高中课程是为具有强烈学习动机的16—19岁高中后两年的学生设立的课程，其初衷是为诸如外交官等国际流动家庭的子女设立的高中共同课程，以满足他们从一个国家转学到另一个国家并获得世界各国大学认可的需求。它是专门为国际流动家庭子女以及世界优秀中学生统一设计的两年制大学预科课程，该课程强度高于中国的高二及高三课程。IB高中课程的学生顺利毕业后将获得由瑞士日内瓦IBO总部颁发的全球通用文凭证书，IB高中文凭证书被认为是全球最高水平的高中毕业证书。持有该文凭证书的学生可以申请全球的顶尖大学。IB高中课程是IB课程的核心，它努力寻求一种国际性的教育价值观，致力于培养具有终身学习能力的国际公民。国际文凭项目的基本理念是终身教育，主要是为学习动机明确的学生在高中的最后两年设置综合的大学预科课程，让学生符合各国教育体制的要求，目的是把许多不同国家的模式中最好的要素结合起来。

研究显示，2000年5月，来自美国255所公立和私立学校的18 511名学生参加了国际文凭考试。大约有2/3的学生是高中文凭的投考者，1/3是国际证书的投考者。虽然这些学生在当时美国高中生中所占的比例不到2%，但之后不断增长的报考人数表明，学习IB高中课程的学生在美国正经历着快速的增长。在美国举行的国际文凭证书考试，自1994年以来每年以平均16%的速度增长。申请加入北美国际文凭（International Baccalaureate of North America，简称IBNA）的学校数量近年来增长了3倍，而且每年保持有50—60个学校申请。2007年，美国共有44个州提供该项目，828所学院和大学承认高中所修的IB学分。2008年到2012年间，仅国际预科证书课程参与的学校数量就从1 770所增加至2 368所，且每年都以接近10%的速度在增长。

## （二）国际教育周

2000年开始美国教育部和国务院联合发起了以宣传"国际教育交流的益处"和"推动国际教育在美国和全世界的发展"为宗旨的"国际教育周"（International Education Week，简称IEW）活动，每年11月的第三周为国际教育周的庆典期。它是一项旨在推动多元文化交流、促进美国跨境教育发展的全球战略，并以此作为庆祝与展示其国际教育取得的成效的舞台。

从国际教育周本身来看，其实施的目的是建立一个信息交流与共享平台。一方面向世界其他国家和地区宣扬美国的教育、文化、价值观念，吸引世界其他国家和地区最优秀的人才，为世界未来的领导者提供到美国学习和研究的机会，让他们浸润美国的文化，理解美国、亲近美国。另一方面，对美国公民来说，通过国际教育周可以实现与其他国家的交流，有助于熟悉和理解世界其他国家或地区的政治、经济、文化、语言，增进国际合作，加强国家安全立法，增强国家的经济竞争力。此外，通过参会各方的共同努力，在促进相互理解与支持的基础上，通过国际交流和访问建立友好关系，能为日后各个领域的合作奠定基础。而从实施层面来看，国际教育周的承办单位包括各州的国际性大学、美国驻外大使馆或领事馆、相关国际织、商业社团、协会和地方社区等多个层面。联邦教育部和国务院鼓励它们举办各类活动以促进国际教育和美国文化的多元化发展。各类活动包括公众演讲、研讨会、远程视频、文化展览、社区互动等，内容涉及教育领域的所有层面，无论是学前教育、义务教育、特殊教育、高等教育、继续教育，还是成人教育或终身教育，都在涵盖范围内。[1]

## （三）实施双语教育

实施双语教育被看作是国际化的重要表现，近年来美国以双语进行教学的学校也日趋增多。最有影响的是库什曼学校（Cushman School），该校创建于1924年，以创始人劳拉·库什曼博士的名字命名。库什曼学校是迈阿密戴德县最古老的持续经营的私立学校，它是一所含有幼儿园、小学、中学（到八年级）的教育机构。目前，库什曼学校被认为是美国最有成就的教育机构之一。学校接收学生方面没有种族、宗教、肤色、民族和人种的限制，并尊重学生的权利。据报道，库什曼学校有来自40个不同国家的学生，将近半数的学生是移民后裔，部分学生家的用人来自中美洲多讲西班牙语、法语，学生自幼在这样的语言环境中，基本能听懂西班牙语、法语，有的还能流畅地说西班牙语、法语，因此学校从成立伊始即开设西班牙语法语双语课。21世纪以来，全球化时代下，学校双语教育的内涵及方式发生了很大的变化。随着中国的国际影响力的增强，2002年，应家长的要求，学校安排了中文教学，库什曼学校成为迈阿密第一所开设中文课程的学校。2007年，库什曼学校先后与西班牙、中国的两所学校建立联系，签订合作协议，确定师生互访项目，并与两所小学进行了实质性的双语国际交流。[2]而这样的双语国际化学校，在美国远远不止一家。

---

[1] 邵兴江，黄丹凤.美国国际教育周计划述评［J］.世界教育信息，2006（03）：52—54，64.
[2] 闫彩虹.中美小学双语教育比较及启示［D］.长沙：湖南师范大学，2010.

### （四）基础教育国际化中美论坛

2016年4月，主题为"推动融合·共谋发展"的基础教育国际化中美论坛在山东省青岛高新区举办。论坛邀请中美领导、资深教育专家、知名中小学校长，围绕中国基础教育国际化中面临的问题与挑战，从国际化与教育理念的变革、中国国际学校课程体系建设、师资队伍引进与培养、学生管理与服务等话题中展开讨论，通过深入交流与资源共享，推动中美基础教育更好地融合与发展，为中国教育的国际化探索梳理发展的理想路径，为创新型国际化人才培养探寻新的更符合国情的发展道路。

通过该论坛，由美国加州政府支持并委派教师的第一个加州学校——博格思加州学校（Pegasus California School）落户青岛，这是我国青岛市在教育国际化发展过程中重要的一个举措，也是美国作为发达国家在基础教育国际化进程中的重要输出措施。首个加州学校落户青岛，是青岛引进国际优质教育资源的重要举措，在国际化办学模式上是一次重要创新。该校在严格遵守中国法律的前提下，依照加州的教育精髓办学。为体现加州政府的重视，保证教学质量，学校校长由加州前教育部部长亲自担任，教师也全部由加州教育部门培训并委派。

总的来看，美国基础教育国际化实践措施呈现以下特点和趋势：把基础教育课程改革作为增强综合国力的战略措施，全面关注学生的发展，关注学习方式的转变，强调双语教育和信息技术教育，注重道德、价值观和国际理解教育，加强国际交流与合作等。

## 三、美国基础教育国际化的路径分析

通过分析美国基础教育国际化改革的演变过程，可以得出以下结论与启示：

第一，基础教育国际化改革是在坚持基础教育改革主线下的合理决策。通过分析美国基础教育20世纪以来的基础教育政策改革，我们可以看出，在变化纷呈的政策之下，虽然各个时期改革的倾向性有所不同，但追求教育公平和教育质量是一条贯穿始终的主线，这一目标始终如一，而基础教育国际化的初衷和目的之一也是吸收学习国际先进的教育经验，正是对追求教育公平和效益的完善和补充。由此可知，坚持教育改革的一致性和连贯性，是教育改革取得成效的路径基础。

第二，基础教育国际化改革是教育政策改革在国家和国际层面上的有机结合。不仅是美国，各个国家教育政策的变迁都受到国内政治经济文化发展水平的制约，还不可避免地受到国际形势的影响。尤其是21世纪以来，全球人力资本在更大范围内分散，将会涌现出一批充分参与全球经济发展的富裕国家。因此，国家竞争力将更加倚重于搭建关系而非积累力量。国际教育交流和联系的双行线可以为美国与世界搭建新的国际关系桥梁，进而使美国重新融入世界、了解世界、影响世界。

第三，基础教育国际化是实现国家经济利益的重要战略。美国是一个危机意识很强的国家。在世界人才流向多极化趋势越来越明显的今天，薄弱的基础教育水平必将拖国家后腿。从宏观战略方面来看，教育国际化发展是保护国家安全的必要措施，教育交流被视作一种"软实力"，基础教育国际化在政策和法律保障下所具有的强制性与稳定性，使一系列行动和措施得以积极推行，通过"吸收—培养—使用"的人才养成模式，美国的综合国力和经济实力得到提升。

美国在高等教育领域国际化的资源配置和管理模式已经十分成

熟，相较而言，美国在基础教育国际化方面，更多的还停留在政策支持上。全球化的不断加速对基础教育国际化提出了更高的要求，所以借鉴高等教育国际化领域由上而下的保障体系，把政策落实在行动上，并且完善实施模式和管理体系，应该是美国基础教育国际化的下一步走向。在这一过程中，联邦政府应该起到引领作用，规范发展的策略和过程；同时，也要加强与非政府组织机构和民间组织的联系，发挥其基础性的主体作用，最终落实经费资助和项目支持。

随着中国政治、经济、体育、文化等综合实力的提升，中国各方面的发展也成为美国重要的关注点。"二战"以后的国际形势以及美国重新加入联合国教科文组织的举措也显示，美国开始重新审视其基础教育在国际上的地位。美国的教育国际化不再是单方输出，而是采取双边交流及国际合作的形式。美国日益重视与中国的双向交流，中国将是未来美国基础教育国际化中举足轻重的合作伙伴。

# 第二节

# 英国基础教育国际化的政策及实践

全球化的本质体现在某些方面突破、改变或淡化了国家的边界，打破了以民族为基础的国家组织机构和固有形式，超越了其边界范围。全球化体现在教育领域就是教育国际化，而基础教育国际化是教育国际化的重要组成部分。国内学者对于教育国际化的研究主要集中在高等教育领域，出于对教育民族性和本土化的考虑，对基础教育国际化的研究是近几年才日益丰富的。从文献分析来看，国内学术界对于英国基础教育国际化方面的研究不多，需要加强有关英国基础教育国际化的研究。

## 一、英国基础教育国际化政策与实践

英国历来非常重视教育国际化。据相关学者的研究发现，英国20世纪80年代之前的教育国际化政策受到政治因素的推动；80年代以后则是受到经济因素的影响，特别是在高等教育领域，这一时期英国大学的招生规模不断扩大，而政府的投资远远不能满足大学的经费需求。受此影响，英国各高校靠扩招海外留学生来弥补学校的经费不足，而海外留学生的学费一般是本国学生的5—6倍。事实证明，扩大海外留学生的招生规模的确给英国带来了直接和间接的经济效益。因此该政策一直是英国教育国际化的主线。21世纪以来，随着英国高等教育国际化进程的推进，教育国际化也逐渐辐射到英国的基础教育领域，英国在基础教育国际化方面制定了大量的政策，也进行了广泛的实践探索，基础教育国际化水平有了很大的提升。

### （一）在中小学课程中纳入国际和全球维度

英国是当今世界上大力倡导和推行中小学国际教育和全球化教育的国家之一。21世纪初，英国政府逐渐认识到国际和全球教育对于学生个体的成长以及国家发展的重要性，2000年起先后颁布了一系列的促进全球化教育的策略指导和法律文件。2000年，英国教育与技能部联合多个部门首次颁布《开发学校课程中的全球维度：课程和标准指南》，2005年修订后再次颁布，并分发到英国的所有学校，其中详细说明了如何把国际与全球维度整合到所有学校课程科目和更广泛的学校生活中，使之成为学校课程不可分割的组成部分，同时要求地方教育局、中小学校校长、高级管理者、教师和早期教育工作者重视，积极地在不同科目的课程中充分开发国际的和全球的内容。苏格兰教育部于2001年颁布了《国际观点：教育年轻苏格兰人了解世界》，威尔士教育部于2002年颁布了《可持续发展教育和全球公民》。可见，不仅是在英格兰，历史上的大不列颠王国所在的国家，在21世纪之初都把中小学教育融入国际和全球维度作为国家政策予以推行和实施。[1]

基于对全球化时代培养学生国际视野和全球生存能力重要性的认识，2004年11月，英国教育与技能部颁布《置世界于一流教育之中：为了教育、技能和儿童服务的国际战略》，把在教育中融入国际和全球维度内容的重要性以白皮书的形式再次凸显出来。[2]这份白皮书提出了"在全球化社会中生存的所有人都需要理解的八个关键概念"，即全球公民、冲突解决、多样性、人权、相互依赖、社会正义、可持续发展和价值与知识，这八个概念也成为英国中小学课程中必须融入的国际和全球维度的内容。[3]据郑彩华（2012）："白皮书还确定了如下三个战略目标：第一个目标是使所有儿童、青年和成年人为在全球化社会中生活和工作做好充分的准备；第二个目标是与国际合作伙伴一起为达到各自的目标共同努力；第三个目标是使国际教育对海外贸

[1] 郑彩华.英国中小学课程中的国际与全球维度及启示［J］.基础教育，2012（9）：56—59.
[2] DFID.Connecting Classrooms-GOV, UK［EB/OL］. https://www.gov.uk/international-development-funding/connecting-classrooms.［2017-11-02］
[3] British High Commission Lusaka.British Council Launches Connecting Classrooms Programme.-GOV.UK［EB/OL］.https://www.gov.uk/government/news/british-council-launches-connecting-classrooms-three-programme.［2017-11-02］

易和对内投资的贡献最大化。"[1]

## （二）建立国际交流渠道

2004年2月，英国教育与技能部正式宣布成立全球教育网站"通用网关"（Global Gateway），以方便在世界各个角落连接利用，以帮助全球教育工作者建立伙伴关系，并确保教育超越国界，以使青年人成为真正的全球公民。"通用网关"将现有的国际和全球的教育项目和活动信息等聚集在一起，为学校和教师提供最新和最广泛的信息，大体可以分为以下几种：一是建构良好的学校伙伴链接设计，二是链接其他的国际和全球教育的网站，三是链接国际和全球教育活动和项目以及课程伙伴的最佳实践资源，四是提供专家网络资讯服务，五是提供国际和全球教育活动或项目的定期更新消息。[2]

2013年，英国国际发展教育部建立了一个"全球伙伴学校"资助项目（Global School Partnerships Local Authority Grants），由英国文化协会、剑桥教育基金会等机构组成董事会管理。该项目的核心目标是：确定十个学校开启伙伴之旅，介绍可持续教育的效益和学校之间平等的学习伙伴关系，并提供两个专业发展工作坊来向英国及其南部地区介绍这些概念，建立稳定的国际关系并支持现有的伙伴关系和建立新的合作伙伴。全球伙伴学校项目不但为学校和教师开发课程中国际与全球维度的教育，而且与发展中国家（如肯尼亚、马拉维、加纳、尼日利亚、卢旺达、塞拉利昂、南非、坦桑尼亚、乌干达、赞比亚，孟加拉国、印度、尼泊尔、巴基斯坦、斯里兰卡等）建立学

[1] 郑彩华.英国中小学课程中的国际与全球维度及启示［J］.基础教育，2012（9）：56—59.
[2] 胡小娇.国际教育援助及其效果的研究［D］.上海：华东师范大学，2015.

校伙伴关系，提供启动资金和各种补助金，并提供进行全球教育的多方面支持和资源，包括：对参与全球学校伙伴关系的教师进行免费培训；对参与全球伙伴学校工作的正式资格的认证；提供建立有效的全球伙伴学校信息等，以帮助学校加强对学生进行全球能力的教育。

2014年，英国财政部和国际发展部开启"连接教室项目"（Connecting Classrooms Programme），连接教室是支持学校在世界范围内建立基于全球化课程项目的合作伙伴关系，这个项目提供在线互动平台，支持学校联系世界各地的全球课程项目。本课程为合作伙伴提供在线互动平台，不仅资助教师参观其他伙伴学校，还为教师和学校领导的专业发展提供资助，也为英国学校去发展中国家的参观学习提供资金支持。该项目的资助金是在竞争的基础上发放的，学校需要对合作伙伴学校承诺在他们的课程中融入全球化学习理念，并让一名教师致力于这个领域的专业发展。[1]2016年5月19日，英国协会启动"连接教室项目3"（The Connecting Classrooms 3 Programme），计划惠及600余所学校1 500位教师。自2012年以来，撒哈拉以南的非洲已经有19个国家4 200多所学校和英国的学校建立了伙伴关系，超过7 000名教师在信息技术方面接受了指导，培养了学生在国际范围内工作的一系列技能。2016年以来的三年，超过1 500所学校的领导接受了跨区域的学校领导力培训。为促进学校的教学，赞比亚建立了17个数字中心，其学校领导一直在接受跨区域培训。自2012年以来，有80名学校领导参与了学校领导力课程的学习。[2]正如英国文化协会的

[1] DFID.Connecting Classrooms-GOV, UK［EB/OL］.https://www.gov.uk/international-development-funding/connecting-classrooms.［2017-11-02］
[2] 王小栋，郑弘，刘文钊.英国教育援助发展概况及评析［J］.世界教育信息，2017（14）：51—56.

哈珀（Wayne Harper）所说，连接教室是一个全球化的教育项目，它帮助年轻人培养在经济全球化背景下生活与工作所应具备的知识、技能和价值观。[1]

## （三）提高教师的国际素养

英国在历次PISA测试中成绩不佳，而中国上海蝉联榜首，这让英国与中国启动了"中英数学教师交流项目"（England-Shanghai Mathematics Teacher Exchange Program）。2014年4月，《中英双方关于数学教师交流的谅解备忘录》在北京签署，正式启动中英数学教师交流项目。在2014年和2015年的项目中，有139名英国教师和127名中国教师参与了互访活动，所有交流资金由英国政府出资提供。在中英数学教师交流项目中，英中两国在学生学习、课堂教学方式、教师教研制度方面的差异，促使英国开始反思自身教育存在的不足。英国已经有不少中小学校采用了中国式课堂教学，有些学校开始让学生背诵英文版的"乘法口诀表"，决心重振英国的数学教育。

在全球化背景下，英国政府鼓励每一所中小学与海外的学校建立校际联系。至今，英国的许多学校已经和海外多国的学校建立了合作关系。"校际连线"（Connecting Classrooms）是英国文化协会的一个旗舰项目，是全球范围内学校与学校之间的合作项目，它主张将国际化的视野和理念融入教育和学习过程当中，旨在培养儿童和青年人的国际意识，帮助他们获得未来生活和工作的相关技能，尤其重在帮助青年学生提升应对全球化所必备的知识技能和沟通技能，这一项目目

---

[1] British High Commission Lusaka.British Council Launches Connecting Classrooms Programme.-GOV.UK ［EB/OL］.https://www.gov.uk/government/news/british-council-launches-connecting-classrooms-three-programme.［2017-11-02］

前已经在世界多个国家和地区开展。参加该项目的学校会加入到一个庞大的校际交流网络，与世界各国的教师与学生分享经验。2011年10月，第六次中英部长级教育磋商会议在伦敦举行，两国官员共同签署了《中英教育伙伴关系行动计划》。英方希望学习中国在数学与科学教育领域课堂教学的组织方式，中方则对英国的基础教育政策、创新能力和领导力培养感兴趣。两国也特别重视在语言方面的合作与交流，每年互派教师来支持英语在中国、中文在英国的教授。该项目有效地促进了中英两国互相交流和借鉴教育方面的经验，有助于培养年轻人的国际化视野和提高教师的国际化素养。

### （四）大力推行国际教育援助

英国是国际教育援助的领军国家，2002年颁布了《国际发展法案》，把减贫看作是英国政府发展援助的首要目标。实现减贫的前提是发展教育。英国国际发展部是管理英国国际教育援助项目的最主要官方组织，英国国际发展部的职责是向贫困国家提供各种资助，帮助世界极端贫困的国家和地区消除贫困，建立更安全、更健康、更繁荣的世界。目前，英国致力于对非洲、亚洲、中东的27个国家提供援助，支援贫困的发展中国家的建设。其中，教育援助是英国对外援助的重点之一，包括关注贫困地区的儿童和妇女教育，帮助第三世界国家培训师资，改善基础设施建设，促进世界人民的福祉，为贫困国家的未来发展储备人才。2006年11月，英国正式启动为期5年的中英西南基础教育项目，英国国际发展部向中国教育部提供2 700万英镑赠款（当时约值3.9亿元人民币）来资助中国西南部的四川省、云南省、贵州省和广西壮族自治区的27个贫困县，旨在帮助中国政府改进基础教育管理和提高基础教育质量，使更多贫困地区的儿童获得接受基础教育的机会，从而支持中国政府实现普及九年义务教育的目标。近年来，英国对发展中国家进行的教育援助，在校舍建设、儿童就学、教师雇佣等方面成果颇丰。例如：在校舍建设方面，2010年英国国际发展部和其他援助者发起了"马拉维"教育项目，项目涉及资助教室和教职工宿舍建造、资助学校运行、建立教育资助试点等。英国国际发展部还帮助孟加拉国建造了约2 500间教室。实际上，2009年至2010年，英国国际发展部在受援国资助建造了1 300多座教学楼。[1]在儿童就学方面，英国曾设定目标：到2010年，帮助非洲800万名学生进入课堂，保证学生能够获得高质量的教育。英国的教育援助在许多发展中国家产生了积极的影响，如南苏丹小学招生总体比例有所提高，女童接受教育的比例由2005年的14%上升至2009年的36%。[2]2015年，英国国际发展部发布了《2010—2015年政府政策：发展中国家的教育》报告，其中提到全球已有2.5亿名受援儿童接受了4年以上的教育。[3]在教师雇佣方面，贫困国家或地区的师资匮乏，师生比例严重失调。2009年初，英国在严重缺乏师资的贫困地区培训了超过700名女性教师。[4]

### （五）推动跨国教育的发展

随着留学生市场压力的增大，以及教育系统容量的限制，英国政府积极丰富了留学生教育的发展途径——跨国教育，英国的学校通过在国外建立分校或与别国建立合作办学项目等，使外国学生不出

[1] 胡小娇.国际教育援助及其效果的研究［D］.华东师范大学，2015.
[2][4] 王小栋，郑弘，刘文钊.英国教育援助发展概况及评析［J］.世界教育信息，2017（14）：51—56.
[3] 2010 to 2015 Government Policy: Education in Developing Countries［R］. DFID, 2015.

国门就可以接受英国的教育。这种新的教育形式不仅有助于提高合作国的教育质量，还有助于英国与国外的学校和相关机构建立长期的战略合作伙伴关系。为了保证英国在国外实施的跨国教育与英国国内实施的教育具有相同的质量，英国高等教育质量保证署（Quality Assurance Agency）和成人学习督导团（Adult Learning Inspectorate）正在开展对一些英国海外课程的质量评估工作，从而维护英国教育的品牌和形象。[1]2013年英国发布教育国际化政策《国际教育：全球增长与繁荣》，该政策指出，许多海外学生想要在自己的国家接受高质量的英国教育，而近年来技术的进步也使得教育机构具备了满足这种需要的能力。英国的跨国教育规模在英语语言培训、基础教育、继续教育和高等教育等各个领域都有所扩大，据统计，2011年全世界有162个有独立校园的跨境教育机构，其中由英国举办的占到10%。[2]

## 二、英国基础教育国际化的借鉴意义

英国在推进基础教育国际化的上述实践中取得了显著效果，一方面促进了英国与世界其他国家在政治、经济、文化等方面的交流与合作，另一方面为世界其他国家的基础教育国际化的探索提供了借鉴。其借鉴意义在于：首先，基础教育国际化离不开本国政府的政策支持，英国政府对本国教育国际化有一个明确的规划和设计，多层次、多渠道地推动了基础教育国际化，比如英国政府出台了《置世界于一

[1] 孙珂.英国21世纪教育国际化的政策探析［J］.外国教育研究，2015（11）：120—158.

[2] Christine Humfrey. The long and winding road: a review of the policy practiceand development of the internationalization of higher education in the UK［J］. Teachers and Teaching: theory and practice, 2011, 17(6): 656.

流教育之中：为了教育、技能和儿童服务的国际战略》，进一步阐明了推进教育国际化的方针、原则和愿景。其次，英国政府采取一系列措施来推动教育国际化，如改革学校课程、提高教师的国际素养、建立多种多样的国际交流渠道、大力推行国际教育援助和跨国教育等。英国推动基础教育国际化的这些做法值得借鉴。当前，我国基础教育国际化的势头非常强劲，从国家层面的政策支持到地方各学校积极开展的对外合作与交流，从上到下呈现出探索基础教育国际化之路的热情。但我国基础教育国际化的总体水平还不高，为推动我国基础教育国际化的发展，建议从以下几个方面做起。

## （一）正确认识基础教育国际化

在当前中小学的教育实践中，某些学校将基础教育国际化当作装点门面的手段，认为聘请几个外籍教师，学习一下其他国家的课程就是实现了基础教育国际化，甚至"以当代西方机构或人物的话语作为导引来引出中国教育改革的方向"。[1]这种片面化的国际化认识，在思想上造成了基础教育国际化理念的狭隘化，违背中国国情和学校的本土情怀。因此在思想观念方面，我们需要做到正确认识基础教育国际化。基础教育国际化不是西方化，而是从本国利益出发，实事求是地认识和肯定本国优秀的教育传统，批判地吸收借鉴其他国家的先进教育经验，为我国"培养大批具有国际视野、通晓国际规则、能够参与国际事务和国际竞争的国际化人才"奠定基础。[2]

---

[1] 丁钢.中国教育：研究与评论（第10辑）[M].北京：教育科学出版社，2016：19.
[2] 莫景祺.对当前基础教育国际化"热"的冷思考[J].人民教育，2014（10）：21—26.

## （二）提高教师的国际化素养

随着我国基础教育国际化进程的不断加快，越来越多高层次的人才充实到我国基础教育体系中来，但真正具备国际交往能力的教师少之又少，一方面可能是外语水平的限制，无法用外语与国际同行进行交流；另一方面是受我国考试制度和评价体系的影响，很多教师固守于传统的教育教学方式，对基础教育国际化的热情不高。因此，我们建议：第一，教师要提高外语水平。英语是国际通用语言之一，在与其他国家进行教育合作与交流时，英语格外重要，中小学教师和学校领导要加强语言方面的锻炼。第二，拓宽教师的国际视野，增强跨文化理解力。教育国际化的过程也是世界各种文化交融、碰撞的过程。越来越多的外籍人员来华工作和生活，他们的子女来到中国后就读于中国的学校，接受中国的教育，在与这些来自不同文化背景的学生进行交流和互动的时候，教师需要具备跨文化的理解力，这样才能理解每个学生的行为方式，给予每个学生平等的关怀。第三，与国外的中小学建立合作关系，推动教师出国进修和访学，鼓励教师积极参与国际学术会议，拓宽视野，进而反思我国教育教学实践中存在的问题；同时，也要接纳外籍教师来华访问和交流，积极向外展示本国的优秀教育传统和教师的教学经验。

## （三）以课程改革为着力点

基础教育国际化要求培养大批具有国际视野、通晓国际规则、能够参与国际事务和国际竞争的国际化人才，这就需要有与国际接轨的课程体系和教学内容。英国提倡在课程中纳入国际和全球维度，这为我国的课程改革提供了较好的经验。将全球观念纳入课程体系和教育教学活动中，学生可以通过课程来了解自己国家之外的文化，培养全球意识和全球观念。我们认为：首先，学校可以将国际理解教育纳入校本课程，增进学生对不同国家、不同文化的认识和理解；其次，引进国际课程要本着适度的原则，立足于本土，结合中国学生的特点，不可以完全照搬，否则就违背了基础教育国际化的原有要义；最后，我国基础教育一直都很重视外语教学，但是大多数英语教学只是为了应对考试，忽视了口语和听力的训练，把英语成绩当作衡量学生外语水平唯一标准，中国学生所学的英语大都是"哑巴英语"，因此，推动基础教育国际化，把英语教学从应试性向实用性转变也是一个重要的突破口。

## （四）加强教育的国际合作与交流

在全球化背景下，英国政府注重加强教育的国际合作与交流。比如英国的校际连线项目、连接教室项目等。在世界范围内建立教育交流的合作伙伴关系，并对学校的教师培训、出国参观访问、课程开发等提供资金支持；构建网络信息互动平台，增进教育资源的整合，分享教育发展经验，有效地发挥信息技术在教育中的作用，为英国与合作国之间教育改革的推进作出了重要贡献。据此，我国也可以加强教育的国际合作与交流，比如与先进国家进行政策合作，分享好的政策经验，应用信息网络技术和远程教育进行互动和交流，拓宽教育交流与合作的渠道，鼓励多元化的语言学习，增进国家间的教育学术交流和对多元文化的理解；同时以开放自信的姿态弘扬中国优秀文化传统，进一步提升我国的教育品质，提高我国教育事业在国际上的竞争力。

# 第三节

# 德国基础教育国际化的政策及实践

德国作为欧盟成员国中的重要发达国家，其基础教育思想和教育制度对我国有深刻的借鉴意义和参考价值。我们将来源于德国政府网站的材料分为"现阶段政府报告"和"现阶段法律政策"两大板块，内容涉及德国国家层面对基础教育国际化的经济、政治、文化交流等方面的支持。

## 一、德国学者对基础教育国际化的认知

"基础教育国际化"目前在大部分国家的发展程度远不如"高等教育国际化"。对德国各高校图书馆以及论文检索网站进行相关主题的检索发现，直接论及"基础教育国际化"内涵或概念的文章几乎没有，只在"教育国际化"的下属问题中有所提及。有德国学者认为，德国现阶段人力资源难以满足就业市场的需求，越来越多的外来移民成为德国劳动力市场重要组成部分成为必然趋势。因此，德国基础教育将面临越来越严重的移民和民族融合问题，基础教育国际化势不可挡。基于此，德国不少学者认为，国际组织在近些年来逐渐成为国家基础教育改革发展的重要推动力。此外，德国学者在研究基础教育国际化时比较关注的是"国际比较视角下的德国基础教育"，关注点在于德国基础教育在国际学生测评项目中的具体表现，而非本国学者对"基础教育国际化"问题的看法。

因此我们可以做一个简单的推论：德国国内对基础教育国际化的理论研究成果较少，专门从事相关研究的学者较少。我们在研究德国基础教育国际化问题时，较难找到直接来源于德国学者的理论支持。所以，在目前相关资料有限的情况下，我们必须回到德国针对基础教育国际化问题制定的政策文本或实践路径上，希望借此得出基础教育国际化的德国模式。

## 二、德国基础教育国际化实践探索

### （一）参与各项国际测评项目

德国最早于1995年开始参与国际测评项目，而在此之前，各项国际性的基础教育阶段的学生能力测评已经有了将近30年的发展历史。也就是说，德国相对于世界范围内学生测评来说，起步晚，在当时的发展不容乐观。但近年来德国对基础教育阶段各个国际性测评项目的重视程度越来越高，几乎在各个测评项目中都能看到德国的身影，因此，德国虽然参与各项国际测评较晚，但发展迅速。各国学者在研究各项国际测评项目时，德国都无一例外地成为重点研究对象国。从中可以看出，德国在基础教育国际化方面做出了不懈努力。

### 1. 参与国际学生数学与科学能力动态项目

1995年国际教育成就评价学会在世界41个国家开始实施数学和科学评价，即第三次国际数学和科学教育研究。德国于这一年第一次参加国际性的学生测评项目，同时成了三个有录像带研究的国家之一（其余两个是美国和日本）。在此之后，德国没有继续参加1999年的第三次国际数学和科学教育研究重复试验，也没有参与2003年的重复试验。自2003年"第三次国际数学和科学教育研究"正式更名为"国际学生数学与科学能力动态项目"（Trends in International Mathematics and Science Study，简称 TIMSS）之后，德国于2007年回归测试。TIMSS测试每四年举行一次，测试对象为处于基础教育阶段的四年级和八年级学生，测试内容涉及数学与科学。德国自回归TIMSS测试以来，表现出非常高的参与度。其原因可能在于，1995年德国在第一次参加此项测试时惨遭败北，在与其他国家进行比较时，德国中小学生的数学与科学能力均在平均水平之下，一直对本国基础教育充满自信的德国，遭此沉重打击，因此意识到基础教育国际化趋势的必然性，并在之后积极参与国际测评。自2007年以来，德国先后于2007年、2011年、2015年共3次参加这项测评。它不仅实现了对8年来德国与世界各国现阶段小学生数学与科学能力的展示，更是展望了未来小学阶段内相关学科的发展趋势。2015年共有48个国家和地区，超过30万名学生参与了TIMSS项目，德国大约有4 000名小学四年级学生参与了该项目。[1]

## 2. 参与国际学生评估项目

国际学生评估项目（即PISA）是由经济合作组织与发展组织统筹的国际学生评估项目，主要的测评内容涉及15岁青少年的阅读、数学和自然科学能力，以及参与该项目国家的教育公平问题。到目前为止，PISA已经吸纳了超过80个国家参与，是世界范围内规模最大的学生能力评估测试。德国从2000年PISA项目创立之时加入此项研究，并由德国国际教育比较研究中心牵头、慕尼黑工业大学教育学院等组织实施，联邦德国教育与研究部以及联邦德国文化部常务委员会提供

---

[1] 德国教育与研究部.中小学教育［EB/OL］. https://www.bmbf.de/de/iglu-internationale-grundschul-lese-untersuchung-82.html .［2017-11-10］.

组织经费。

　　"2000年德国组织219所学校的5 073名学生参加PISA。"[1]此后，参与该项测评的德国中学和学生数量逐次提高，"2015年的PISA测试中，德国参与测评的学校数量达到253所，学生数量达到6 504名。"[2]德国积极参与该项目的背后，体现的是德国对该国基础教育国际化发展的重视，而这种重视也为德国带来了积极作用。德国通过项目测评较早地意识到本国的基础教育水平亟待提升，因此在国内大力推进教育改革，其改革成果在接下来多次的PISA测评中得到了验证。德国联邦政府网站所发布的关于PISA测评的政府报告指出，自PISA项目开展以来，只有少数几个国家的测试成绩在历次测试中不断变好，而德国就是其中之一。[3]而我国学者对PISA测试结果的研究也证明："从2003年PISA测试开始，德国学生的各项成绩在经合组织国家中的排名逐步提升。德国学生的阅读成绩在经合组织国家中的排名由2000年（当时为30个国家）的第21名提升到2015年（34个国家）的第8名，数学成绩由2000年的第19名提升到2015年的第11名，科学成绩由2000年的第20名提升到2015年的第9名。数学成绩在PISA2009、PISA2012测试中均排名第10位，科学成绩在PISA2006、PISA2009、PISA2012测试中分别排名第8位、9位、7位，均进入前10名。德国学生的总体成绩在经合组织国家中的排名已经由首次的中下等提升到最近一次的中上等，提升幅度超过10位。"[4]

---

[1] 胡进.德国基础教育质量提升研究及启示 [J].世界教育信息，2017（18）：48.

[2] PISA2015德国成绩单出炉.中国驻联邦德国使馆教育处 [EB/OL].http://www.de-moe.edu.cn/article_read.php?id=12016-20161207-4132.［2017-11-10］.

[3] 德国教育与研究部.中小学教育 [EB/OL].https://www.bmbf.de/de/pisa-programme-for-international-student-assessment-81.html.［2017-11-10］.

[4] 李志涛.PISA测试推动下的德国教育政策改革：措施、经验、借鉴 [J].外国中小学教育，2017（06）：5.

### 3. 参与国际学生阅读能力进步研究项目

1995年第一次参加TIMSS测试和2000年第一次参加PISA测试，德国取得的成绩都不理想，这使德国意识到本国的基础教育发展长时间脱离国际化发展趋势和水平，且过于重视"人文学科取向"[1]。因此德国对国际学生测试的重视度提高，这直接认可了基础教育国际化趋势对德国带来的各方面影响。在此背景下，2001年德国参与到"国际学生阅读能力进步研究项目"（the Progress in International Reading Literacy Study，简称PIRLS项目）中，并由多特蒙德工业大学的学校发展研究中心组织开展。该项目主要测试的是在国际比较的视野下四年级学生的阅读能力。测试文本涵盖了此年龄段学生主要会接触到的两种文本类型的不同难度：文学体裁文本（比如短故事），信息文本（比如该年龄段的百科词条和广告传单）。同时，根据调查表格也能够观察到另一个问题：孩子们对书籍的喜爱程度和阅读频率。

据联邦德国教育与研究部2017年的报道：到目前为止，德国分别于2001年、2006年、2011年前后三次参加这一项目。2011年的测试结果于2012年12月份公布，从当时的公布结果来看，在所有的参与国中，德国的成绩处于成绩最优秀的前三分之一行列中，同时在参与此项目的经合组织成员国中排在中间位置，并高于全部参与国的平均水平。[2]

### 4. 参与国际计算机与信息素养研究项目

德国在看到了国际测评给本国基础教育带来的促进作用后，更加

---

[1] Wilfried Bos & Miriam M. Gebauer 著，俞可，译.大规模学生评估的影响力与重要性：德国视角 [A].复旦教育论坛，2010（4）：20.

[2] 德国教育与研究部.中小学教育［EB/OL］. https://www.bmbf.de/de/iglu-internationale-grundschul-lese-untersuchung-82.html.［2017-11-10］.

积极地提高德国参与国际学生测评项目的深度与广度。除了上述三个"老牌"国际学生测评项目，德国更加活跃地不断发现并参加新的项目。2013年由国际教育成就评价协会主办的首个"国际计算机与信息素养项目"（International Computer and Information Literacy Study，简称ICILS项目）就引起了德国极大的兴趣。该项目的调查对象涉及八年级学生及其教师和校长；项目主要的测试内容为八年级学生的多媒体运用能力，包括：使用技术进行信息检索的能力；将查询到的信息按照它的质量和可用性进行评价；使用技术将信息进行再加工和生产的能力；在信息交流中使用新技术；有责任有思考地使用技术的能力等。除了德国，还有大约20个国家参与这一新生的国际教育比较研究项目。德国方面决定由联邦德国教育与研究部组织参加。此外，这一项目可调查：德国的哪种教学系统更有助于学生信息技术的获取，信息素养是否与性别背景有关，以及学生对于计算机与信息技术有什么看法等问题。从中国香港大学官方网站2014年11月20日发布的《ICILS（2013）研究报告》给出的研究结果来看，德国共有136所学校共2 225名学生参与了此次测评，来自121所学校的1 386名教师同时参与了该项测评。测评成绩在符合抽样标准的国家里排名第6位。[1]

## （二）开展对外学生交流项目

### 1. 欧盟成员国学生交流：以"伊拉斯谟计划"为例

欧盟成员国的教育体系就像欧洲国家自身一样纷繁复杂，为了提

---

[1] 香港大学. 第一届国际电脑与资讯素养水平研究（ICILS）2013研究结果［EB/OL］.https://www.hku.hk/press/press-releases/detail/c_11981.html.［2017-11-10］.

供欧盟内部相互学习的机会，欧盟决议支持成员国之间的交流。虽然每个欧盟成员国都有自己一套独立的教育系统，但每一位欧盟成员都面临同样的挑战：在未来的国际化就业市场上，究竟应该具有哪些新的能力呢？为了让欧盟成员为之做更好的准备，欧盟各国2002年通过了集体决议，"在教育政策上通力合作，设立共同目标"，共同努力以达到目标。2009年，欧盟颁布了《欧洲教育和培训合作2020战略框架》。合作的中心内容就是改善个体教育领域的质量，资助教育迁移和创造力发展，并提出了四个战略目标，其中关于基础教育国际化的内容为：使终身学习和学习流动成为现实；将国家资格制度与"欧洲资格框架"对接，运用以学习结果为基础的策略，制定标准和资格，规范评价和认证程序，加强质量保障；消除障碍，扩大在欧洲和世界范围内接受各级教育学习的流动机会，包括制定新的目标和财政资助工具，同时要考虑到处境不利学生的学习需求等。在这一思想指导下，欧盟成员国的内部交流如火如荼，大中小学生乃至成年人纷纷获得国家资助，前往欧盟其他成员国进行学习、交流。

这里以"伊拉斯谟计划"（Erasmus Program）为例进行简要的说明。2014年开始的第三期"伊拉斯谟计划"，倡导"通过交流与跨境合作获得新视野"，项目涵盖了通用与职业教育、青少年教育、体育运动等多个方面。除了出国留学之外，"伊拉斯谟计划"还资助创新项目，以及欧洲范围内的青少年教育机构的合作，并帮助参与该项目的国家进行教育的现代化改革。在2014—2020年的计划时间内，"伊拉斯谟计划"在欧洲范围内的援助资金达到大约158亿欧元。德国积极参与其中，根据联邦德国教育与研究部发布的数据，2014年通过"伊拉斯谟计划"赴国外交流的德国学徒（在德国，学徒属于基础教育中的职业教育）达到1.8万人，较2013年增加了2 000人，增幅达12.5%。[1]同时，欧洲社会福利基金也同样关注并资助教育发展。2014年到2020年，联邦德国教育与研究部可支配的、用于资助改善就业前景的资金（来自联邦德国内部以及欧盟的资金）或可达到4.4亿欧元。

**2. 推动教育领域的国际合作，建立世界网络**

在近年的发展中，全球与地区的创新中心不断向亚洲、拉美和非洲地区转移。世界性的大趋势，如数字化、经济可持续发展都深深影响着教育、科研和创新的发展。因此德国政府在过去的几年中，不断地加强在教育与科研方面跟欧洲以及其他国家的合作，并于2017年7月发布了《教育、科技与研究的国际化合作：2014—2016发展报告》。

该报告显示，2015年，仅联邦德国教育与研究部就在国际合作方面投入了8亿欧元，用以资助学生及研究人员的学术交流、参与国际大型学术会议或研究等。[2]此外，德国针对不同国家和地区明确规定了相应的发展与合作思路。

在经济与技术合作方面，南北美洲国家一直是德国的重要伙伴。两地区间的学生紧密联系，开展了许多的交流与合作项目。尤其是美国与加拿大，德国和美国之间的合作，是建立在超过50个双边合作协定的基础上的，而加拿大与德国也在北极与海洋问题上合作紧密。对于中美和南美地区，德国也与其有意识地不断建立教育与科研方面的合作。德国重点合作的国家涉及阿根廷、巴西、智利、哥伦比亚、墨西哥和秘鲁。合作领域包含生物多样性、环境保护、气候变化、创新技术与新能源发展等多方面。

---

[1] 罗毅.环球零距离——教育国际化[J].世界教育信息，2015（9）：79.
[2] 德国教育与研究部：欧洲与世界［EB/OL].ttps://www.bmbf.de/de/vernetzung-weltweit-268.html.
　［2017-12-15］

近些年，亚太地区在政治、经济、科学方面不断发展，渐渐在世界上成为一股重要力量。亚太地区的国家各自经济实力和知识创新力不同，因此彼此之间存在较大差距。德国开展与这一地区的政治、经济和文化交流活动时必须充分考虑适应当地的发展。交流内容主要涉及：研究领域的接轨，建立知识增长网络，建立创新市场，以及可持续发展等方面。德国所合作的国家包括中国、印度、日本、韩国、越南、印度尼西亚、泰国、新加坡、澳大利亚与新西兰等。

德国与近东和非洲地区教育科研方面的合作历史悠久。德国政府现阶段的国际化战略重点放在与发展中国家和新兴工业化国家的合作上，合作领域主要涉及健康、营养、气候、水源、能源等共同面临的全球性挑战，以及创新力的增长问题。德国合作的国家除了埃及、南非等国，还新增了突尼斯、摩洛哥和巴勒斯坦等。

## 三、德国基础教育国际化的现行法律政策

### （一）《联邦教育促进法》保障资助中小学生出国留学

《联邦教育促进法》中规定：中小学生境外交流前往目的国的往返差旅费可以获得资助，资助标准为欧洲境内250欧元，其他地区500欧元；如遇特殊困难情况，则可在必要支出方面获得其他资助。[1]

### （二）州一级的相关法律

巴伐利亚自由州（拜恩自由州）从法律上保障学校教授世界各国通识相关课程，培养学生的国际视野。巴伐利亚教育与课程法规定：

---

[1] 德国教育与研究部.《联邦教育促进法》第三款第十二条［EB/OL］. https://www.gesetze-im-internet. de/baf_g/__11.html .［2017-11-10］.

学校应教授学生有关于欧洲意识的内容；应教授有关各国共识及与移民有关的跨文化内容。[1]

柏林通用的小学入学手册中规定：所有小学生需在三年级时选择法语等作为第二外语进行学习（规定学时不少于每周两个小时）；对有土耳其或者阿拉伯地区生活背景的小学生（如有移民背景或是父母方面的家庭背景）提供双语课程教育；同时在一些特定的小学，还可以选择希腊语、意大利语、波兰语、葡萄牙语、俄语、西班牙语等作为第二外语进行学习。

德国的文法中学以升学为导向，与德国特色的实科中学、综合中学不同。柏林通用的中学升学指南对文法文学课程任务规定：外语作为文法中学的重要课程部分，从入学开始，所有学生必须学习第二外语；如果学生有需求，则可以选修第三外语；如果学校有条件，则可以提供学生选修第四外语；大多数文法中学定期组织学生到外国友好学校进行学习与交流。

## 四、几点思考

### （一）德国重视基础教育国际化发展，我国对此缺少了解

从资料来看，我国对于德国基础教育国际化发展的认识匮乏，研究少、文献少、著作少。在中国知网上输入"德国基础教育国际化"这一关键词，显示没有相关文献；输入"德国教育国际化"，显示结果明显不同，以"德国高等教育国际化"为主题的论文、研究报告非常丰富；以"基础教育国际化"为关键词检索，结果又有不同，论文数量很

[1] 巴伐利亚州政府教育部.巴伐利亚教育与课程法网址［EB/OL］.http://www.gesetze-bayern.de/Content/Document/BayEUG-2.［2017-11-10］.

可观，但或以日本、美国等国为研究对象，或是将研究范围扩大，涵盖英、德、法、日、美、韩等发达国家，其中德国有关的叙述则往往信息量不足、表述不清，信息来源不明确。为何德国的基础教育国际化如此发达，我们却忽视了呢？

首先，德国属于欧盟成员国，成员国之间信息和人员的交流沟通渠道畅通，这种密切的联系关系，反倒让我们对欧盟成员国的研究偏泛化，无法具体而切实地深入某一特定国家进行研究。其次，日、美等国大多数地区采用"六三三"学制，在学制上与中国相同；相较而言，德国的基础教育就显得比较"另类"。比如：德国大部分州的小学（有两个州除外）为四年制，中学学制更为复杂，多种类型的中学并存，且其教学内容与教学目的或导向也各有不同。因此，我们在借鉴德国相关经验时，就存在一定的"天然"障碍。最后，德语学习者相对于英语来说，数量较少，而掌握德语语言能力同时专门从事教育领域的研究者就更少了。因此，直接阅读用德语公布的政府报告、调查数据、法规政策等资料就较为不易，而转引他人资料得出的结论容易陷入人云亦云或以讹传讹的困境。

## （二）提升基础教育国际化是国家教育品牌实现"走出去"的重要途径

近年来，基础教育国际化的相关研究不断提升，成果逐渐增多，相关的全球性学生能力评估和测评项目不断增多，影响力也不断增强，这在一定程度上反映了各国研究者甚至国家对于基础教育国际化研究的重视程度不断增加。为什么会出现这一现象呢？我们认为，当各国对高等教育国际化研究进行到一定程度时，研究者更会深思高等教育能得到快速发展的深层原因是什么，于是基础教育与高等教育之间的因果及顺承关系便成为新的研究焦点。而作为一个国家，想要实现教育品牌的国际化，其基础教育也必须实现国际化发展。一个国家想要打出自己独特的教育品牌，实现教育价值的输出，提升基础教育国际化便成了重要的组成部分。

### （三）德国为基础教育国际化的发展提供多方面支持

德国在推进基础教育国际化建设的过程中，注意从多方面提供支持，包括政策、经济和文化认同等方面。从政策上来看，德国在不同时期的政府报告中均强调了有关教育国际化的内容，如积极参加各类基础教育评估项目，推进中小学生包括职业学校学生国际化交流活动的进行。从经济上来看，德国颁布各项法律，为中小学生出国交流提供资金方面的支持。从文化上来看，德国规定各州在中小学各阶段开设外语与世界通史课程，培养学生的文化理解与国际化视野。我们认为，为促进基础教育国际化发展，可以将我国所采取的措施与德国的进行比较，并对德国重视基础教育国际化的原因进行深层探究，以期能发现值得借鉴之处。

第五章

新加坡、印度、澳大利亚的
基础教育国际化政策比较

本章继续对世界主要国家基础教育国际化的政策取向和实践举措进行阐述和探讨。第四章分析了美国、英国、德国的基础教育国际化政策，本章分析新加坡、印度和澳大利亚三个国家的相关政策和实践。其中，印度属于发展中国家，在迈向教育现代化的进程中，不少方面与我国有着相似的境遇，其基础教育国际化举措对我们具有参考和借鉴价值。


# 第一节

# 新加坡基础教育国际化政策及实践


新加坡是东南亚中南半岛上的一个城邦岛国，国土面积狭小，自然资源匮乏。"二战"后，新加坡凭借国际贸易与人力资本，一跃成为亚洲"四小龙"之一。目前新加坡是整个东南亚地区唯一一个发达国家，经济稳定，人均收入较高。

新加坡一跃成为东南亚唯一的发达国家，人才是最重要的因素之一。新加坡能够迅速整合国内以及国际的教育资源，短时间内培养出大量人才来完善自己的人才库，因此才能在"二战"后风云多变的经济环境中胜出。新加坡教育的高度国际化，为整个国家的振兴奠定了坚实的基础。

## 一、新加坡的语言政策与教育国际化

历史上新加坡曾是英国的殖民地，因此英语在新加坡得到广泛使用，也促使新加坡能够更便捷地接收来自西方世界的信息，快速在战后与国际接轨并发展国际贸易，使得国家经济快速发展。

1824年新加坡成为英国殖民地，自此以后英语成为新加坡的官方语言。1965年新加坡独立，考虑到新加坡是一个由华人、马来人、印度人和其他种族构成的多民族国家，每个民族都有自己的语言，加之独立之前的殖民统治者为了能够更好地管理新加坡而采取的分而治之策略，导致新加坡历史上形成了英文、华文、马来文、泰米尔文这四种语言文字共同使用的状况。[1]为了让各个民族之间的沟通效率提高，也便于国家的管理，新加坡在独立以后开始实行双语政策。新加坡的双语政策分为两个阶段：第一阶段为1966年到1978年，第二阶段为1979年到1987年。

第一阶段的双语教育政策为：以前教授马来文、华文、泰米尔文的学校必须开设英语课程作为第二语言来学习（这项政策于1960年就开始实施）；英文学校也要开设各民族的母语课程。两种语言的教学时间分配不尽相同，但第二语言课程的课时都趋于增加——教授英语的学校增加学习民族语言的时间，而教授民族语言的学校则增加英语的课时，两种语言的授课比例从各占一半到三七分不等。从1968年起，数学和科学等理科科目要以英语作为教学语言来授课，而公民学和历史等则用本民族母语授课。自1966年起第二语言为小学毕业考试科目之一，自1973年起小学会考中两种语言科目的成绩，给予加

---

[1] 陈莉.全球化背景下的新加坡双语教育探析［J］.外国教育研究，2010，37（03）：91—96.

倍比重（其他两项科目是数学和科学）。这一时期双语教育中的两种语言在新加坡得到同样的重视，而且它们在课程中的课时也趋于平均分配（接近于各占一半的教学时间），这有利于学生平衡地掌握双语。因此，新加坡此时的双语教育政策接近于平衡性双语教育政策，但由于双语教育出现诸如效率低下等问题，以及新加坡想要发展壮大必须考虑国际上的政治因素，新加坡的平衡性双语政策亟须改善。

新加坡第二阶段的双语教育政策在以往的基础上做了重大改革，它针对学生能力的不同，尤其是语言能力的不同，采取了不同的政策。这时的双语教育政策实际上是与"新教育体制"的分流教育结合在一起的。双语教育止于初中四年级（或五年级）。初级学院、理工学院以及大学的教学语言以英语为主，没有第二语言的课程。这一时期新加坡的双语教育加速偏向英语，是一种不平衡的双语教育政策。[1]

从20世纪90年代开始，新加坡政府认为本国经济想要与国际挂钩，成为世界经济当中不可或缺的力量，就必须加大跨国公司在新加坡的数量，同时也鼓励新加坡的公司到国外去发展业务。为了配合这一政策，1993年新加坡《教育法》规定，学校教育要"使学生具备能够准确、流利地在听、说、读、写等方面使用英语的能力，同时还要具备依个人能力所能达到某种程度的使用母语的能力"。[2]

从以上对新加坡双语政策的梳理上来看，新加坡推行双语政策和大力推行英语教学，与本国的历史与国情有着密不可分的关系。首先历史上新加坡曾经被英国殖民，这导致英语长期在新加坡处于强势地

---

[1] 黄明.浅析新加坡英汉双语教育政策 [J].中国教育学刊, 2007（04）: 21—24.

[2] 周素勤.浅析新加坡的华文教育 [J].东南亚纵横, 2003（5）: 21—24.

位，其次新加坡独立的时候正好处于全球化发展的黄金时期，跨国公司的大量产生、国际贸易交易量不断上升，这些都推动新加坡注重英语教育和国际关系。另外新加坡国土面积狭小，资源匮乏，因此面对国际化的浪潮，新加坡只能采取走国际贸易与跨国公司等人力资源密集的产业发展道路。具有国际视野、能够较好地学习西方文化的优秀人才是吸引跨国公司进驻的一个重要因素。面对这样的国际形势和国情，新加坡的双语政策有其合理性。但也因此新加坡的双语政策具有功利化色彩，这间接导致了部分语言文化在新加坡逐渐消失[1]。

## 二、新加坡的教育理念与教育国际化

新加坡在独立后的短短几十年里将本国教育发展为整个亚洲的重镇，其先进的教育观念起到了十分重要的作用。

2005年新加坡将"少教多学"作为教育改革的指导性理念，为学生和教师提供了自由灵活的时间和选择空间，与此同时这一理念也更符合全球化和终身学习的思潮，为新加坡的教育改革奠定了思想上的基础。

"少教多学"（teach less, learn more）于2005年提出，这一指导理念其实是以新加坡之前提出的"重思考的学校，好学习的民族"（thinking school, learning nation）、"创新能力与企业家"（innovation and enterprise）的改革理念为基础，并将这两个理念构成一个整体性的教育改革体系，以此来指导新加坡的教育改革。

"重思考的学校，好学习的民族"是新加坡教育部于1997年提出

---

[1] 马海玲.新加坡双语教育政策及其影响因素分析 [J].语文学刊（外语教育与教学），2009（03）：149—150.

来的，为新加坡教育改革勾画了一幅宏伟的愿景。这一改革理念强调培养学生终身学习、勤于思考的习惯，使每一位新加坡公民能够具备应对未来职场挑战的能力，进而以更好的姿态迎接21世纪。另一改革理念——"创新与企业精神"是新加坡教育部于2003年提出的，目的在于培养学生勇于创新、不怕失败、敢于承担责任的精神，以及能够应对各种复杂挑战和变化的能力，进而使新加坡积极地应对全球经济发展需求和日益激烈的国际竞争。

"少教多学"并不是指教师减少授课量，而是强调教师要从注重授课时数转变到注重教学质量上来。"少教多学"强调教学是为了激发学生的学习兴趣和动机，而不是面面俱到地传授书本上的知识。教师应该鼓励学生树立积极的学习目标而非仅为了成绩而学习。教师应该引导学生将学习重心从提高考试成绩转到培养学习技能——特别是适应未来社会发展的重要技能上面去。"少教多学"强调学校授课不仅仅要教给学生基本的知识，同时更应该关注学生的生活以及人生规划，引导学生树立良好的人生观，培养学生形成批判性思维，使学生能够掌握思考方法以及逻辑，而非简单地记忆背诵。从这一点可见"少教多学"符合当时刚刚兴起的"终身学习"思潮，这些做法都旨在培养学生良好的习惯和适应快速变化的未来社会的基本生存能力，也符合全球化的背景下社会对于人才的要求。因此可以说"少教多学"理念是新加坡政府积极拥抱全球化的一个思想上的产物。

在实施过程中，学习者处于整个课程的中心。因为每个学习者都拥有不同的背景、性格特点、能力、需求以及感情，学校以及教师需要根据每个学习者的特点来制定适合他们的学习计划，帮助他们形成属于自己的学习方式。为了提高师生互动的质量，教师要更深入地了解学生，采用不同的方式传递教学信息，选择更多样的评价方法。学校领导应该成为有影响且充满自信的教学领导者，并善于运用学校的自主权支持教师的改革。对于"少教多学"的实施，新加坡教育部提出"自下而上的创新，自上而下的支持"的改革策略，新加坡教育部以及学校合力推动以校为本的改革，点燃学校及教师的改革热情。具体来讲，新加坡教育部通过两个措施来保证"少教多学"的施行：

一是给教师和学校领导更多的空间和支持，促进教师和学校领导的专业发展。新加坡教育部对中小学学校的课程时间削减10%—20%，削减的内容不列入小学毕业会考和"普通水平"（ordinary level）测试的范围。这样一来保证了给予学校和教师更多的自主空间。对教师来说，授课的间隙需要有时间来反思与思考，因此新加坡教育部从每周的授课时间里抽出一小时时间给教师进行反思与思考、设计课程与分享教学经验等。此外新加坡教育部还建立了学校领导培训中心，培养拥有广阔视野、自信心和支持改革的学校领导，为新加坡的学校建设提供强大的人才保障。

二是给学习者更多的灵活性和选择空间，为每个孩子提供适合的课程。新加坡在"普通课程"中增加了更多的选修课程供学生选择，这些选修课程的灵活度以及难度由各个学校自行决定。新加坡鼓励学生在中学结业考试中增加课目，以增加学生的选择范围，到2010年的时候已经增设了戏剧、计算机和经济课目的考试。另外一些学校通过与理工学院的合作为学生开设一些技术类的选修课程，帮助学生寻找自己的兴趣点与爱好。[1]

总的来看，"少教多学"的理念以及相应的学校和课程措施都表

---

[1] 刘冬岩，魏为燚.新加坡"少教多学"教育改革及其启示 [J].全球教育展望，2010，39（05）：31—35.

明：新加坡尊重学生之间的差异，努力为学生带来定制化的体验，给予学生更多的自主空间与独立思考的时间，注意激发学生的兴趣与能力，培养学生积极主动的精神。同时赋予学校和教师更多的专业自主权，提高了学校和教师的主体地位、教师的授课专业灵活度，促使教师之间形成专业共同体和学术共同体，有利于教师在授课上创新、创优。

## 三、新加坡的国际化政策与教育国际化

新加坡在面对国际化的过程中，通过各种优惠政策，吸引世界各地的人才来到新加坡，扎根于新加坡，这为新加坡在未来的国际竞争上赢得了更多的人才资源。新加坡主要通过移民政策以及相应的配套措施来达到这一点：

首先是新加坡开放的移民政策。在新加坡留学的外国学生只要满足两个条件就能获得永久居民身份：（1）学位要求：学士及以上学位；（2）工作时长：在新加坡带薪工作满6个月。其次是为留学生提供了多项便利条件：（1）母子陪读计划，新加坡为16周岁以下的留学生的母亲、祖母或外祖母设有陪读签证，陪读亲属第一年不允许打工，如果孩子成绩优异则陪读亲属可在第二年将陪读签证转化为就业签证，陪读母亲在新加坡的工作收入足够负担学费和日常开支。新加坡是世界上唯一允许母亲陪读的国家，这一措施既保护了陪读母亲的权益，也保证了新加坡低龄留学教育的发展，为新加坡人才储备奠定了基础。（2）教育寄宿计划：18周岁以下的留学生可以以较低的价格入住新加坡为其提供的私人公寓，这些寓所设置了严格的住宿标准并设有监护人，为留学生提供日常学习生活服务，有利于留学生尽快融入新加坡当地生活，解决后顾之忧，全心地投入学习。（3）海外学生

经济资助计划：新加坡为海外学生提供学费贷款、高额的奖学金和助学金。学费贷款是面向新加坡公立大学和理工学院的留学生，海外学生可申请最高达80%的学费贷款，贷款在就读期间是不收利息的。新加坡政府根据海外学生自身经济情况发放助学金，助学金可抵学费和其他日常费用。这项计划为新加坡吸引了大量的留学生，保证了每一位学生都能享受优质的新加坡教育资源。[1]

这些政策，无论是奖学金或私人公寓，还是陪读妈妈的签证或移民政策，都表达了当地政府希望能有更多的留学生来到新加坡，为新加坡充盈人力资源和智力资源，缓解其自然资源匮乏的愿景。

新加坡独立后仅用了短短半个世纪的时间就成长为一个发达国家，其间经历了五次经济转型：劳动密集型产业—经济密集型产业—资本密集型产业—科技密集型产业—知识密集型产业。每次转型都与人力资源和智力资源的不断提升有密切的关系。教育为新加坡的崛起提供了重要的智力支持，而教育国际化为新加坡提供了更广阔的视野，加之留学生和移民政策的支持，使新加坡得到了丰富的智力资源和人力资源，能够在激烈的国际竞争中获得先机。而新加坡的许多政策和理念有一定的功利性，例如双语政策对英语的偏向和过早的学生分流政策，这些在一定程度上不利于学生的成长。近年来，新加坡已经意识到过分强调英语导致部分民族语言和文化的消失，和小学四年级就开始分流的考试策略对心智尚在发育中的儿童造成的不公平现象。因此新加坡已开始注重提升对马来语、华语、泰米尔语的官方扶持力度，取消了四年级学生的分流政策。这些政策的出台，说明新加坡在发展的过程中逐渐认识到文化的多样性，认识到每个学生的独特

---

[1] 周振.新加坡教育服务贸易发展研究［D].南宁：广西大学，2016.

性，也说明新加坡政府在国际理解教育和多元文化发展上迈出了重要的一步。

# 第二节

# 印度基础教育国际化的政策及实践

印度位于亚洲南部，是南亚次大陆最大的国家，古印度是"四大文明古国"之一。19世纪中期后沦为英国殖民地，1947年印度脱离英国的统治而独立。独立后的印度获得了较快的发展，特别是进入21世纪后，印度进一步深化经济改革，成为世界上发展最快的国家之一。印度政府高度重视教育的作用：在1949年颁布的《宪法》中明确规定，接受教育是每个印度人不可剥夺的权利；1986年，印度政府颁布《国家教育政策》（Policy of Education），1992年印度政府对《国家教育政策》进行了修订，进一步阐明了教育对国家发展的意义；2009年印度政府签署了《儿童接受免费义务教育权利法案》（The Right of Children to Free and Compulsory Education Bill），6—14岁儿童可享受免费教育，这为印度基础教育的发展奠定了坚实的基础。印度的高等教育也比较发达，开始国际化进程的时间比较早。近年来印度在基础教育领域也面临国际化的挑战，体现出国际化的一些新特征。

## 一、印度教育发展概况

印度近代教育的开端，与英国殖民当局的统治紧密相关。19世纪中期之前，印度没有系统的教育体系，也没有高等教育机构。19世纪40—50年代，英国殖民当局开始在印度创办近代化的中学和高等学校，这是印度近代官办学校的开端。1854年，印度近代教育发展史上出现了一个重要事件：殖民政府议会监督局主席理查德·伍德（Richad Wood）提出了关于在印度建立完整的近代教育体系的建议，被称为《伍德教育急件》（Wood's Educational Despatch）。根据这一文件，印度在各省建立教育部，负责当地的教育行政；创办大学等教育机构，提供财政补助金；建立从小学到大学的完整的教育制度等。《伍德教育急件》对印度教育的近代化产生了根本的影响，此后英国殖民当局就根据这一文件对印度的教育，包括高等教育制度进行制度设计。1857年，殖民政府仿照英国伦敦大学的模式建立了加尔各答大学，随后又建立了马德拉斯大学和孟买大学。这些大学的建立揭开了印度近代高等教育的序幕，随后有更多的学院和大学在印度逐步建立起来。

印度独立后，其教育发展和人才培养进入了新的历史时期。独立后的印度虽然政治上不再受殖民者的统治，但经济和社会生活方面的压力不容乐观：政府财政紧张，经济发展乏力，人民生活贫苦，民族矛盾尖锐。为了更快地推动经济和社会发展，自1951年起，印度在经济上开始实行"五年计划"，尽管没有足够的经费用于教育，但在每一个"五年计划"中，印度都有一定数量的教育经费预算，并形成了以政府拨款为主、其他社会组织捐赠为辅的教育财政体制，在一定程度上保证了印度教育的发展和人才的培养。

印度《宪法》规定：印度所有公民在受教育方面一律平等，对所有儿童和少年实施义务教育；学校可以自由选择教学语言。此外，印度长期以来一直重视高层次人才的培养，尽管其基础教育发展不均衡，但印度的高等教育所取得的成就是比较瞩目的。目前，印度已经形成了庞大而复杂的高等教育体系，其高等学校的入学人数和培养的科技人员总数均居世界前列。世纪之交，印度的经济发展迅速，持续实现了8%以上的高速增长，近20年来印度的GDP翻了三番。信息技术产业方面，印度已经超过美国，成为世界上软件工程师最多的国家，据2007年的调查，这个数字大约是160万人。[1]以印度第三大城市班加罗尔为例，这里有超过20万名软件工程师，是印度拥有软件工程师最多的城市。班加罗尔从1990年开始逐渐成为印度的IT产业核心，美国很多著名企业如IBM、戴尔、英特尔、微软、通用、惠普等纷纷在此落户，有近百家著名企业在这里建立了研究开发中心。

## 二、印度教育发展的策略

### （一）"脑力立国"的国策

现代印度"脱胎"于英属殖民地，前宗主国英国是发达的工业国家，印度成为其原材料供应国，向其提供棉花等。英国用机械将原材料生产成编织布后，把产品倾销至印度，印度又成为宗主国的消费市场。一战后，许多国家相继进入工业革命时代，发达国家在工业和技术领域飞速发展，作为殖民地的印度仍处于传统的手工业时代。"二战"后印度取得了独立，但没有像样的工业体系，没有资金和资源，

---

[1] 此处介绍的2007年印度软件服务协会（NASSCOM）的调查数据转引自：[日] NHK特别取材组.印度！印度！——NHK眼中的印度 [M].北京：中国友谊出版社，2012：11.

错失了工业发展的大好时期。"圣雄"甘地强调要以印度的传统手工纺织业振兴印度经济，但贾瓦哈拉尔·尼赫鲁（Jawaharlal Nehru）并不认同，他认为印度要富强必须依靠强大的工业实力和高素质人才。尼赫鲁把目光投向了印度更有希望获得的资源——人力，提出了"脑力立国"的国策。

"脑力立国"国策的实现，必然要依赖教育体制的完善和发展。学校教育是培养优质人才资源的基石。殖民地时期，英国为了维护自身的利益，破坏了印度教和伊斯兰教传统的教育系统，着力培养一小部分受英式教育的印度人，这些人主要从事殖民者与印度民众之间的翻译工作。因而，"印度独立时，84%的成年人是文盲"[1]。独立后，在英国殖民地原有的教育基础上，印度逐步建立起自己的国民教育体制，并随着每一个"五年计划"的实施而不断完善和发展。1968年前，印度实施"五三三"学制，即小学五年、初中三年、高中三年。1968年，印度国会通过决议，规定各邦和中央辖区学校统一实行"十二三"学制，即小学和初中共十年、高中两年、高等教育三年。这构成了现行印度教育制度的主体。目前，印度基础教育包括如下阶段：一至五年级为初级小学，六至八年级为高级小学，九到十年级为中等教育初级阶段，之后是两年的中等教育高级阶段（高级中学）。印度的高等教育本科学制一般为三年，但有些专业如工程学、医学、牙医学和药学等则要求较长的学制，大约四年到五年半的时间；硕士研究生教育一般为两年；博士研究生教育一般为三年。此外还有各类职业技术教育、成人教育等非正规教育。

"脑力立国"国策的核心是通过高等教育培养精英人才，印度在

---

[1] ［美］R.阿诺维.中国和印度教育制度的比较［J］.刘霓，译.外国社会科学，1985（5）：47.

高等教育领域的发展鲜明地体现了这一国策。印度将高等教育作为教育发展的重中之重，经过几十年的努力，已建立了包括大学教育、研究生教育、学院教育、职业教育和非正规教育等各种类型的高等教育体系，门类齐全，层次多样。印度的基础教育基本上由各邦负责，但高等教育则主要依赖中央政府，国家直接控制、指导并监督各高等院校，地方建立和举办的高等院校也必须遵循中央政府的高等教育方针和规定。中央政府下设"大学拨款委员会"，作为独立组织的"印度大学协会"也对各高等院校产生全局性的影响。在政府的扶持下，印度高等教育发展迅速，"20世纪70年代，印度共有大学79所，到80年代，则增加到108所。在1975—1980年的五年间，又建立各种学院329所"[1]。20世纪90年代，印度高等教育一直保持快速发展的势头，"到2002年，印度的大学数量为259所，学院数量为11 089所，在校学生人数741.8万人，可以说，印度对高等教育采取了非常规的发展战略，发展速度之快世界罕见"[2]。在2007年启动的印度"十一五"规划中，其高等教育的发展遵循三项原则：（1）扩大高等教育规模；（2）追求教育质量的提升和卓越；（3）发展全纳性高等教育。[3]由此可见，优先发展高等教育是印度在"脑力立国"国策下的一个不变追求。

当然，印度高等教育的这种"超常规发展"也带来了一些弊端。比如，高等教育阶段的学生数量迅速增长，但师资和其他硬件条件并没有得到改善，直接影响到高等教育的办学质量；高等教育的发展规

---

[1] 赵中建.印度的教育制度及其存在的问题 [J].外国教育动态，1986（4）：15.
[2] 王超，王秀彦.印度高等教育的发展战略及启示 [J].大学（学术版），2011（1）：71.
[3] National Knowledge Commission Note on High Education.转引自：施晓光.印度高等教育政策的回顾与展望 [J].北京大学教育评论，2009（7）：119.

模和速度远远超出印度经济的发展速度和劳动力市场的容纳能力，毕业生就业问题非常突出，受过高等教育的失业者每年都在增加；由于就业市场的不景气，印度每年都有大量的高校毕业生流失国外，造成了人才外流，导致印度成为向西方输出高端人才的主要国家。而经费紧缺、高等教育结构不合理等方面也对印度高等教育的发展带来不少负面影响，这些问题是发展中国家在促进本国高等教育发展时需要深入思考的。

尽管如此，印度在人才培养的数量上取得了长足发展。自2000年至今，印度的初中毛入学率由60%提高到76%，高中毛入学率由32%提高到43%，高等教育的规模由750万提高到目前的1 200万，居世界第三位，毛入学率由8%提高到12%，就业劳动人口的平均受教育年限由6年提高到7年。[1] 在"脑力立国"的国策下，印度在高端人才培养方面逐步确立了自己的优势。得益于20世纪高等教育的超前发展与高水平的国际化，印度培养了大批教师、医生、工程师和政治精英，为基础教育、城市医疗等提供了高素质的人才，推动了这些领域的发展，并向中东及国际组织输出了大批知识型劳务人才，为农业、航空、医学、软件产业和外包产业提供了大批专业技术人员。然而印度基础教育的普及水平和中等职业教育的落后，影响了印度制造业的发展，妨碍了第一产业劳动力向第二产业、第三产业的转移。

## （二）坚持精英教育，重视理工科高端人才培养

在精英教育方面，印度的做法举世闻名。在推进精英教育的过程中，印度将人才培养的重点放在了高端理工科人才的培养上。印度力

---

[1] 中印两国的人才战略对比.南方都市报［N］.2010年8月2日.www.sino-manager.com.［2012-12-25］

图通过科技发展作为突破口，颁布多项有关科技发展的政策。例如，1958年颁布《科学政策决议》，1983年颁布《技术政策声明》，2003年颁布《科学技术政策》，这些都是印度国家科技发展政策，要落实这些政策，显然需要相关人才作为基础。印度的科技发展确定了空间技术、核技术、生物技术、信息技术等为优先发展领域，提出了一些国家级的重大科技项目，如"天文卫星计划""无人月球探测计划""一体化导弹发展计划""生物信息研究计划""2008年信息技术发展计划"等，人才培养和储备也随之向上述领域倾斜。发展科技的诉求进一步强化了印度实施精英教育的战略，这也使得印度在高端理工科人才和计算机软件人才培养方面独树一帜。

印度的理工科教育在世界上享有盛誉，理工科大学或院系就读学生众多。印度年轻人以攻读理工科专业为荣，他们毕业后往往能够在一些大企业就职，甚至有相当一部分毕业生流入美国等发达国家，进而赢得较高的社会地位和可观的经济待遇。这一方面为印度高科技和工程领域提供了后备人才，另一方面则进一步强化了理工科专业对年轻人的吸引力，从而形成了一个良性的循环。在印度攻读理工科大学或院系的毕业生每年都在增加，据2007年印度软件服务协会的调查数据显示，"2006年为44万人，2007年则达到59万人，每年以4—5万人的速度在增长"。[1]印度最著名的理工科院校为印度理工学院（Indian Institutes of Technology，简称IIT），被誉为"印度高等教育的皇冠"，这是一个规模庞大的高校，拥有7个分校，分布在德里、孟买、马德拉斯、卡拉格普尔、坎普尔、罗基和古瓦哈提等地，在校

---

[1] ［日］NHK特别取材组.印度！印度！——NHK眼中的印度［M］.北京：中国友谊出版社，2012：17.

生近3万人。这7所分院全部是理工科学院（1所印度理学院、6所印度理工学院）。该校门槛高，入学竞争相当激烈：每年招收5000多名新生，而报考者竟然能达到30万人；可谓是世界上最难考的大学之一。

为了培养理工科高端人才，印度在很多方面都予以资源倾斜。首先，在财政上，印度政府对理工科院校的支持不遗余力，通过财政上的扶持对在校理工科学生给予重点培养。2000年6月，印度有理工专科学校超过1200所，在校生20余万人。其次，在师生比上，理工类院校也占有明显的优势。"但是，印度政府对这些学院在财政方面给予大力支持，在教育科研经费十分短缺的情况下，将85%的中央政府经费分配给这少数几所精英院校，而这些院校的学生人数仅占学生总数的2%。"[1]最后，在招生制度上，理工科院校有权优先挑选学生，其后是工商类、社科类和文科类等。理工科学院培养的学生被印度社会各界视为精英和优秀人才，学院也拥有非常先进的教学设备，而其他学院则面临师资短缺、经费不足、设备陈旧等问题。

## （三）重视计算机和软件业人才培养

20世纪80年代，随着以计算机科学为代表的信息技术的发展，现代信息产业革命席卷全球，印度软件产业发展迅速。"1986—1987年印度软件产业产值不到1000万美元，1990—1991年也只有1.5亿美元，1997—1998年增至27亿美元，1999—2000年猛增至59亿美元，2000—2001年更高达82.6亿美元，年均增长率在50%以上，远远超

---

[1] 王超，王秀彦.印度高等教育的发展战略及启示 [J].大学（学术版），2011（1）：72.

过世界软件业年均20%的增速。"[1]软件业是信息产业的核心，属于知识和智力密集型产业，因此，软件人才是国家信息产业的一个重要资源。印度已有100多家软件企业获得国际质量标准认证；获得卡内基梅隆大学（Carnegie Mellon University）软件工程学会评价级别最高的计算机软件公司，全球约60家，其中有30多家在印度。

印度在计算机和软件业的快速发展体现了其人才战略的另一个侧重点，即关注软件人才的培养。在这方面，印度采取了国家、企业和社会共同参与、产学研三者紧密结合的方式，高质量、多层次地培养实用型人才。印度政府在软件人才培养方面高度重视，由国家投资扶持软件人才的培养。1984年，印度政府提出了通过发展计算机软件"把印度带入21世纪"的号召，并制定了《计算机软件出口、开发和培训政策》。拉奥总理执政后，继续奉行大力发展计算机产业的方针。1998年，瓦杰帕伊总理在就任后随即成立了一个国家信息技术与软件开发工作小组，负责草拟全国的信息政策，立志在十年内使印度成为计算机软件超级大国。印度的计算机教育从小抓起，据报道，全国2 500多所中学开设了电脑课，社会办学也得到支持，全国有700多家民办或私营机构从事计算机软件人才的培养。印度的软件基础技术人才，很多是高中生甚至初中生，为企业提供了所需的实用型人才。在人才培养的方式上，产学研相结合是印度的成功经验。许多公司通过设立自己的培训、教育机构提高现有人员水平。以生产教育软件为主的印度著名软件公司——全国信息技术研究有限公司为例，该公司已在印度和20多个国家设立了800个教育中心，每年培养15万名信息技术专业的学生和专业技术人员。

---

[1] 李合敏.印度软件业发展中的人才战略 [J].汉江大学学报（社会科学版），2004（1）：86.

印度在软件人才培养方面有其独特的表现。政府的重视再加上全民参与使得印度成功地开展了计算机基础教育，软件人才的成功培养又在全社会起到示范效应，吸引了更多的人投身于此，由此形成了良性循环。印度在软件人才培养方面秉持开放的人才观，不仅注重技术能力的提高，还强调各种技术素质的培养，如团队精神、协作能力、沟通能力等。印度对人才流动采取了宽容、积极的态度，既鼓励通过外流人才为本国经济发展做贡献，也通过国内的各种优惠措施，吸引并留住人才，多渠道、多层次培养人才。而且印度能够调动多方资源培养各类软件人才：国家投资立足科教机构，着重培养高水平的软件人才；社会力量积极办学，通过职业教育培养软件蓝领；软件企业也纷纷设立自己的培训机构，推动产学研相结合，培训紧跟技术发展，采用规范化教学，为印度培养了大批优秀软件人才。

### （四）追加教育投资，扩大人才培养规模

作为一个典型的发展中国家，印度显然也认识到教育在国家崛起中的关键作用，因此，不断增加教育投入是印度重视教育发展和人才培养的直接表现。据学者研究，印度将其"第十一个五年计划"（2007—2012）确定为"国家教育计划"：将政府教育预算比例大幅提升至19%（该预算比例为其上个"五年计划"的2.5倍），投入力度空前；计划到2012年新建30所重点大学、5所印度科学教育与研究学院、8所印度技术学院、7所印度管理学院和20所印度信息技术学院；同时启动职业教育和技能发展行动，新建1 600所产业培训学院和综合性技术学校、1万所职业技术学校和5万所技能发展中心，将学生职业培训规模扩大至1 000万人/年，为现有规模的4倍。根据印度最新的未来科技人才培养规划，到2025年，印度将每年培养150万名本

科、30万名硕士和3万名博士学位的研究人员，大幅度扩充科技人才队伍。[1]

印度对教育的投资主要集中在高等教育阶段，基础教育阶段并没有受到相应的关注。对此，也有研究提出了质疑。例如，"印度在教育上所花费的资金占政府总开支的比例超过了中国，却将大量经费投入高等教育，许多印度人缺少必要的教育，印度文盲的比例高于中国，2001年，中国的识字率为90.9%，印度的识字率为61%"。[2] 显然，印度和中国在教育发展战略方面的举措还是有区别的，印度更多地从更快培养高端人才的教育出发将高等教育放在发展的优先地位，在过去的几十年里，印度历届政府高度重视对人才特别是科技人才的培养，大批科技人才的涌现使印度成为软件大国，这也是一个不可否认的巨大成就。

## 三、印度基础教育国际化政策和实践举措

### （一）颁布法律法规，规范和促进教育国际化的发展

1995年，印度成功加入世界贸易组织并成为会员国，这使印度经济在不断走向世界的同时，也推动了教育领域国际化发展的步伐。根据世界贸易组织的相关规则，教育服务贸易是服务类贸易的有机组成部分，属于国际贸易的一个领域。因此，印度的教育被纳入服务贸易体系，自然也就推动了教育的国际化，包括基础教育领域的国际化。

印度加入世界贸易组织之后，国外不少机构在印度设立学校或其他教育机构为印度人提供教育服务。这些机构实质上是一些商业组

---

[1] 张树良等.主要新兴经济体国家人才战略浅析 [J].科技管理研究，2012（7）：122.
[2] 徐滇庆，柯睿思，李昕.终结贫穷之路——中国和印度发展战略比较 [M].北京：机械工业出版社，2009：207.

织，包括合作办学、建立分校、授予特许经营权的教育机构等形式，名目繁多而良莠不齐。根据印度大学协会的报告，2010年有630所外国高校在印度招生，但这些学校多数没有得到印度政府的认可。为了对这些机构进行全面有效地监管，并规范国外教育机构的经营，在吸引国外优质教育资源的同时保护学生及公众的利益，2010年，印度政府颁布了《外国教育机构法案》（The Foreign Educational Institutes Bill）。该法案包括四章内容：序言、外国教育机构、处罚、其他，涉及对外国教育机构的准入与审批、运营与监管、质量保证与预防商业化等。例如，在外国教育机构资格申请和认定方面，该法律规定，有意愿在印度开展教育活动的外国机构必须得到印度中央政府的认可，现有的外国教育机构可以在法案生效后六个月内提出认定申请。如果违反法案的任何一项规定，则不予通过认定。法案也提出了一些资格认定标准，如外国教育机构必须有一定数额的存款作为保证金，提供的教育计划必须符合有关部门的规定，必须遵守印度教育方面的法律法规和管理条例，等等。

《外国教育机构法案》的颁布在一定程度上是对印度教育国际化的促动，它使印度教育界更加关注国际化问题，国际先进的办学理念和实践经验由此也进入到印度学校，对印度中小学校的发展起到了一定的积极作用。尤其是对于一些偏远地区和少数民族聚居区，鉴于学校既有的办学水平和质量比较落后，以国际化和开放的视野看待教育，可以产生一些新的变革。例如，2009年印度人力资源发展部颁布了《伊斯兰学校优质教育纲要》（Scheme for Providing Quality Education in Madrasas，以下简称"纲要"），就是回应"印度伊斯兰学校的现代化"这一重大课题。《纲要》呼吁通过引入现代化的课程（如数学、外语等）来提高伊斯兰学校的教育质量，提升学生的现代学术水平。经过这些年的努力，越来越多的人已经接受了这一做法，即除了在伊斯兰学校开设一些宗教课等传统课程，还可以开设一些现代教学科目。应该说，对伊斯兰学校的这些改革无疑也受到国际教育潮流的一些影响。

## （二）培养国际化人才

在扩大人才培养规模的同时，印度也积极推行人才国际化战略。印度曾经是英国的殖民地，印度的英语教育有着一定的基础，英语教育为印度走向国际化提供了便利条件。借助语言上的这一优势，印度在科技人才培养的质量上也向世界高水平大学看齐，推进高等教育质量国际化。为此，印度在高等教育领域积极推行国际化战略，通过推动高等院校参与国际会议、国际合作研究、师生交流和学术交流等，卓有成效地提升了人才培养的国际化程度。此外，印度政府也积极支持大型科技公司参与培养国际化人才。例如，"印度信息技术系统公司与美国微软公司签订一项计划，合作创立'微软·NET'公司。其目的是利用印度IT科技人才为自己出力，而印方也从中获益。该公司1 200名技术人员将在微软平台上接受培训，获得微软最尖端的网络科技"。[1]随着大批高端科技人才的培养，印度也形成了人才流动的国际化。不过过去几十年间，人才流动方面印度是"输出国"，因为印度经济疲弱，国内不能为大量的科技人才提供良好的工作机会，很多人才漂洋过海到美、欧等发达地区，造成了印度的人才流失。近年来，随着印度经济的高速发展，印度政府也积极为这些高端人才回国就业创造条件，越来越多在海外打拼的印度科技人才回国，形成了人才"回流"的浪潮，他们带来了发达国家的先进经验，印度也必将从中受益。

---

[1] 文富德.略论印度高科技人才培养战略［J］.南亚研究，2010（2）：85.

要培养国际化人才，必然需要开展合作办学和留学教育。在印度政府的教育国际化战略中，将印度学生送出国门去外国留学就是其中重要的一个选项。印度政府允许学生自由赴海外求学。鉴于印度的经济发展和政府财力，目前印度政府尚没有计划为海外留学的印度学生提供奖学金，但鼓励学生通过多种途径去争取资助。

## （三）积极利用国际教育援助

利用国际教育援助驱动教育国际化是印度教育国际化战略的重要组成部分。印度的基础教育质量和水平还比较低，"20世纪80年代后期，全球约1.45亿失学儿童中，60%集中在印度、孟加拉国、巴基斯坦和尼日利亚。而在这四国中，印度失学儿童所占的份额多达一半，有3 000万到4 000万，印度因而成为国际社会实现全民教育目标的最佳受援对象"。[1]在加入世界贸易组织之前，印度接受的外部援助并不多，加入世界贸易组织之后外部援助额飞速增长，在21世纪初期达到顶峰。但教育援助总额只占到总援助额的1.5%，其中基础教育只占教育援助总额的3%。近些年援助国对印度教育资助发生了一个重要转向，即优先资助领域从高等教育和职业教育转向基础教育。

为印度提供教育援助的机构有：联合国儿童基金会、世界银行、英国国际发展部、瑞典国际开发署、美国国际开发署、联合国教科文组织、联合国开发署、欧盟等。其中，联合国教科文组织是重要援助方。2004年，联合国教科文组织针对低种姓和表列部落中处于社会边缘的少数民族女童，发起了"教育寄宿项目"，在女性文盲率高于全国的地区及存在大量失学女童的地区进行教育援助，让女童在11—14

---

[1] 吴欢欢.国际对印度基础教育援助的阶段评析 [J].学园：教育科研，2013（3）：33.

岁时继续接受教育。同年，由于海啸对泰米尔纳德邦的教育带来毁灭性的影响，联合国儿童基金会提供援助金和学习用品，让孩子们在灾难发生后的三周内回到了学校。该援助在该邦的330所小学实施，惠及近15万小学生。此外，世界银行也是对印度进行教育援助的重要一方。印度是世界银行最大的教育贷款国。"截至2009年底，世界银行在印度已经发起了38个教育贷款项目，贷款总额达39.7亿美元。"[1]世界银行的贷款主要用于援建社区救助儿童中心，为儿童改善营养补充食品发放，提供健康和营养咨询与干预。2003—2012年还发起了初等教育援助项目，投入5亿美元改善学校基础设施，投入13.5亿美元帮助提高高年级小学生入学率和完成率。除了这些国际组织，一些与印度有密切联系的国家和社会组织也为印度教育提供了不少援助，如英国、瑞典等。表5-1列出的是21世纪前印度基础教育领域接受外援的情况[2]。

表5-1　印度基础教育领域接受外援的情况

| 援助主体 | 启动时间 | 援助项目 | 主要使用去向 |
|---|---|---|---|
| 英国海外发展援助会和联合国儿童基金会 | 1986年 | 安德拉邦基础教育项目（The Andhra Pradesh Primary Education Project） | 改善校舍、教学条件，通过培训项目提升教师职业竞争力。 |
| 瑞典国际发展署 | 1987年 | 基础教育师资项目（Elementary Education Teacher Program in Shiksha Karmi） | 通过教师职前和在职培训，重点缓解拉贾斯坦邦教师旷工及懈怠的工作状态。 |
| | 1992年 | 拉贾斯坦邦援助项目（Lok Jumbish Project in Rajasthan） | 聚焦基础教育数字化水平提升；建立援助管理及责任工单的分权化项目运行方式。 |

[1] 吴欢欢.国际社会对独立后印度基础教育援助的实践研究 [D].杭州：浙江师范大学，2013.
[2] 胡瑞.印度接受国际教育援助的变革研究 [J].比较教育研究，2017（7）：29.

（续表）

| 援助主体 | 启动时间 | 援 助 项 目 | 主要使用去向 |
|---|---|---|---|
| 荷兰 | 1988—1990年 | 古吉拉特邦和卡纳塔克邦基础教育援助项目（Elementary Education Aid Program in Gujarat and Karnataka） | 提升女性在不利环境下的受教育权和受教育机会，从而促进女性自身及其家庭的发展。 |
| 联合国儿童基金会 | 1990年 | 比哈尔教育项目（Bihar Education Project BEP） | 援助内容涵盖基础教育的所有方面，并与区域的人口流动及微观计划相协调。 |
| 世界银行 | 1991年 | 北方及得拉邦教育项目（Uttar Pradesh-based Education Project） | 促进该邦落后地区基础教育全面发展。 |
| 联合国人口基金和联合国儿童基金会 | 1999年 | 特殊项目（Special Project） | 面向不同教育机构的小额援助。 |

# 第三节

# 澳大利亚基础教育国际化政策及实践

　　澳大利亚属于英联邦国家，其教育政策由澳大利亚教育部颁布，各个州政府和区域政府具体执行。澳大利亚政府同时对全国公立和私立学校投资，支持学校的发展。在国家框架下，各个州政府和区域政府有着对国家政策不同的解读和侧重点，并予以执行。澳大利亚政府把学前到十年级（相当于我国的高中一年级）定为国家基础保障教育。与中国不同的是澳大利亚界定的学前为入学前一年。学生在完成国家基础保障教育之后可以选择进入职业学校进修，为将来的工作做准备；或继续读完高中准备进一步的高等教育。进入21世纪，澳大利亚积极推动教育改革，在基础教育国际化方面最突出的是提出"全球素养"，以此推动基础教育课程的改革与发展。

## 一、澳大利亚基础教育改革动因

### （一）内部动因

作为英联邦国家，澳大利亚从建立联邦以来就实施英联邦国家的教育制度。1870年时，殖民地制度下的澳大利亚教育制度严格限制了社区和家长对子女教育的权力。20世纪70年代初到90年代末，澳大利亚的教育体制改革经历了约30年的较为漫长的发展过程。这一时期，教育改革的主要动因是澳大利亚社会的多元化。1967年的全民公决把澳大利亚原住民纳入了人口普查的范围，并且针对他们有特殊的管理制度。同时，"二战"后为了吸引大量新移民，澳大利亚给予新移民大量的移民补贴，推动了社会人口的增加和多元化。1990年代澳大利亚教育在发展过程中经历了高中学生入学的高潮，其原因是大批新移民的进入，同时带来不同文化背景的冲击。针对这些因素，过于统一和过于集权的教育制度都不再适应当时的社会需求。

2000年后澳大利亚的移民问题以及人口的多元化加剧了澳大利亚社会的多样性。迄今为止，澳大利亚有250种不同的语言，其中不包括原住民的多种语言。西方国家的政府和学者更关注移民的社会融合性。关于是否要促进移民的社会认同与文化适应，西方学者提出了两种全然不同的理论观点：同化论和多元论。同化论强调移民对当地主流文化的认同，认为移民随着居住时间的延长、语言的适应、经济的整合，最终会形成文化认同。与之相应，同化论移民融入政策包括赋予移民合法的政治地位，消除各种形式可能存在的歧视性公共政策，使移民进入劳动力市场体系，增加移民与社会的沟通等。多元论则强调不同种族或社会集团享有保持差别的权利。少数族裔的移民社区是主流社会不可或缺的组成部分；无论它与主流社会的文化有多么不同，各族裔独特的社会结构、经济活动和文化习俗等增加了社会的多样性。与之相应，多元论下的移民融入政策，包括允许移民保存原有的民族特征，在新环境下重新建构自己的文化社区等。

随着大批新移民的涌入以及澳大利亚政府把吸引移民作为发展策略，政府开始思考澳大利亚未来的发展趋势、经济特征和新的社会现象及其应对方式。作为社会经济改革的一部分，教育改革适应新的社会经济趋势是不可避免的。多元文化因素在澳大利亚社会的浮现，推进了社会和经济融入国际化发展的新进程。

## （二）外部动因

### 1. 20世纪教育改革的外部因素主要来源于各种新思潮的推动

20世纪60年代新马克思主义、新左派社会理论等都挑战了西方史学原有的观点，对澳大利亚产生了强烈的影响。有一种观点认为，弱势群体在一定程度上是由教育因素造成的，占主导地位的知识体系等通常有利于人口中较富有和更强大的群体。受这些新思潮的影响，历史研究的重点转向"普通"青年和教师的经验，以及教育领导人和教育系统创始人的工作。这些新思潮推动了澳大利亚对教育体制的反思，例如，教育平等需要体现性别平等和种族平等，并以此应对新自由主义。

### 2. 全球化的影响

20世纪90年代后期到21世纪初，澳大利亚国内学生在课堂上获得的经验越来越多样化，同时不同国家之间教育成果的竞争也越来越强。

2005版的《教育政策国际手册》(*International Handbook of Educational Policy*) 认为，"国际化"一词来自世界经济一体化。而世界经济一体化有四个方面：(1) 制造业国际化趋势，各国经济发展表现为更加灵活和跨区域性；(2) 制造和生产工业趋向于集中在大型的、跨国财团的手中，在生产产品的同时，这些大型财团还寻求全球销售市场；(3) 金融和货币市场的全球化趋势；(4) 突出强调的是建立"新的经济信息系统"。在经济国际化发展的争论中，教育改革被认为是提高整个国家竞争力的一种方式。

在全球化的概念中，人类社会被视为一个整体，同时整个社会对每个人有强大的影响力。全球化对课堂也产生了重大影响：一方面表现为，在课堂和学校系统中存在文化多样性的挑战；另一方面在于它对世界知识和世界观也产生了深刻影响。

在21世纪初的十年中，世界一体化和国际交流迅速增加。对澳大利亚而言这是一个令人兴奋的机遇，更加需要培养学生对社会、文化和宗教多样性的欣赏和尊重，以及全球公民意识。全球化和技术变革对澳大利亚的教育和技能发展提出了更高的要求，年轻的澳大利亚人可获得的工作性质正在迅速改变，而工作机会比以往任何时候都要多。

## 二、以全球素养为核心的基础教育课程改革

### （一）全球素养体系的构建

在澳大利亚，课程被定义为学习计划，并由学校指导和执行。作

为一个战略性计划，全国课程设置不仅仅在于课程内容、结构和设计，而更应该是一种学习指导性方针，以规划知识的侧重点、技术以及个人价值观的学习。

"全球化"一词围绕着相互依存和相互关联而构建。它对课堂实践的影响有三个层面：个人层面、政策层面和思想层面。但实践中如何体现这些层面成了学校实践国家课程标准的一个挑战。在个人层面，全球化表现为学生与不同地方的人和文化的接触，这为他们提供了多种多样的体验。班级里经常有来自世界各个地方的学生，这也是全球化一种影响。在这样的学校环境中，教师也必须对这一新情况做出应对，并对学生们解释这些变化。过去从国家和单一文化出发的价值观需要转变为全球性和跨文化的价值观。这样的混合型课堂也要求教育具有更大的灵活性和适应性，以满足学生多样化的学习背景。[1]

全球化对澳大利亚课堂的影响，表现在三个方面。第一个方面是课堂和学校中学生的文化多样性。针对学生多样化的文化背景，教师的课堂实践必须不断通过各种信息技术获得多样化的全球性知识，并对全球化信息做出回应。

第二个方面是全球化对世界知识和世界观的影响，这里需要着重思考的是全球化竞争的内涵以及建立一个怎样的学校系统，以便在经济竞争中加强国家的整体竞争力。学校因此越来越强调某些学科所具有的跨文化交流作用；同时学校不得不面对某些国际考试，以融入国际化的人才培养。所以，与全球化能力相关的课程设计和教育政策也同样影响到课堂和教师。

---

[1] Vinterek, R. M. Globalization and Classroom Practice: Insights on Learning about the World in Swedish and Australian Schools [J]. Nordidactica, 2013(9): 104-130.

第三个方面是全球化课堂要考虑在多样化课堂上如何强调跨文化的能力。如果教育的最终目的是培养负责的公民，那么跨文化理解、可持续教育、技能和协作精神等就尤为重要。尽管这带来的并不是学校在学术方面的成就，而是信仰、态度、价值观和行为规范等。这些是不容易被测试和发现的，但在全球化方面却很重要。

## （二）课程整合与全球素养的关系

全球化在如下几方面与澳大利亚课程产生了关联。

### 1. 全球化生产和经济

生产和经济的全球化使得本土生产和销售市场走向国际。它要求人们不仅要有生产和经济方面的技术和知识，更应具备对地区和全球的理解、与他人的沟通能力和与其他多元化背景人士的合作甚至生活的能力。这就要求课程设置给予学生这样的学习发展机会。此外，它也要求澳大利亚学生了解本国以外的文化和民俗，同时要学会用批判的眼光去审视全球化及其带来的社会问题。

### 2. 信息技术与教育

全球化的信息技术带来的改变显而易见。电脑和其他智能终端等成为人们日常生活必不可少的一部分。这些直接影响到学生的学习方式以及教师的教学方式。在线学习以及与信息科技相关的知识是课程设置的新方向。同时也要求教师具备相应的信息技术知识，以支持学生在这方面的学习。信息技术同时也为跨领域学习提供了机遇，这也是课程设置需要关注的方向。信息技术在学生人际交往方面也有重大影响，这方面也是课程和教育需要关注的。

### 3. 社会多元化

澳大利亚社会持续和显著的多元化发展要求教育作为连接的纽

带，帮助社会实现和谐共融。不同文化、宗教、种族和性别之间的互相尊重和理解显得越来越重要，课程必须反映这些新的变化。国家课程标准应该提供一个基础通用的框架，为多元化的学生群体提供一个价值观和生活方式的学习渠道。

### 4. 教师的角色和作用

澳大利亚对多元化和国际化的应对从各级学校内部开始。教师必须是课程改革的领导者，在课程改革中他们应具有改革的话语权，以及与各种其他课程专家和相关对象的交流权，包括科学家、家长和学生。

### 5. 教育公平

当今世界的贫富差距日益明显。教育的不平等，在过去是体现为：学校和教师对特定学生群体的预期低于其他群体。因此，现在的课程设置应尽量避免这种情况，提倡把不同学习进度的学生归为一个群体进行相应课程安排。而在课程设置中，重点在根据学生的差异性和兴趣提供不同的课程，满足学生个别化的学习需求。

### 6. 教学中的数据分析

澳大利亚的很多学校长期以来根据收集的学生数据，分析并且反馈给学生，以帮助他们制订未来的学习计划。师生之间关于评价的方式、目标以及衡量标准，应有公开透明的探讨和交流。评价反映了课程的内容并且依据课程内容制订评价方式，以指导和解析学生的学习和未来的发展方向。

### （三）课程设计的国际化取向

澳大利亚的课程标准瞄准了教育强国，比如芬兰，并以芬兰等国家的课程标准特点为准绳。经合组织的数据显示，2005年之后澳大利亚学生的表现已经落后于全球平均值。所以，打造教育强国、提升教育质量和向芬兰等国学习，这些在一定程度上决定了澳大利亚课程标准的制定。[1]

制定澳大利亚基础课程标准的指导性政策主要是2008年的《墨尔本宣言：澳大利亚青年教育目标》。《墨尔本宣言》强调了知识、理解和学习领域技能、一般能力和跨学科优先事项的重要性，以此作为支持21世纪学习的课程基础。作为一个移民大国，澳大利亚的课程要求侧重于学生的个人发展。教师在课堂上需要着重了解不同学生的背景和能力，包括孩子们的家庭、政治、经济、社会、文化和教育背景，作为判断学生们知识起点的重要方面。

各国在国际测试中相互竞争以获得最高成绩，而全球化则推动了这种做法，因为最高成绩被等同于可以带来经济优势。国际PISA和TIMSS测试结果被广泛用于判断一个国家的教育质量和未来公民在全球市场上的竞争能力，因此参加这些考试的国家越来越多。测试表明识字、计算和科学技能是最受重视的。《墨尔本宣言》认为：21世纪澳大利亚为所有人提供高质量生活的能力，将取决于其在全球范围内知识和创新方面的竞争能力。

目前，澳大利亚的学校非常重视识字和计算能力，每年对三年级、五年级、七年级和九年级的每个学生进行测试，每年对科学、信息和通信技术、公民事务和公民权益进行抽样测试，这种测试制度预计会扩大。全球化带来了标准化的课程和评价，由于各国在"全球知识竞赛"中的竞争，课程表中有的科目（如地理等）减少了，而数学等科目增加了。这种新的全球性的评价文化不仅减少了社会学科的学

---

[1] Jane G, Wilson B, Zbar V. Curriculum Mapping Project Phase 4a Comparing International Curricula against the Australian Curriculum Final Report［R］. Australian Curriculum, Assessment and Reporting Authority, 2011.

习时间，而且导致课程设置受到限制，理由是为测试提供便利。

## 三、全球素养课程的实施策略

澳大利亚的国家课程标准涵盖了多元化的学生群体，比如残障人士、原住民以及来自世界各地的学生等。

### （一）全球素养与课程的横向整合

横向整合强调各科目之间的联系、知识和技能的关联，以及澳大利亚对学生知识的要求。例如，中小学课程包括8个学习领域：数学、英语、科学、人文和社会科学、艺术、科技、健康和心理教育、语言。每个具体的学习领域区分出不同的年级层次，同时每个年级的每个学科都有三个对应的要求，即：知识学习领域、21世纪基本技能方面应该具备的一般能力，以及当代跨学科优先学习事项和相关信息。

#### 1. 知识学习领域

知识学习领域所提供的基础学科为学生的学习奠定基础。然而，这些单一孤立的基础知识领域并不能反映21世纪的学习的特点和本质。在一个知识本身不断增长和演变的世界里，学生们越来越需要发展一套知识和技能，或是应用于跨学科内容的一般能力，并使他们成为终身学习者。

#### 2. 一般能力

一般能力为每门课程定义了知识、技能、行为和性格倾向方面的发展和应用，以帮助学生成为成功的学习者，成为自信的和具有创造性的个人。具体内容可包括七个方面：读写能力、计算能力、信息和通信科技、批判性和创造性思维能力、个人和社会能力、道德理解，以及跨文化理解能力。

### 3. 优先学习事项

澳大利亚专门在教育上制定了与亚洲接轨的优先课程指导。这些内容涵盖三个方面：原住民和托雷斯海峡岛民的历史和文化，亚洲与澳大利亚，可持续发展教育。

（1）原住民和托雷斯海峡岛民的历史和文化

原住民和托雷斯海峡岛民的历史和文化优先事项，为所有学习者提供了机会，通过接触这些文化，加深学习者对澳大利亚的了解。通过这一优先事项而获得的知识和理解将提高所有年轻人积极参与澳大利亚当前发展的能力。

（2）亚洲与澳大利亚

亚洲与澳大利亚的合作将确保学生了解并认识到亚洲国家内部和国家之间的多样性。他们将发展对亚洲社会、文化、信仰和环境的知识和理解，以及亚洲、澳大利亚和世界其他地区人民之间的联系。该部分为学生提供了与亚洲人民交流和接触的技能，使他们能够在该地有效地生活、工作和学习。

（3）可持续发展教育

该部分的内容将使澳大利亚年轻人能够发展必要的知识、技能、价值观和世界观，使他们能够以有助于更可持续的生活方式来行事。可持续发展教育的优先事项是面向未来，注重保护环境，通过行动创造一个更加生态化和社会公正的世界。可持续的生活方式需要考虑到环境、社会、文化和经济系统及其相互依存性。

### （二）全球素养与课程的纵向贯通

在澳大利亚的课程标准中，每一个学习领域都对应不同的年级，也就是说，学习领域是跨年级的。这种纵向关联便于教师查找每一个年级中某一学习领域的要求，同时也能看到同一学习领域中不同学年的连贯性和差异性。

值得注意的是，课程标准并不是指在所有学习领域中都规定了学习内容、评价方式及标准。有些学习领域只规定了一至十年级的课程标准，在高中阶段则是空白，交由教师来决定是否让学生在这一领域继续学习。有些学习领域虽然规定了一至十年级的课程标准及内容，但自八年级之后由学校和老师决定九至十年级学生是否要继续在这一领域学习。

同时，不同学年的各个学习领域侧重点也不同。例如，读写和数学能力在小学学习中是重点，七至八年级中所有学习领域都是重点，之后由学生个人选择学习方向。读写和数学能力在小学学习中是重点并不意味着小学只专注于两门课程。因为读写和计算能力是互相依存的，所以知识之间的关联和扩展不仅能让学习更加生动有趣、调动学生的积极性，更能让学生从基础知识的学习中得到其他更多领域的知识，这些领域包括：科学、历史和地理等。同时学生的认知能力、欣赏能力、艺术、科技以及第二外语也是学生学习和发展的一部分。

课程目标概述了该领域的定位和目的。包含如下要素：（1）内容描述，详细说明学生将要学习的基本知识和技能；（2）成绩标准，描述了学生在学校学习时对学习内容的期望；（3）说明成绩标准的带注释的样例。

此外，课程评价也具备纵向贯通性。例如，测试结果分为9档，其中每个阶段的8—9档相当于下一个或两个年级的起始标准。通过这两个分档，学生测评标准试图找出那些有特殊天赋的学生，并把他们送到合适的学习等级中去。这为学生的学术发展、自身的能力发展以及心理发展都提供了更大的空间。

第六章


基础教育课程的国际化实践

在基础教育国际化的实践中，课程领域的国际化是最突出的一个领域。由于课程的国际化，世界主要国家的中小学生在学习内容上有了越来越多的共同点，这进一步加深了人才培养的国际化。在我国深度参与国际教育交流与合作的时代背景下，基础教育国际课程的引入已经成为当下热点话题。本章在探讨基础教育国际课程概念的基础上，对有关观点进行了分析，指出了目前存在的一些误区；从研究和实践两个层面阐述了我们在国际课程本土化领域应有的态度和可能的选择；对不同国家课程制度的可比性与借鉴性问题、人才培养中国际化与本土化的平衡问题、教育发展中的民族意识与全球意识问题等进行讨论。

# 第一节

# 基础教育国际课程的内涵与类型

在教育国际化的潮流中，课程的国际化显然是题中之义。我们所探讨的国际课程指的是基础教育阶段的国际课程。目前，人们对中学引入国际课程并没有形成共识，对国际课程的内涵、功能和价值的认识和理解存在一些误区。与此同时，为促进国际课程的本土化并使国际课程服务于我国人才培养的需求，也需要对国际课程进行本土化的改造，重构国际课程的教育内涵，体现国际教育和国际课程中的中国元素。

## 一、国际课程的内涵

### （一）国际课程的概念

"国际课程"是所有与国际教育接轨的课程的总称。它就像一把伞，其下包含了多种不同的课程类型，而每一种课程类型又代表着不同的教育功能。甚至有些课程并不是"国际性的"课程，仅仅是某一具体国家出于自己的教育目的而开设的课程，只不过从我们的视角来看不是本土的，于是就称为"国际课程"了。从我们国内的视角来看，所谓基础教育国际课程，指的是那些从国外引入供我国中小学生接受国际化教育而使用的所有非本土课程的统称。

伴随着国际学校和双语学校的办学热，基础教育阶段的国际课程也越来越多地进入我们的视野。我国中小学中使用较多的有三种国际课程，即IB课程、A-Level课程和AP课程。

### （二）三种典型的国际课程

#### 1. IB课程

IB课程由国际文凭组织开设，在全球范围内的国际课程领域中占有很大的市场，为很多国家的学校所认可。国际文凭组织是世界公认的国际教育的领跑者，它的教育宗旨是实施终身教育，它倡导国际主义和对不同文化的理解与尊重，致力于培养酷爱探究、知识渊博、有人道主义精神的青年，使他们成为积极主动的终身学习者、全面发展的人和有社会责任感的公民，旨在通过他们创造一个更加美好、更加和平的世界。国际文凭组织根据不同学段和学习目标设有三个课程项目，即大学预科项目DP（Diploma Program）、中学项目MYP（Middle

Years Program）和小学项目PYP（Primary Years Program）。大学预科项目DP适合于16—19岁的学生，学制2年；中学项目适合于11—16岁的学生，学制5年；小学项目适合于3—12岁的学生，学制5年。

在我国，应用较多的IB课程是大学预科课程IBDP。该课程于1968年开始实施，旨在为国际流动学生设立一个共同的课程，方便他们从一个国家转学到另一个国家，并获得世界各国大学的认可。其教育理想是培养具有国际视野、理解和尊重文化的多元性、富有人道主义精神的国际化公民。它在综合各国课程优势的基础上，为具有较强学习动机和学习能力的16—19岁学生设计。它具有和谐均衡的课程体系、严格的评估，是目前影响力最大的国际化课程。IBDP在结构上包括三大核心课程："知识论""创造、行动与服务""拓展性论文"，学科课程分为6组，分别是：第一组"语言"，第二组"第二语言"，第三组"个人与社会"，第四组"实验科学"，第五组"数学"，第六组"艺术与选修"。在IB的选课系统中，三大核心课程是必修的，同时每个学生必须在六个学科组中选择三门到四门的高水平课程和两到三门的标准水平课程。每个学生都必须从第一组、第二组和第五组中选择一门课程，并且只能选择一门。若是学生不选第六组艺术类课程的话，在第三组、第四组的选课中，学生能够从中选择一到两门的课程（每个课程必选一门）。

## 2. A-level课程

A-level课程（General Certificate of Education Advanced Level）即英国高中课程，是英国本土高中课程，已发展为全球影响力巨大的国际化课程。A-level在学制上也是两年，但跟IBDP不同的是，学生可以根据自己的情况自由选课，一般选择3—4门课程，也不强制要求参加很多课外活动等。A-level课程体系中开设的科目相当广泛，有文科、商科、经济、语言、数学、理科、计算、法律、媒体、音乐等。我国学生大多数会选理科科目，这是中国学生比较擅长的科目。A-level课程由于对学生选课要求比较宽松，总体难度要低一些，但是单科难度并不低。学生两年学习期间要考试两次，第一年有一次补考的机会。不同科目有不同的试卷，例如，科学类有三张试卷：第一张试卷为选择题，第二张为问答题，第三张为实验题，但无论几张卷子，最后都会根据百分比折算成不同的成绩等级。

A-level课程在结构上并不复杂，主要包括基础数学、进阶数学、物理学、商科、经济学和计算机科学这几大类课程。例如，基础数学的课程内容包括概率统计、机械学等；物理学的课程内容包括普通物理、牛顿力学、物质、振动及波、电学与磁学、现代物理等；商科的内容一般包括商务及环境、人与组织、市场营销、运作管理、商业会计学、决策与支持、信息学等；经济学的内容包括经济学基础、价格体系及公司理论、价格体系的政府干预行为、国际贸易、宏观经济学基础、宏观经济学问题、宏观经济学政策。

在大学申请中，A-level课程及成绩的认可度比较高。作为目前最为国际化的一种课程体系，A-level成绩是全球认可的。但随着学生增加，竞争越来越激烈，靠A-level课程的成绩敲开名校的大门也不容易。

### 3. AP课程

1955年，美国大学理事会（College Board）正式运作一个允许高中生选修大学课程的项目，称为"大学先修项目"（The Advanced Placement Program）。"大学先修是一个为高中生提供大学水平的课程和相应考试的全国性的教育项目。完成先修课程的学生有资格参加大学先修项目考试，超过50%的美国大学为那些在大学先修考试中合

格的学生提供相应的学分。"[1]该项目提供的供学生选择的课程被称为
"大学先修课程"（Advanced Placement Courses），简称AP课程。

从美国AP课程这一源头来看，所谓"大学先修课程"，是指在普通高中开设的、由部分高中生选修的、具有大学水平的学术性课程。大学先修课程不是某一门课程，实际上是一种课程形式，也是一种课程体系；大学先修课程不是在大学里开设的课程，而是在普通高中开设的，但在学业要求上达到了大学专业基础课程的水平；大学先修课程不是高中的基础性必修课程，而是针对部分高中生开设的、具有选择性的课程（见表6-1）。[2]

表6-1　美国现行的AP课程体系

| 领　域 | 科　　目 |
|---|---|
| 艺术 | （1）艺术史；（2）音乐理论；（3）画室艺术：2D设计；（4）画室艺术：3D设计；（5）画室艺术：绘画 |
| 英语 | （1）英语语言与写作；（2）英语文学与写作 |
| 历史与社会科学 | （1）比较政府与政治学；（2）欧洲史；（3）人文地理；（4）宏观经济学；（5）微观经济学；（6）心理学；（7）美国政府与政治学；（8）美国历史 |
| 数学与计算机科学 | （1）微积分AB；（2）微积分BC；（3）计算机科学A；（4）统计学 |
| 科学 | （1）生物学；（2）化学；（3）环境科学；（4）物理学B；（5）物理学C：电子与工程；（6）物理学C：机械 |
| 世界语言与文化 | （1）中国语言与文化；（2）法国语言与文化；（3）德国语言与文化；（4）意大利语言与文化；（5）日本语言与文化；（6）拉丁语；（7）西班牙语言与文化；（8）西班牙文学与文化 |

（资料来源：The College Board. AP: A Foundation of Academic Success（2013）. www.collegeboard.org/aphighered.）

[1] Nancy Woloch. Advanced Placement and College Level Examinations in American History［M］. New York: Arco Publishing Company, Inc.1997, 1
[2] 杨明全.普通高中开设大学先修课程：理念、价值及实践路径［J］.课程・教材・教法，2014（9）：91.

由于大学先修课程属于大学水平的课程，因此其专业性很强，学术性很突出。2013—2014学年，美国大学理事会提供了34门AP课程，这些课程基本上属于大学专业课程中的基础科目，相当于大学一年级的专业课程。由于强调学术性，大学先修课程的学习要求和难度对于高中生来说是相当高的。我们以"AP微积分"为例，美国大学理事会在2010年公布的《AP微积分课程指南》中提出了高中生选修本门课程的"预先要求"：在学习AP微积分之前，所有学生应该完成了为准备上大学的中学生设计的四年中学数学课程，他们要学习代数、几何、三角学、解析几何和初等函数。其中函数包括线性函数、多项式、有理数、对数、三角函数、反三角函数和分段函数。特别需要指出的是，在学习微积分之前，学生必须熟悉函数的属性，必须理解函数的语言（如x与y的范围、偶与奇、周期、对称等），知道三角函数的价值。[1]由此可见，大学先修课程绝非只关注学生的经验和兴趣，还关注知识逻辑和学术性。

## 二、不同类型国际课程的比较

三类课程在开发主体、适用对象、课程内容体系等方面存在差异，但也存在共性。IB课程属于国际组织开发的课程。这类课程具有较强的国际性和通用性，有着自己独特的体系，而且结构完善、针对性强，是真正具有国际性的国际课程，并不局限于某一国家，是被很多国家和著名大学认可的。A-Level课程是英国的"普通中等教育证书考试"高级水平课程，是英国的全民课程体系，也是英国高中生的大学入学考试课程，但也具有一定的国际性。IB课程和A-level课程

---

[1] Calculus AB/BC Course Description (Effective Fall 2010)［M］. Princeton: The College Board.2010,6.

各自都有统一的教学大纲和考试标准，其权威性也得到了国际教育界的广泛认可。

AP课程属于衔接中学和大学的课程。严格来说这类课程从初衷上不具备国际性，是具体国家（如美国）根据自身的教育文化传统而为高中生设计的课程，但同样是因为这些国家有着优质的高等教育资源，因而吸引了世界性的目光，也就具备了一定的国际性。这类课程的学习不以升学为直接目的，但由于强化了高中与大学的衔接，从而具有了大学预科的性质，这类课程的修习结果成为学生升入高水平大学的重要参考，其典型代表就是美国的AP课程。从美国的AP课程来看，其初衷也正是在于为高中学生提供接触大学课程的机会和可能。大学先修项目是中学与学院和大学之间的一种合作性的教育努力。自从1955年运行以来，该项目在中学教育的情境中为那些有学习动机的高中生提供了学习大学水平的课程的机会，参与该项目的高中生不仅获得了大学水平的技能，而且在很多情况下他们也获得了大学的学分，尽管他们还身处高中。AP课程是由那些富有学识和激情的高中教师来讲授的，但他们要遵循大学理事会编写的课程大纲来授课。[1] 可见，大学先修课程很好地诠释了大学与中学是如何紧密联系并开展合作的，它将大学的学术性与大学课程的价值传递到高中，使高中教育不再戛然而止，高中教育由此充满了更多的可能性和张力。

三类课程在选择的灵活性上也有不同。AP课程的选择性很强。学生少则可以上一门AP，多则可以上10门AP。就AP课程而言，我国学生往往选择数学、物理、化学等，因为AP英文文学或者AP美国

---

[1] The College Board. AP Courses and Exams［EB/OL］. http://apcentral.collegeboard.org.［2019-12-01］

历史对语言要求偏高。相对而言，IB课程的选择性最差。它类似于
"套餐"，学生不能自由挑选，必须文理兼修。A-Level在选择性上则
处于AP课程和IB课程二者之间，它可以自由选择，但不能只选一门，
至少是三门。我国学生往往还是选择数、理、商科为主。学习三类课
程的取向也不同。IBDP最大的亮点是它有一门"知识论"（Theory of
Knowledge）课程。这门课更多像一门哲学性质的课，学生会一起讨
论和探索学习最根本的问题：什么是知识？你如何判断自己学到了知
识？你又是如何运用知识的？它不是受制于任何一门学科来设定的，
超出了任何一门学科，但又和学生学习以及作为一个人的学习本身联
系在一起。IB课程还要求高中最后一年，需要撰写3 000字的原创性
研究式论文，要求学生不再是知识的吸收者，而是知识的创造者。这
是IB跟AP、A-Level在教学过程中的另一个差异，属于学习取向的
不同。

# 第二节

## 关于国际课程的两个认识误区

尽管基础教育国际课程越来越为国内的教育工作者和家长所熟
悉，但毕竟不同于国内常规的课程，因此在对待国际课程方面也存在
一些认识上的误区。只有超越这些误区，才能更好地去理解基础教育

国际课程，进而发挥其特有的教育价值和功能，服务于我国的基础教育改革与发展。

## 一、误区一：国际课程是为留学做准备的课程

这一误区跟我国近年来出现的"出国留学热"密不可分。在很多人看来，既然要出国留学，那么就要学习国际课程，因此国际课程就是为留学做准备的。这种理解简化了国际课程的育人功能，将课程的功能工具化，使人们对国际课程的认识趋于肤浅，在实践上也弱化了国际课程的教育价值。

国际课程可以为留学做准备，但不意味着它仅仅为留学做准备，这只是其外在的工具价值，它还有着深刻的育人功能和教育价值。例如，IB课程就有完整的课程设计，它可以实现特定的育人目标。它自成体系，有统一的教学大纲和教材，采取统一的评价标准，体现出独特的教育理念和价值追求；同时它也涵盖了各国主流课程体系的特点，因此在一定程度上能够兼容世界各国的主流课程体系，体现出一定的普适性。因此，国际文凭组织开发这一套课程体系，最初并不只是为了让中国的高中生通过IB课程达到去英国留学的目的，而且是基于自己的教育理念希望达到特定的育人目的。再如AP课程，美国大学理事会发起"大学先修项目"并组织考试，其意图也在于为优秀的高中生提供接触大学水平的课程的机会，并让他们在修习AP课程的过程中找寻和培养学术兴趣、明确自己的发展方向。AP课程的功能和价值在教育实践中得到了验证，主要表现为：对大学来说可以有效选拔具有学术发展潜力的高中生；对高中来说可以满足学生的个性化学习需求；对学生来说可以减少教育投入、缩短教育时间；对社会来说有助于推进教育公平与

民主化。[1]

将国际课程理解为仅仅为留学做准备，从长远来看对我国教育的国际化发展是有损害的。如果我们只关注留学问题，那么教育国际化无非就是一个教育市场和教育资源的配置问题。显然，这是一种功利性的追求。尽管教育国际化也包含有利益的重新分配，但我们在追求教育国际化的时候不能一叶障目，不见泰山。"基础教育国际化的目的在于开阔学生的国际视野，理解国际重大问题，重视培养学生的好奇心和想象力，提高学生的批判思维能力、沟通能力与合作能力，培养学生的规则意识及全球意识，提升对多元文化的理解力。"[2]这是教育国际化的根本追求，也是国际课程的根本追求。也就是说，我们要看到国际课程的育人功能，要提炼出其适合学生未来发展和高素质人才培养的核心因子并为我们所用，而不能简单地关注其出国留学功能。国际课程之所以在世界范围内受欢迎，根本原因在于其内在地蕴含着促进学生未来发展的优秀因子，在培养人、发展人的过程中它们的优点不断彰显，由此赢得了世人的关注。从这个角度来看，我们在引进国际课程的过程中还需要加强研究，吸收其先进经验以改造我们传统的课程体系，甚至将国际课程本土化，让更多的中学生受益。例如，2012—2014年，北京市教委曾委托笔者开展"北京市大学先修课程的可行性研究"这一项目，旨在对高中开展大学先修课程进行调研，在理论研究的基础上开展实验研究，探讨高中开设大学先修课程的具体机制和策略。[3]应该说，这是一次先期试点试验，这对于国际

[1] The College Board. Calculus AB/BC Course Description（2010）.［EB/OL］.http://apcentral.collegeboard. org.［2013-12-1］
[2] 周满生.基础教育国际化的若干思考［J］.教育研究，2013（1）：68.
[3] 杨明全.大学先修课程与我国高中课程改革［J］.教育学报，2014（4）：51.

课程的比较研究与引进具有积极的示范意义。

随着我国日益深度参与国际教育事务，我们对教育国际化和国际课程的理解应该达到一个新的水平，在国际教育交流与合作中也应该体现出新的实践水平。遗憾的是，在基础教育阶段，我国的教育国际化水平尚在低位水平徘徊，还仅仅停留在外语培训和留学准备这一档次上。对国际课程的研究和高水平实践是提升基础教育国际化水平的重要切入点，也是当前我们必须重视的一个重大课题。

## 二、误区二：国际课程是为体现国际化而开设的课程

这一误区体现了对国际课程的教育价值的误解，也折射出在国际化的压力下我国教育界的急躁和集体焦虑。毋庸置疑，国际化是我国教育发展的一种趋势，无论是在高等教育阶段还是在基础教育阶段，无论是在官方的政策文本还是在研究项目中，"国际化"都是一个高频词汇，似乎谁不谈国际化谁就会落伍。于是，很多中学纷纷以开办国际班、引入国际课程作为标榜，"国际化理念""国际化特色"这些口号自然也就具有了天然的合理性，"为了国际化而国际化"成为一些学校的真实写照。

作为一个比较教育领域的研究者，笔者多年来浸淫于国际化的声浪之中，也非常理解国际化的必然性和重要意义。"国际化"只是发展教育的一种途径和手段，绝不是目的和价值的归宿。如果将国际课程看作是为了体现教育的国际化而开设的课程，那就是只看现象而忽视了本质。从教育改革的诉求来看，我国推动基础教育国际化发展的目的是借鉴国际先进经验，吸收优秀课程文化为我所用，从而改进和提升学校教育。鉴于基础教育国际课程主要集中在高中阶段，我们可以对照看国家高中课程改革的基本导向。高中阶段教育是学生个性形成、自主发展

的关键时期，对提高国民素质和培养创新人才具有特殊意义。积极推动普通高中的课程改革已经成为我国深化素质教育改革的重要领域。随着2003年《普通高中课程改革方案（实验）》的颁布，我国在高中课程领域积极推进改革，赋予了学校更多的课程自主权，为学校创造性地实施国家课程、因地制宜地开发校本课程提供了保障。2010年7月，我国颁布了《国家中长期教育改革和发展规划纲要（2010—2020年）》，进一步推进课程改革，全面落实高中课程方案，以保证学生全面完成国家规定的文理等各门课程的学习，并获得个性发展。它明确规定："创造条件开设丰富多彩的选修课，为学生提供更多选择，促进学生全面而有个性的发展。""推动普通高中多样化发展。促进办学体制多样化，扩大优质资源。推进培养模式多样化，满足不同潜质学生的发展需要……鼓励普通高中办出特色。"无疑，21世纪以来的这些改革举措为普通高中引入国际课程提供了充分的制度空间，但其根本追求在于高中课程的多样化，也就是通过丰富高中课程为学生提供更多可选择的机会，我们需要从国际课程中吸纳的恰恰是这些优秀的课程理念。

# 第三节

## 国际课程的本土化抉择

在全球化深入发展、教育国际化不断推进的今天，基础教育课程领域的国际化趋势也日益明显。在全球化的浪潮下，每一个国家的教育都会面临国际化问题。但在对待国际课程的态度上，全盘接受或排斥一切都是不可取的，因此，基础教育国际课程同样面临如何本土化的问题。

## 一、国际课程本土化需要解决的实践课题

国际课程为我们探究先进的课程理念提供了很好的机遇，我们应该积极学习其长处，避免采取简单的"拿来主义"。在研究国际课程的过程中，有三点需要努力。

### （一）深化对国际课程的研究，对一些重大问题进行联合攻关

我国引入国际课程虽已有多年，但总体上并没有形成深刻、全面的认识，更没有形成成熟的操作规范。因此，在推动国际课程本土化的实践过程中，需要对国际课程的类型、内涵和属性等进行进一步探究，揭示其本质，发掘其教育功能，以更好地服务我国的课程改革和实践。在研究过程中，尤其要强调协同研究和联合攻关，通过协同研究，引导学校走出应试教育，真正从育人立场上引进和实施国际课程，为中学生的个性化发展提供多样化的机会，拓宽学生视野、丰富学习经验。

这里需要强调的是，在国际课程本土化的实践过程中，必须摒弃"开设国际课程就是为了让学生出国留学做准备"这一观念。开设国际课程确实有助于学生出国留学，但这绝对不是其根本目的。引入国际课程的目的必须服务于我国深化课程改革的基本宗旨，即：完善学校课程体系，增强学校课程的时代性、丰富性、多样性和可选择性，探索融合国外先进课程资源的方法和途径。

## （二）加强对国际课程的区域性统筹与管理，探索建立各学校之间的沟通与合作机制

目前，我国对国际课程的引入和实践并没有一个统一的规范，各学校基本上处于各自为政的状态，并没有统一和成熟的操作办法。在引进和实施国际课程的过程中，各自为政容易带来潜在的风险。为了降低这种风险，有必要加强区域性统筹与管理，探索有效的校际沟通与合作机制。鉴于我国的教育发展存在一定的不均衡性，发达地区和欠发达地区学校的发展状况差别较大，要求全国范围内进行统筹不太现实，那么加强区域性的统筹与管理就显得尤为必要。

令人欣慰的是，有些地方已在酝酿或出台了一些相关的规章制度，这有助于对国际课程的本土化实践进行引导。例如，上海市在2013年5月份颁布了《上海市教育委员会关于开展普通高中国际课程试点工作的通知》（沪教委基〔2013〕37号），从课程方案、教学计划、教材等多方面对普通高中开设国际课程的试点工作进行具体指导和规范。例如，文件强调："选择部分国际课程科目在拓展型、研究型课程中试用"，"各区县教育局要对区域内开设国际课程的高中进行合理布局，在试点阶段要合理控制参与试点学校的数量和规模，选择管理和教学力量较强、改革基础较好的学校进行试点。"[1]

## （三）拓展国际课程本土化的渠道，创新国际课程本土化的方式和方法

在积累已有经验的基础上，结合世界教育和我国素质教育改革

---

[1] 上海市教育委员会.上海市教育委员会关于开展普通高中国际课程试点工作的通知［Z］.沪教委基〔2013〕37号.http://www.shmbjy.org/item-detail.aspx?NewsID=1653.［2020-12-19］.

的新格局，积极探索学校课程国际化的新道路，推进学校办学的多样化和课程设置的多元化，为青少年学生的个性发展奠定基础。目前来看，国内的学校在设置国际课程上主要有三种方式：一是以国际课程为主，仅保留少数国内核心课程；二是学校把引进的国际课程和国内课程进行整合，剔除国际课程中的某些科目，加入国内课程中的一些科目；三是国内的核心课程不变，开设一些国际考试课程，为参加国外大学考试做准备。这是一些基本的尝试，在面向未来的教育改革过程中，可以进一步拓展本土化的渠道，创新课程实施的方式和方法，以更好地实现国际课程与本土课程的融合。

在推动国际课程的融合方面，需要切实加强对相关课程内容的审读和审查，确保国际课程符合我国的教育实际。例如，《上海市教育委员会关于开展普通高中国际课程试点工作的通知》提出："引进课程的基本要求应与本市普通高中生教育教学要求相当，课程内容中无违反国家法律法规的内容，课程科目和相应课时设置合理。"这一规定对于国际课程的本土化实践具有重要意义。

## 二、国际课程本土化的实践规范

### （一）去除"为海外留学做准备"的功利化观点，强调立德树人，培养核心素养

当前，各种类型的国际课程被大量引入我国，除了民办学校之外，很多公办普通高中也积极与国外教育机构合作，设置"国际班""国际部"，开设国际课程。在社会需求较大的情况下，普通高中的这种做法本无可厚非，但令人担忧的是，在不断深化素质教育改革的背景下，这种"国际班"却打着海外升学的旗号，其办学目的就是"为海外留学做准备"，这无疑又掉入了应试的泥潭。只不过这里的

"应试"变成了针对海外大学的"应试"，"国际班"也成了国外大学的"预科班"，显然这对于培养全面发展的人才也是有害的。

不管是"国际"还是"国内"，学校课程在育人功能上有着本质的追求，那就是根据国家教育目的，落实立德树人根本任务，强调对学生的国际视野、家国情怀、爱国精神和国际素养的综合培养，体现核心素养发展，最终实现人的全面发展。对于公办普通高中而言，实现社会主义的教育目的是其办学的最根本宗旨，这一宗旨不能因为"国际班"而被弱化，因为"国际班"中的受教育者是中国的青少年，不管他们未来的选择如何，在基础教育阶段，需要接受爱国主义教育，需要传承中华文化，需要通过学校教育确立对国家的责任感和使命感。

### （二）立足本国教育目的，在国际课程体系中增加体现我国教育宗旨的人文课程

从社会学的视角来看，课程是一个角力的场域，有着不同的话语和主张，各方都希望通过课程的设置达到自己的教育诉求。国际课程重在培养学生的全球意识、竞争力和国际理解力，这一诉求是合理的，这使得引入国际课程具有合理性的基础。但国际课程不会考虑我国特有的教育目的，不会迎合我们的教育诉求，这就需要接受合法性的检验，增补体现我们教育目的和价值追求的课程内容。

为实现这一目的，在国际课程本土化的过程中，要认真研究"国际班"的课程设置，而最根本的指导思想应该是"中西融合"。一方面，普通高中"国际班"的课程应该体现丰富性、多样性和可选择性，因此应该尊重国际课程的体系，根据国际课程的目标和课程结构开设多样化的课程；另一方面，国际课程的本土化也必须考虑我国的

教育现实，必须体现国家教育目的和教育意志，开设诸如语文、思想政治、历史、地理等本土课程，不能有例外。

### （三）国际课程的教材要符合国家教育导向，注重教材内容的思想性和民族性

教材是课程的具体体现，是人才培养的基本载体，在课程体系中具有重要的地位。2016年中共中央办公厅和国务院办公厅印发《关于加强和改进新形势下大中小学教材建设的意见》，第一次明确提出，"教材建设是国家事权"。可见，教材建设的意义被提到一个新的高度，教材建设成为全面贯彻我国教育方针，落实立德树人根本任务的基础性工程。要确保教材的正确方向和价值导向，教材内容要体现思想性和民族性。

这意味着，国际课程引入中国，教材的使用要符合我国基本规范。主要表现为如下几个方面：一是教材必须接受我国的有关审定，教育行政部门需要对教材内容进行审读。审定引进教材，主要是对一些敏感问题进行把关，包括涉及意识形态、国家主权和国家安全、民族和宗教等方面的有关问题。二是进入我国的国际课程必须没有违背中国法律法规的内容。这也是国际课程能够进入我国的前提。三是推行并使用德育一体化教材。任何国家的中小学课程体系中都会有德育类的课程，在基础教育阶段实施品德教育是人才培养的重要领域。德育一体化教材是具有我国特色的品德教育的具体体现，理应在国际课程的本土化实践中予以贯彻。

第七章

教育国际化背景下的留学生
教育

人员的跨境流动是国际化的重要表现。在教育领域，随着国际化趋势的日益明显，人员的跨境流动也越来越频繁，主要表现为教师跨境交流和学生的出国留学。从流向上看，从母国流向其他国家和地区（即派出）的，称为外向流动；反之，从其他国家和地区流入本国（即接收）的，称为内向流动。鉴于教师的跨境流动主要是为提升个人和学校的国际化水平而进行的访学、访问和其他学术交流活动，规模上远小于学生的出国留学，因此本章重点介绍学生的跨境交流，也就是留学生教育问题。

# 第一节

# 世界主要国家留学生教育概况及发展趋势

中国古人有一句话："读万卷书，行万里路。"这句古训形象地说明远行游学对一个人成长的重要性。当然，现代意义上的留学教育不仅仅是"行万里路"的问题了，更是一种系统而又复杂的教育形式，在各国的人才培养和经济发展中发挥着非常重要的作用。本节从整体上梳理世界主要国家留学生教育的现状，包括派出留学生和接收留学生两个方面，以管窥教育国际化背景下人员流动的基本状况。

## 一、教育领域的国际化合作概况：以欧洲为例

在世界范围内，教育领域的国际化合作为各国留学生教育的发展奠定了重要的基础。尤其是20世纪末以来，世界各主要国家和地区加快了教育国际化合作的步伐，由此在很大程度上推动了教育领域人员的跨境交流。

在这股潮流中，欧洲显然走在了世界的前列。鉴于欧洲国家的地理位置紧密相连、历史传统相近这一因素，欧洲统一的思潮由来已久。早在20世纪50年代，经济领域的一体化已经出现苗头，尤其在"马歇尔计划"的资助下，相关国家的经济发展联系日益紧密。从经济领域开始，在随后的发展中，欧洲一体化逐渐超出经济领域，延伸到政治、文化、教育甚至国防和军事领域，而教育上的合作很多时候可以超越于政治上的冲突，因此教育领域的合作成了欧洲一体化进程中的重要发力点。

1965年4月，联邦德国、法国、意大利、比利时、卢森堡、荷兰6国签订《布鲁塞尔条约》，决定将欧洲煤钢共同体、欧洲原子能共同体和欧洲经济共同体的机构合并，统称欧洲共同体（European Communities）。此后，欧共体成员国数量不断扩大。1971年，欧洲共同体成员国首次在教育领域提出"行动计划"，加强各成员国之间的教育合作；1976年推出"联合学习计划"（Joint Study Programme），鼓励各国高校之间加强沟通和协商，进而各国互派留学生。20世纪80年代之后，欧洲一体化步伐加快，1986年，欧共体成员国签署《单一欧洲法令》（Single European Act），对内部市场、货币职能、社会政策、经济与社会联合、研究与技术开发、环境等领域的合作做出了新的规定，以切实促进欧洲联合的进程。尤其在人员流动方面要求促进共同体内研究人员的培训与流动，要求1992年12月1日之前实现统一的内部市场。据该法令，在内部市场应是一个无内部边界的区域，在

此区域内，商品、人员、劳务和资本的自由流通受到本条约规定的保证。[1]在这一法令的推动下，1987年之后欧共体签署了更多的教育行动计划，该区域内教育交流与合作开始加速发展，人员的自由流动有利于大学生的跨境学习和大学教师、科研人员的跨境交流，其中最重要的一个就是"伊拉斯谟计划"，它旨在增加高等院校间的学生流动，加强不同成员国公民之间的交流，增强欧洲高等院校在国际市场的竞争力。

1991年12月，欧洲相关国家签署《马斯特里赫特条约》（Maastricht Treaty，又称《欧洲联盟条约》），为欧共体建立政治联盟和经济与货币联盟确立了目标与步骤，决定最迟于1999年1月18日在欧共体内发行统一货币，实行共同的对外与防务政策，扩大欧洲议会的权力。它是欧洲一体化进程中取得的一次突破性的进展，表明欧共体将朝着一个经济、政治、外交和安全等多种职能兼备的联合体方向发展，在欧洲一体化进程中具有里程碑的意义。1999年，29个国家负责高等教育的部长在意大利的博洛尼亚召开会议，共同探讨2010年建成欧洲高等教育区，并完善欧洲共同的高等教育体系等问题，会后正式签署《博洛尼亚宣言》（Bologna Declaration），其主要目标是促进师生和学术人员流动，克服人员流动的障碍，由此保证欧洲高等教育的质量、促进欧洲范围内的高等教育合作。[2]

进入21世纪之后，欧洲的教育合作继续推进。2007年，欧盟在"伊拉斯谟计划"的基础上进一步推出"伊拉斯谟世界之窗计划"（Erasmus Mundus），加强欧盟成员国、欧盟与第三国在高等教育领

[1] 欧洲单一法令［EB/OL］. https://wenku.baidu.com/view/220645a7f8c75fbfc77db266.html.［2020-03-28］
[2] 潘雨晴编译.《欧盟委员会发布"伊拉斯谟+"计划的年度报告》［EB/OL］. http://europa.eu/rapid/press-release_IP-19-601_en.htm.［2021-08-10］

域的合作，推动了教育国际化的进程。2017年11月，欧盟将"伊拉斯谟计划"和"伊拉斯谟世界之窗计划"合并为"伊拉斯谟计划+"（Erasmus+），这是一项针对各类学习者的大规模强化、更具包容性和扩大化的学生交换项目。2018年5月，欧盟委员会提出了一项雄心勃勃的新伊拉斯谟计划，希望在欧盟下一个长期预算（2021—2027年）中，将预算增加至300亿欧元。其目标是使参加者人数增加至1 200万人。该方案还将为2025年建立"欧洲教育区"（European Education Area）的工作奠定基础，这是欧盟确保学术和研究不受边界限制的政治优先事项。目前，伊拉斯谟项目成为欧盟教育国际化领域的品牌项目。这个项目属于联合培养项目，有少量名额提供给中国的高校，用于促进欧盟国家与中国学生的交换和交流。

## 二、主要国家留学生教育简介

### （一）欧美国家的留学生教育

#### 1. 德国的留学生教育

德国在留学领域积极推动免学费政策。在德国各州的公立大学，除了萨克森州，其他全部免学费。有的学校需在每个学期开始时交纳少量的注册费，注册费的金额为100—250欧元（很多大学的注册费都包含了学生车票，即免费乘坐大学所在地区的交通工具），有的学校甚至连注册费也无须缴纳。德国允许留学生在德国打工。只要学生在德国大学注册，签证上会注明打工就是合法的，有120个全天或者240个半天的法定打工时间，留学生毕业后可获得一年半的实习签证。外国学生在德国工作满2年，即具备申请永久居留的资格。

#### 2. 西班牙的留学生教育

在西班牙，国际学生在公立大学本科期间享受与西班牙本国学生同等的免学费接受教育的权利。西班牙的公立大学占70%。留学生在公立大学本科4年期间不收学费，只收取注册费，这使留学费用大幅度下降，也能帮助普通工薪家庭学生实现留学梦。西班牙政府出台了国际学生合法打工的政策，允许留学生利用课余时间和假期打工，工作满五年可申请永久性居住权。

西班牙教育部规定：所有来自与西班牙签署了教育学历对等互认协议国家的高中毕业生，可以凭借高中学历对等认证，进入西班牙大学。

### 3. 法国的留学生教育

法国学费比很多发达国家都要低，留学生可以和法国本国学生享受同样的学费待遇。国际学生进入公立大学注册专业学习，可享受法国很多的免学费教育，仅需交注册费。政府补贴政策方面，法国政府向学生发放的补贴涵盖了很多方面，如社会保险、住房、交通等。国际留学生也可享受法国政府的住房补助，25岁以下的留学生可享受法国政府的交通补助；在大学城里就餐也可享受法国政府的补助。为减轻经济压力，法国允许留学生利用课余时间或者假期打工。硕士生毕业后，留学生可以在法国申请长达一年的"求职签证"。

## （二）"一带一路"沿线主要国家的留学生教育

### 1. 意大利的留学生教育

意大利早在2005年即与中国签订了双边教育合作的协定，推出了中意教育资源互换的"马可波罗计划"，2009年又推出了针对中国艺术生的"图兰朵计划"。意大利是世界现代教育的发源地，世界第一所大学是意大利的博洛尼亚大学。意大利是"一带一路"的重要组成部分，是中国通过"一带一路"进入欧洲的入口，意大利将在中欧国家贸易等领域扮演重要角色。意大利有米兰理工大学、都灵理工大学、博洛尼亚大学、罗马一大等世界一流水准的公立大学，公立大学免学费招收中国留学生。私立院校方面，马兰戈尼时尚学院、米兰新美术学院、多莫斯设计学院、欧洲设计学院等，皆是设计类高等院校的杰出代表。

到目前为止，意大利大学仍保留原有传统，不将教育作为营利的产业看待，公立大学不仅免学费，而且基本每所学校都设有助学金和奖学金，学生可依据大学相关规定进行申请。留学生一年的总费用大概是5—6万人民币。对于家庭困难的学生，大学给予每人每年价值1 000—2 000欧元不等的政府补贴，学校会适当减免注册费。留学生还可以每周合法打工20个小时。

### 2. 俄罗斯的留学生教育

俄罗斯是"一带一路"经济向北发展的最重要合作伙伴，也是丝绸之路经济带上的重要节点。俄罗斯的教育制度与中国相近，加上中俄两国为全面战略协作伙伴关系，中国各大企业对俄罗斯的投资越来越多。据俄罗斯教育部统计，近两年俄罗斯国内外国留学生人数从22万增至27万，占全部大学生总数的5%。中国留学生的数量不断增加，2014~2016年在俄国高校就读的中国留学生人数从1.8万名增至2.8万名。目前，中国是俄罗斯第二大留学生来源国，仅次于哈萨克斯坦。

### 3. 印度的留学生教育

印度是南亚重要国家，近年来积极发展留学生教育，鼓励本国学生出国留学并接收外国留学生。2018年，印度政府制定"印度留学计划"，宣布将自己重新定位为留学的主要目的地，并接收了100万名国际学生。该计划为优秀的国际学生提供免学费、奖学金政策，以及优先签证，最长可达5年。印度国际学生招生目标国是南亚、非洲和中东地区的国家，尽管非洲的需求很大，但印度邻国仍占主导地位。

根据印度高等教育机构上传的对印度962所大学、38 179所学院和9 190所独立机构的调查，印度人力资源发展部最近发布了《全印度高等教育调查报告》。数据显示，在2018—2019学年，印度高等教育机构共招收了来自164个国家的47 427名国际学生。但国际学生只占印度高等教育总招生人数的一小部分。印度国际学生中，输出人数最多的国家是印度的邻国，大约有64%的国际学生来自印度周边10个国家。印度国际学生中来自尼泊尔的人数占27%，阿富汗10%，孟加拉国4%。其他跻身前十的国家还有苏丹、不丹、尼日利亚、美国、也门、斯里兰卡和伊朗。约三分之二的国际学生为本科生，16%的学生正在攻读研究生学位。[1]此外，印度学生出国留学的数量也在增加，除了传统的美国，中国也越来越成为印度学生的留学目的地，进入中国高校读书的印度留学生人数近年来不断创下新高。由于与英美澳等国的教育机构相比，中国高校学费更有优势，中国正吸引大量外国留学生，尤其是来自印度和其他亚洲国家的。

### （三）东盟的留学生教育

东盟是东南亚国家联盟（Association of Southeast Asian Nations）的简称，成立于1967年8月，成员国有马来西亚、印度尼西亚、泰国、菲律宾、新加坡、文莱、越南、老挝、缅甸和柬埔寨。东盟的一个基本目标就是通过加强教育、终身学习以及科学技术领域的合作，开发人力资源，提高人民素质，强化东盟共同体意识。为此，东盟历来重视教育，也积极推动成员国的留学生教育。

20世纪五六十年代，东盟国家都面临着发展经济、巩固独立进而实现现代化的严峻现实。为了实现现代化这一目标，东盟国家对各

---

[1] 谭佳.印度留学计划吸引国际学生［N］.中国教育报，2019-11-22.

种专门人才提出了更高的要求。鉴于东盟各国的高等教育机构一时无法满足要求，留学教育就成为吸收发达国家的先进科技、促成科技转化，进而促进国家发展的有效途径。因此，东盟国家不约而同地大量派遣留学生到国外深造。从留学生的流向看，东盟国家派出的留学生多在美国、英国、加拿大、澳大利亚、德国等发达国家学习；从学科分布看，东盟国家的留学生主要集中在工程学、计算机、物理、商业、企业管理、生命科学和社会科学等领域。

此外，在东盟成员国内部，1975年以前，东盟各国互派留学生的数量很少，也很少接收其他国家或地区的留学生。1975年以后这种状况有了很大改观。除了因为在该地区的学习费用比较低之外，还因为东盟一些成员国的高等教育经过一二十年的改革与发展，其规模和质量已具备了吸引和招收外国留学生的能力。以1989年菲律宾的留学生数据为例：泰国有731人、印尼有504人在菲律宾留学，此外，菲律宾还接收了来自其他国家或地区4 454名留学生。[1]

东盟国家派遣留学生到国外学习，对吸收外国的先进科技，促进本国的经济发展起了很大的作用。但由于种种原因，特别是以美国为首的几个发达国家的移民政策造成这些国家人才大量外流。据1997年的报道，菲律宾许多学生到美国留学后不回国，人才流失率高达95%。泰国每年派出的留学生中有30%多的人学成不归，且每年国内有不少的专业人才移居国外。从新加坡去澳大利亚、新西兰、美国、加拿大等国留学后，大部分人毕业后不回国，且新加坡每年亦有不少高级人才流往国外。[2]

为解决这一问题，东盟不少国家也在积极调整留学政策，减少人力

---

[1][2] 陈武元.东盟国家出国留学生教育的研究 [J].有色金属高教研究，1997（1）：36.

资源外流，努力吸引国外留学生。例如，20世纪90年代中期以前，马来西亚的留学教育主要表现为大量的学生出国留学；90年代中期以后，出国留学的大量减少，而外国留学生数量则迅速增加，马来西亚由原来的留学生派遣国变为留学生接收国。据调查，"马来西亚外国留学生数量自1996年以来一直是呈快速增长的趋势。从1996年到2003年，仅7年的时间，马来西亚外国留学生数量增长了22倍多，可见马来西亚外国留学生增长速度之快"。[1]引发马来西亚留学教育这一变化的主要原因在于，政府制定了区域优质教育中心的目标，并围绕这一目标采取了一系列有效措施。具体体现为：国内受教育机会增加，年轻人更倾向于在国内接受教育；允许外国的大学在马来西亚办分校和合作办学，从而吸引国外留学生；积极推动发展双学位课程、促进学分互认等。

# 第二节

# 中国学生出国留学的现状与趋势

近代以来我国外派留学生的历史始于清末，在这一百多年里，留学热潮有几次大的发展。海外留学教育在我国人民学习现代科学知

---

[1] 黄建如，李三青.马来西亚留学教育的变化及其原因探析 [J].厦门大学学报（哲学社会科学版），2006（6）：79.

识、接收西方先进文化中发挥了重要作用。外派留学生接受海外教育，也把国内教育与西方现代教育联系了起来，在一定程度上推动了我国教育的现代化发展，这也是我国教育走向国际化的一个必然过程。

## 一、中国学生出国留学的历史考察

### （一）晚清时期的留学

在世界发展史上，很长一段历史时期内中国都以国力强大、文化昌盛而闻名，是其他国家竞相学习的对象，如在唐代时，日本就多次派遣唐使来学习中国的文化。但由于种种历史原因，中国没有像欧美那样走上工业化道路，由此导致在近代落伍于西方。1840年第一次鸦片战争爆发，英国殖民者用坚船利炮打开中国的大门。第一次鸦片战争后，清代部分开明人士开始主张学习西方技术，以达到"师夷长技以制夷"的目的；部分西方传教士来华讲学，传授西方科学知识，客观上促进了西方科学文化的传播。这种文化上的互动使得人员的流动成为可能。例如，被誉为"中国留学生之父"的留学教育先驱容闳，就是在1847年跟随他的老师、美国牧师布朗（Samuel Robbins Brown）到达美国开始留学的。经历第二次鸦片战争的再次打击，清朝统治者看到了中国与西方国家之间的差距，在曾国藩、李鸿章、张之洞等人的推动下，清末掀起洋务运动，主张"中学为体、西学为用"，引进西方军事装备、生产机器和科学技术，试图挽救清朝统治，由此正式开启了大规模学习西方的浪潮。在洋务运动的驱动下，中国出现了最早的、成规模的出国留学。

学习西方先进的科技，改变清政府落后面貌是洋务派发起留学运动最初的目的。洋务运动时期的留学教育活动主要有两次：一次是1872—1875年的幼童赴美留学，另一次是1877—1897年的福建船政学堂学生赴欧留学。1872年8月11日，30名幼童自上海驶往美国旧金山，这是近代中国第一批官派留学生，被称为"中华创始之举，亦古来未有之事"。这批留美幼童后来分散到政界、军界、实业界、知识界等各个领域。在他们中，有铁路工程师詹天佑、矿冶工程师吴仰曾、北洋大学校长蔡绍基、清华大学校长唐国安、民国首任内阁总理唐绍仪、清末外务部尚书梁敦彦，他们皆为中国近代历史上的知名人物。

1894年，中日甲午战争爆发，次年清政府被迫签订丧权辱国的《马关条约》。历史上，中国一直是日本的学习对象，但"老师"被"学生"打败，这空前的危机让中华民族觉醒，晚清的留学教育再次进入异常迅猛的发展阶段：留日学生从1896年的13名迅速增加到1904年的2 400余人、1906年的12 000多名，形成了规模空前的留日热潮。[1]

1908年，美国国会参众两院联合批准《豁免中国部分赔款法案》，将所得庚子赔款退还一半，供清政府用于派遣学生赴美留学。美国与清政府议定，自赔款开始退还之年起，清政府每年遣送学生赴美留学，直至该项退款用完为止。1909年，第一批庚款留学生共47人赴美留学，这是继1872年派出首批留美幼童之后又一次有组织的、较大规模的留美学生派遣。此后，中国近代留学教育进入了一个新的阶段，这个阶段以美国退还部分庚子赔款吸引中国留学生为肇端，留学教育形成了多元化的局面。

---

[1] 蒋凯，徐铁英.近代以来中国留学教育的历史变迁［J］.大学教育科学，2007（6）：68.

## （二）民国期间的留学教育

1911年，孙中山领导的辛亥革命推翻了清政府的统治，建立了中华民国。民国期间我国的留学教育继续发展，政府开始强化对留学教育的管理，如1916年颁布《选派留学外国学生规程》。但是由于政局动荡，该时期的留学教育发展很不稳定，留学活动主要体现在庚款留美、留法勤工俭学、赴苏留学三个方面。清政府于1909年设立了游美学务处，于1911年建立清华学堂作为留美预备学校。辛亥革命后清华学堂得到了较好的承续和发展。赴法勤工俭学是中国现代一场特殊的留学教育运动，一批留法学生在留学期间积极了解法国工人状况，学习马克思主义，吸收十月革命经验，完成了从民主主义到共产主义的思想转变。1924年，在国共两党的共同努力下，民主主义的革命统一战线形成。在这种革命形势下，赴苏留学浪潮应运而生。"以俄为师，赴苏留学"在20世纪20年代成为新的留学热潮。1921年俄共（布）创办的东方劳动者共产主义大学设有中国班，专门为中国革命培养干部。1925年，为纪念孙中山先生，苏联政府和共产国际建立了莫斯科中山大学，以支援中国革命并推动世界革命的发展。在新的国际国内形势下，截至1930年，中国共派出留苏学生2 000余人。[1]

## （三）中华人民共和国成立到改革开放前的留学教育

1949年10月1日，中华人民共和国成立，中国从此告别灾难深重的半殖民地半封建社会，留学生教育也进入了新的历史时期。20世纪50年代到70年代末，我国的教育事业经历了较为曲折的发展道路，

---

[1] 蒋凯，徐铁英.近代以来中国留学教育的历史变迁 [J].大学教育科学，2007（6）：69.

这同样反映在留学教育中。"文革"之前，我国主要向苏联和东欧等国家派遣留学生，其中以苏联为主要留学对象国。1951年8月我国正式向苏联派出375名留学生。起初，中国留学生和实习生的专业主要集中在重工业和燃料工业系统。1953年起全面学习苏联教育经验的活动在国内展开，留苏教育进入繁荣阶段。到1959年，我国共派出留学生6 900多名，其中91%的留学生被派往苏联，8%被派往东欧国家。在留苏学生中，2/3的人学习理工科特别是工程技术专业。20世纪60年代初期，由于中苏关系日益恶化，派遣留苏的学生逐年减少，同时开始大量召回已经完成学业的留苏学生。[1]"文革"开始后，我国的留学教育陷入停顿状态，停止选派留学生达六年之久。随着1967年最后一批留苏学生全部撤回，中国对外教育交流由局部交流变为全面关闭。"文革"后期，留学教育开始逐渐恢复；"文革"结束之后，留学工作开始拨乱反正，留学教育获得了恢复性发展，为后来留学教育的迅速发展奠定了基础。

### （四）改革开放后至20世纪末的留学教育

1978年，我国的留学教育进入发展的"快车道"。在改革开放的背景下，以邓小平关于扩大派遣出国留学人员的讲话为指导方针，我国留学教育发展进入了全新的时期，开始了全新的探索。1978年6月，邓小平指出出国留学是我国提高科学技术和现代化水平的重要方法之一，要求加大派出留学人员数量，拓宽出国留学渠道。这一指示具有划时代的意义，翻开了新时期中国留学教育崭新的一页。1978年7月11日，教育部依据邓小平同志"关于扩大派遣出国留学人员"讲

---

[1] 蒋凯，徐铁英.近代以来中国留学教育的历史变迁 [J].大学教育科学，2007（6）：70.

话的精神，向中央提交《关于加大选派留学生数量的报告》，提出于当年12月26日向美国派出52名留学人员，开了改革开放后我国大量派遣公费留学生的先河。1979年1月，邓小平在访美期间与美国总统卡特正式签订了中美互派留学生协定。1986年国务院印发《关于出国留学人员工作的若干暂行规定》，明确了派遣留学生的政策是对外开放基本国策的一部分，确定了新的留学方针，即"按需派遣，保证质量，学用一致"，并建立公派出国留学人员与派出单位签订协议书的制度，以尽可能保证公派留学人员如期回国服务。这一文件的颁布，标志着我国留学教育政策开始走向成熟。1992年国务院办公厅印发《关于在外留学人员有关问题的通知》，提出了"支持留学，鼓励回国，来去自由"的留学工作方针，适应了改革开放和建立社会主义市场经济体制的需要，使留学工作迈入加快发展的轨道。从1995年开始，国家对留学选派体制进行了改革，原国家教委1996年开始在全国试行国家公费出国留学选派的新办法，从而迈出了公派留学选派管理体制改革的关键一步；同年，国家留学基金管理委员会正式成立，负责中国公民出国留学和外国公民来华留学的组织、资助和管理工作，成立以来不断推进国家出国留学工作与来华留学工作的改革，初步实现了出国留学工作与来华留学工作的规范化和制度化。这一时期留学人员的派遣规模和力度前所未有，中国学生的"出国热"由此出现。

## 二、中国学生出国留学的现状

### （一）背景及相关政策

进入21世纪，我国的出国留学教育进入了稳步提升和规模扩张阶段。随着中国经济的发展，越来越多的家庭具备送孩子出国留学的经济能力，自费出国留学的学生越来越多。同时，我国也开始优化国家公派留学政策，扩大公派留学规模，革新和完善公派出国留学机制。2002年12月，教育部提出了"扩大规模、提高层次、保证重点、增强效率"的国家公派思路，进一步优化选派工作。据报道，"2003年度国家计划资助3 025名各类出国留学人员，已达到了1978年的58倍之多。而到2018年，这一数字增长至32 300人，是1978年的621倍，是2003年的10倍"。[1]2005年，教育部提出了"三个一流"的选派办法，即选派国内一流的学生，派到一流的大学和学科专业，师从一流的导师。这对于提升留学生教育的层次和效果具有积极的意义。为了贯彻落实人才强国战略，推进高水平大学建设，增强为建设创新型国家服务的能力，2007年起教育部实施"国家建设高水平大学公派研究生项目"，在重点建设的高水平大学中选拔一流的学生，到国外一流的院校、专业，并师从一流的导师学习。该项目计划每年资助5 000名留学生，选派规模和资助力度空前。

2010年6月，中共中央、国务院印发《国家中长期人才发展规划纲要（2010—2020年）》，提出人才发展的总体目标："培养和造就规模宏大、结构优化、布局合理、素质优良的人才队伍，确立国家人才竞争比较优势，进入世界人才强国行列，为在本世纪中叶基本实现社会主义现代化奠定人才基础。"为实现这一目标，该文件提出了一系列出国留学教育、引进留学生和高层次海外人才的措施，如：加大海外高层次创新、创业人才引进力度，组织实施创新人才推进计划、海外高层次人才引进计划；实施更加开放的人才政策，大力吸引海外高层次人才回国（或来华）创新创业，制定和完善出入境、长期居

---

[1] 陈婧.改革开放40年国家公派出国留学政策逻辑分析［J］.全球教育展望，2018（7）：93.

留、税收、保险、住房、子女入学、配偶安置以及其他方面的特殊政策措施；建立海外高层次人才特聘专家制度，鼓励海外留学人员回国工作、创业或以多种方式为国服务，等等。2011年7月，科技部印发《国家中长期科技人才发展规划（2010—2020年）》，也提出了与留学教育、人才引进相关的一系列政策措施，如：加大科技人才国际化培养力度，推动青年科技人才海外培训工作，支持拔尖的青年科技人才到国外一流大学和科研机构接受培养或开展合作研究；制定国际大科学、大工程合作项目的人才培养计划，重点培养青年科技领军人才；实施促进科技人才国际化的政策，推动我国企业科技人员的国际人才交流与培养，鼓励我国企业在海外设立研发机构，深入推进海外高层次人才引进计划实施，等等。这两个文件成为公派政策确定优先资助的学科和专业领域的主要依据，确保了留学人员之所学准确对接国家之所需，从而提升了人才培养和使用效率。

2016年4月29日，中共中央办公厅、国务院办公厅印发《关于做好新时期教育对外开放工作的若干意见》，这是我国首次针对教育领域的对外开放出台政策文件。文件要求坚持扩大开放，做强中国教育，推进人文交流，不断提升我国教育质量、国家软实力和国际影响力。文件对做好新时期教育对外开放工作进行了重点部署，其中第一条就是加快留学事业发展，提高留学教育质量。提出的举措包括：通过完善"选、派、管、回、用"工作机制，规范留学服务市场，完善全链条留学人员管理服务体系，优化出国留学服务；通过优化来华留学生源国别、专业布局，加大品牌专业和品牌课程建设力度，构建来华留学社会化、专业化服务体系，打造"留学中国"品牌；通过加大留学工作行动计划实施力度，加快培养拔尖创新人才、非通用语种人才、国际组织人才、国别和区域研究人才、来华杰出人才等五类人才。这一文件的出台揭开了我国留学生教育的新篇章，对于提高教育对外开放规范化和法治化水平、满足人民群众多样化和高质量教育需求具有重要意义。

### （二）我国出国留学生规模和公派出国留学的途径

#### 1. 出国留学生规模

改革开放以来，我国外派留学生的规模越来越大。图7-1是根据《中国统计年鉴（2019年）》的数据绘制的改革开放四十多年来我国外派留学生数量的曲线图。

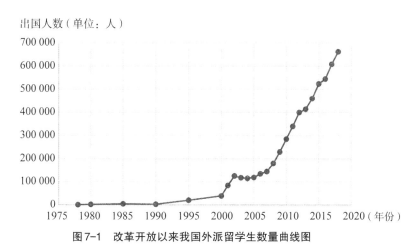

出国人数（单位：人）

图7-1　改革开放以来我国外派留学生数量曲线图

（资料来源：《中国统计年鉴（2019）》，中国统计出版社2019年版）

从图中可以看出，在进入21世纪之前，我国外派留学生的数量较少，增长幅度也不大。例如，1978年为860人，1985年为4 888人，1995年为20 381人（首次突破2万人），2000年为38 989人。进入21世纪，外派留学生的数量大幅提升，留学生教育进入高速发展时期。例如，2002年突破10万人，达到125 179人；2009年突破20万，达到229 300人；2011年突破30万，达到339 700人；2013年突破40万，达到413 900人；2015年突破50万，达到523 700人；2017年突破60万，达到608 400人。目前，我国已经成为世界上最大的留学生输出国之一，在可预见的未来，我国出国留学人数将进一步增加，留学生教育仍然处于高速发展的道路上。

## 2. 公派出国留学的主要途径

根据教育部网站上公布的出国留学人数统计，2018年度我国出国留学人员总数为66.21万人。其中，国家公派3.02万人，单位公派3.56万人，自费留学59.63万人。2018年度各类留学回国人员总数为51.94万人。其中，国家公派2.53万人，单位公派2.65万人，自费留学46.76万人。2018年度与2017年度的统计数据相比较，出国留学人数增加5.37万人，增长8.83%；留学回国人数增加3.85万人，增长了8.00%。[1]从这一统计来看，自费留学生的数量高达90.1%，而公派（包括国家公派和单位公派）留学生不足10%。公派留学生属于官方行为，代表了一个国家对待留学生教育的基本态度和导向。我国也在积极拓展公派留学生的出国渠道，主要的途径如下：

一是国家公派出国。国家公派出国仍是目前在校大学生出国留学的主要途径。随着国际化人才培养进程的加快，公派人数逐年增加，资助对象也更加广泛。例如，教育部从2012年开始面向高水平重点大学实施"优秀本科生出国交流项目"，选拔本科二年级以上优秀学生赴国外高水平院校或机构进行3至12个月的课程学习。

二是交换生项目。交换生计划是指国外院校与国内院校签订协

---

[1] 中华人民共和国教育部.2018年度我国出国留学人员情况统计［EB/OL］.（2019-03-27）http://www.moe.gov.cn/jyb_xwfb/gzdt_gzdt/s5987/201903/t20190327_375704.html.［2020-04-09］

议，每年互派学生到对方院校学习的学生跨境交流项目。交换生项目可以发生在学校层面（即国内外大学签署校际合作协议），也可以发生在院系层面（即国内外大学的具体院系签订院系之间的合作协议）。根据协议约定，有些交换生项目免除学费甚至生活费，有些项目则只免除学费、不免除生活费；在国外院校修的学分，国内院校予以承认，最终获得的是国内院校的毕业证书。

三是联合培养和暑期学校。常见的联合培养的模式是"2+2"模式，即学生在国内学习两年后到国外再学习两年；学生在国外的两年，国内学校为其保留学籍；学生毕业后可以拿到国内和国外两个学校的学历证书。暑假学校一般为海外大学的盈利项目，根据校际的合作协议，这些项目针对经过选拔的大学团队都有不同比例的学费减免，而且为其中部分同学提供全额奖学金。

以上是公派留学生的几种主要方式，除此之外，部分高校设立了海外游学基金，资助在校本科生出国留学。有些国内高校也积极鼓励学生自行申请参加海外大学主办的各类竞赛、学术会议和学生论坛，由校方设立专项资金，用于资助学生的国际旅费及其他费用。这些方式都在一定程度上拓宽了学生出国游学的途径，有利于推动学生的跨境交流。

## 三、中国学生留学归国现状及留学教育发展趋势
### （一）中国留学生归国现状

留学生完成学业之后，他们面临两种基本的选择：一是回国发展，在国内就业；二是在国外找工作，谋求海外发展。对于一个国家来说，吸引海外留学生回国就业、避免"脑力外流"意义重大，因为国力的竞争最终是人才的竞争，如果留学生回国就业，那无疑能为本国的发展贡献力量。因此，我国在留学生教育领域也推出一些措施，

吸引海外留学生回国就业。根据《中国统计年鉴（2019年）》的数据，我们整理出改革开放四十多年来我国出国人数的曲线图（图7-2）。从图中可见，越来越多的出国留学生选择了回国。

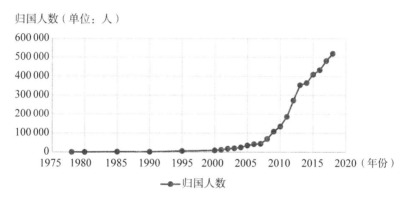

**图7-2 改革开放以来我国外派留学生数量曲线图**

（资料来源：《中国统计年鉴（2019）》，中国统计出版社2019年版）

根据教育部统计，1978—2018年，中国出国留学人员累计达到585.71万人，其中完成学业的432.32万人，学成归国的365.14万人，学成归国率接近85%。仅在2018年度各类留学回国人数就达到了51.94万人。[1]

随着中国经济增长的步伐加快，国际影响力的逐步增强，更多留学生选择毕业后回国就业。当然，有些留学生归国后也会遇到一些障碍，比如文化理念、落户就业、政策限制等。为了更好地为留学生回国发展铺平道路，我国教育行政管理部门积极出台一些管理措施，为留学生的就业提供便利。首先，留学生回国享受一定的待

---

[1] 2018年度我国出国留学人员情况统计［EB/OL］. http://www.moe.gov.cn/jyb_xwfb/gzdt_gzdt/s5987/
201903/t20190327_375704.html.［2019-3-27］

遇，这方面各地情况不完全一样。例如，北京在落户政策上，针对在国外取得硕士以上学位、学成后回国就业的留学生，如果用人单位已经与留学回国人员建立劳动人事关系、签订一年期以上（含一年）聘用合同或劳动合同，并参加社会保险、缴纳社会保险费，用人单位在留学生服务中心立过户，并且给留学生分配到相应的落户申请名额，那么就可以在北京落户；此外，留学归国人员还可以在购车、子女入学等方面享受一些优惠政策。其次，为帮助归国留学人员顺利入职，教育部为其办理报到证。在落实就业单位之后，归国留学人员就可以到教育部留学服务中心办理报到证了。办理报到证的对象：在国外留学取得大学专科以上学历，或赴港、澳地区攻读学位，或出国前已办理解除公职手续的留学人员，回国后办妥学历学位认证手续，并联系好国内工作单位后，可办理留学人员回国工作就业报到证。

### （二）留学教育发展趋势

我国的留学生教育已经进入一个新的历史发展时期，目前来看，已初步形成公派留学为主导、自费留学为主体的总体格局。随着我国国家经济实力和居民家庭经济能力的不断提升，这一格局将长期存在下去。可以预见的是，留学生教育将为我国的经济社会发展提供越来越多的人力资源支持，将在更大程度上提升我国的劳动力水平。

综观近年来的数据可以发现，我国的出国留学工作呈现以下趋势：一是出国留学规模稳步扩大，留学回国人数持续增长，回国与出国人数"逆差"逐渐缩小。据统计，2016年我国留学人员总数为54.45万人，较2012年增长14.49万人，增幅为36.26%。2016年各类留学回国人员总数为43.25万人，较2012年增长15.96万人，增幅为58.48%。出国留学与留学回国人数比例从2012年的1.46∶1下降到2016年的1.26∶1。逾八成留学人员学成后选择回国发展。留学回国与出国留学人数"逆差"逐渐缩小。[1]二是留学地域相对集中；留学层次上，攻读本科以上学历的仍为留学主体。在地域分布方面，我国出国留学人员留学目的国相对集中。2016年度，逾九成留学人员赴美国、英国、澳大利亚等十国，其中赴英语国家的留学人员近八成。党的十八大以来，我国留学人员目的地国前十名基本保持平稳。三是公派留学为引领，自费留学为主体。国家公派留学始终立足国家战略全局最重大最紧迫的需求来谋划，特别是在人才培养已形成"面上铺开"格局之后，强化"高端引领"，在若干关键领域形成"人才高地"。

# 第三节

## 中国接收来华留学生的现状与趋势

随着我国综合国力的进一步提升和对外开放政策的进一步发展，

---

[1] 教育部发布2016年最新出国留学大数据［EB/OL］. https://www.sohu.com/a/128027581_559627.［2021-08-22］

我国从传统的留学生输出国，目前已发展为重要的留学生接收国。尤其是近年来随着"一带一路"倡议的落实和推进，中国高校的国际交流与合作日趋频繁和深入，越来越多的外国留学生选择来华留学，我国的留学生教育掀开了新的篇章。

## 一、来华留学生教育的政策考察

来华留学生教育中有更多的利益相关者，如政府、高等校院、留学生、留学生来源国和社会组织等。因此，来华留学生政策的制定和调整也是一个复杂的过程，体现出不同时期国家发展状况、国际形势和教育发展格局对留学生教育的影响。据相关研究，中华人民共和国成立初期，我国建立的是高度集中的以中央政府为主导的来华留学生教育管理体制；为了抵制西方资本主义国家的敌视，争取有利的国际发展环境，我国政府拿出宝贵的资金和物资，坚持履行国际义务，接收发展中国家的来华留学生。改革开放前，各国来华留学生的总体规模不大，主要招收的是发展中国家的留学生，他们大部分享受我国政府提供的奖学金。改革开放后，我国也开始尝试招收自费来华留学生，将来华留学生的招收审批权下放，并扩大高等学校相关的自主权，针对留学生来华简化了签证手续等，来华留学教育的政治外交属性逐步弱化。

改革开放后到20世纪末，在坚持免费接收和培养外国留学生这一国际义务的同时，在对待来华留学生方面我国开始逐步探索新的发展策略。1989年我国连续颁发《关于招收自费外国来华留学生的有关规定》《关于普通高等学校授予来华留学生我国学位试行办法》《接受外国来华留学研究生试行办法》，放开了普通高等院校招收自费留学生的权利，也赋予高校更大的招生和学位授予等方面的权利。这些政策适应了发展的新情况，对来华留学教育政策做出重要调整，包括下放留学生招收审批权、赋予高等学校招生与管理自主权、出台经费管理办法、实施中国政府奖学金年度评审等。1994年，国务院印发《关于〈中国教育改革和发展纲要〉的实施意见》，文件中提出，"建立国家留学基金管理委员会，使来华与出国留学生的招生、选拔和管理工作走上法制化轨道"。1996年6月，国家留学基金管理委员会正式成立，我国来华留学生教育由政府集中统一管理向政府宏观管理、高校自主管理转变。这一系列的中长期发展规划，对来华留学生教育的管理给出了更加明确的政策方向，使我国逐步建立起以国家宏观政策为指导，高等学校直接面向国际留学生市场，自主接收外国留学生的管理体制，即从高度统一管理，转变为系统科学的宏观管理。从此，来华留学生教育的政策价值取向逐步由政治外交属性向教育属性回归，来华留学生教育从国际义务援助为主开始向自费为主转变，接受来华留学生的数量也逐步增加。

21世纪以来，我国在来华留学教育政策上，进一步简政放权，改革留学生学历证书管理，取消留学生招生资格审批，设立综合保险制度，以及规范中国政府奖学金管理体系，制定来华留学生管理干部培训制度等。"通过以上措施，来华留学教育政策渐趋健全，来华留学教育步入规范化、制度化发展轨道，实现了迅速发展。……通过政策渐趋完善，来华留学教育规模不断增长，结构逐步优化，向高层次、高质量发展。"[1]

---

[1] 刘宝存，张继桥.改革开放四十年教育对外开放政策变迁的历史考察 [J].高校教育管理，2018（6）：5.

## 二、来华留学生教育现状

### （一）来华留学生的规模及特点

进入21世纪后，越来越多的人选择来中国留学。我们考察了教育部公布的来华留学生数据，从2005年到2018年，来华留学生规模稳步扩大（如图7-3所示）。

来华留学生数量（单位：人）

图7-3  2005—2018年来华留学生数量

2005年，来华留学生总数为141 087人；2008年突破20万，达到223 499人；2012年突破30万，达到32 830人；2016年突破40万，达到442 773人；2018年达到492 185人，即将突破50万。这些趋势说明，中国的高校对海外学生越来越有吸引力，到中国留学成为新的热潮。

具体分析可以发现，数量庞大的来华留学生在各洲分布、国别、类型等方面有其特点。以2018年为例，根据教育部公布的统计结果可以发现：（1）按洲别统计：亚洲学生总数为295 043人，占59.95%；非洲学生总数为81 562人，占16.57%；欧洲学生总数为73 618人，占14.96%；美洲学生总数为35 733人，占7.26%；大洋洲学生总数为6 229人，占1.27%。（2）按国别排序前15名：韩国50 600人，泰国28 608人，巴基斯坦28 023人，印度23 198人，美国20 996人，俄罗斯19 239人，印度尼西亚15 050人，老挝14 645人，日本14 230人，哈萨克斯坦11 784人，越南11 299人，孟加拉国10 735人，法国10 695人，蒙古国10 158人，马来西亚9 479人。（3）按学生类别统计：接受学历教育的外国留学生总计258 122人，占来华生总数的52.44%，比2017年增加了16 579人，同比增加6.86%；硕士和博士研究生共计85 062人，比2017年增加12.28%，其中，博士研究生25 618人，硕士研究生59 444人。2018年，非学历生留学生234 063人。（4）按经费办法统计：中国政府奖学金生63 041人，占来华生总数的12.81%；其他留学生429 144人，占来华生总数的87.19%。[1]

通过对这几年来华留学生状况的分析可发现，在数量稳步增长的同时，来华留学教育出现了如下发展特点：[2]

一是中国成为亚洲最大留学目的地国，生源层次显著提升。2016年留学生规模突破44万，比2012年增长了35%，中国已成为亚洲最大的留学目的地国，来华留学吸引力与国家经济实力和综合实力的匹配度进一步提升。同时，越来越多的留学生来华攻读学历课程，学历生和研究生占比实现双增长。2016年在华学历生人数达21万人，占来华留学生总数的47.4%，比2012年提高了7个百分点；硕博研究生人数达6.4万人，占总人数的14.4%，比2012年提高了3.4个百分点。另

[1] 中华人民共和国教育部.2018年来华留学统计［EB/OL］. http://www.moe.gov.cn/jyb_xwfb/gzdt_gzdt/s5987/201904/t20190412_377692.html.［2020-04-12］
[2] 2017年来华留学人数［EB/OL］. https://www.360kuai.com/pc/9a49fc3950aac5108?cota=4&tj_url=so_rec&sign=360_57c3bbd1&refer_scene=so_1.［2020-04-11］

据统计，2016年共有13万名外籍学生在我学前教育机构和各类中小学就读，各级各类外籍学生总数已逾57万人。

二是"一带一路"沿线国家领跑，生源大国稳中有变。2016年在华留学生生源国家和地区总数为205个，创历史新高。前10位生源国稳中有变，依次为韩国、美国、泰国、巴基斯坦、印度、俄罗斯、印度尼西亚、哈萨克斯坦、日本和越南。近几年来，"一带一路"沿线国家学生数量增长明显，相较2012年，巴基斯坦、哈萨克斯坦和泰国学生数量排名分别上升了5位、2位和1位。2016年，沿线64国在华留学生共207 746人，同比增幅达13.6%，高于各国平均增速。

三是打破以汉语学习为主的格局，学科分布更加合理。2016年来华学习汉语的人数占总人数的38.2%，比2012年的53.5%下降了15.3%，更多学生来华学习汉语以外的专业。就读其他学科的学生规模和比例显著增长：相比2012年，教育、理科、工科和农学学生数量显著增加，增幅均超过100%;经济、西医、文学、法学、管理等学生数量增幅均超过50%;占比增长最快的学科为工科，比2012年增长了5.2%。学历生中，就读人数最多的学科依次为西医、工科、经济和管理。汉语专业从2012年的第2位下降至2016年的第5位。

四是中国政府奖学金杠杆作用持续显现，撬动了国际人才资源。近年来，我国不断加大中国政府奖学金投入，提高使用效率。首先是扩大规模。2016年，共有来自183个国家的49 022名在华学习的学生享受中国政府奖学金，占在华生总数的11%，相比2012年增加了70%。其次是服务国家战略。奖学金向周边国家和"一带一路"沿线国家倾斜，成为国家战略人才和人脉储备的重要渠道。2016年奖学金人数前10位的国家依次为：巴基斯坦、蒙古国、俄罗斯、越南、泰国、美国、老挝、韩国、哈萨克斯坦和尼泊尔，"一带一路"沿线国家奖学金生占比61%，比2012年提高了8.4%。再次是提高人才层次。2016年，获得奖学金的学生中，硕博研究生比例高达69%，比2012年占比增加了12%。中国政府奖学金对高层次人才的吸引力不断提升，引领来华留学向高层次、高质量发展。

### （二）来华留学教育发展趋势

#### 1. 构建完整的来华留学政策链条，提升来华留学吸引力

在来华留学生数量不断增长的背景下，为落实《国家中长期教育改革和发展规划纲要（2010—2020年）》，加强中外教育交流与合作，推动来华留学事业持续健康发展，提高我国教育国际化水平，教育部于2010年9月出台了《留学中国计划》。该文件当时提出的发展目标是：到2020年，使我国成为亚洲最大的留学目的地国家；其主要任务是：到2020年，全年在内地高校及中小学校就读的外国留学人员达到50万人次，其中接受高等学历教育的留学生达到15万人，根据国家战略和发展需要，逐步增加中国政府奖学金名额；来华留学人员生源国别和层次类别更加均衡合理；其指导思想是：统筹规模、结构、质量和效益，推进来华留学事业全面协调可持续发展，打造中国教育的国际品牌；其工作方针是：扩大规模，优化结构，规范管理，保证质量；其发展思路是：以改革创新为动力，以制度建设为核心，进一步强化政府责任，加大投入力度，分省市制定发展规划，分类指导，完善来华留学的服务机制与监管体制，鼓励具备条件的学校、科研机构及其他教育机构和社会组织，依法开展和参与来华留学教育；等等。这一文件对来华留学教育发展思路、目标措施和保障机制等方面提出了一系列要求，是我国在来华留学教育政策方面的重大突破，是我国来华留学教育的第一个战略性专门指导计划。

2012年11月，党的十八大召开，此后，我国逐步建立起较为完善的来华留学招生、教学、管理、服务和就业的法规政策体系，形成了较为完善的政策链条。一是合并修订了《高等学校接受外国学生管理规定》和《中小学接受外国学生管理暂行办法》，2017年出台《学校招收和培养国际学生管理规定》，明确国际学生的招收和培养条件，也明确了学校和各部门的管理责任，为进一步规范管理提供了法规依据。二是积极推进《高等学校国际学生勤工助学管理办法》，促进国际学生在华勤工助学合法化。三是配合有关职能部门出台了《关于允许优秀外籍高校毕业生在华就业有关事项的通知》，逐步打通实习就业渠道，提升来华留学吸引力。

### 2. "一带一路"倡议带动来华留学教育发展

"一带一路"是"丝绸之路经济带"和"21世纪海上丝绸之路"的简称。2013年9月，习近平主席在哈萨克斯坦纳扎尔巴耶夫大学作演讲，提出共同建设"丝绸之路经济带"；2013年10月，习近平主席在访问印度尼西亚时又提出与东盟国家共同建设21世纪"海上丝绸之路"。"一带一路"旨在借用古代丝绸之路的历史符号，高举和平发展的旗帜，积极发展与沿线国家的经济合作伙伴关系，共同打造政治互信、经济融合、文化包容的利益共同体、命运共同体和责任共同体。该倡议不仅具有积极的政治和经济意义，对于留学教育的发展也产生了深刻的影响。根据教育部统计数据，2017年各类留学人员中，"一带一路"沿线国家留学生达31.72万人，占总人数的64.85%，增幅达11.58%，高于各国平均增速。[1]

---

[1] "一带一路"催生中国留学热［EB/OL］.https://baijiahao.baidu.com/s?id=1612842114129989536.
［2020-04-08］

2016年4月，《关于做好新时期教育对外开放工作的若干意见》提出，完善体制机制，提升涉外办学水平；实施"一带一路"教育行动，促进沿线国家教育合作。加强教育互联互通、人才培养培训等工作，对接沿线各国发展需求，倡议沿线各国共同行动，实现合作共赢。扩大中国政府奖学金资助规模，设立"丝绸之路"中国政府奖学金，每年资助1万名沿线国家新生来华学习或研修。对在"一带一路"教育合作交流和区域教育共同发展中作出杰出贡献、产生重要影响的国际人士、团队和组织给予表彰，等等。这些规定，对推动"一带一路"沿线国家的留学生来华学习产生了积极的影响。

### 3. 来华留学教育走向内涵发展

来华留学教育随着教育对外开放一同进入提质增效的发展阶段。2016年，教育部积极启动来华留学教育质量标准建设，着手制定《来华留学生高等教育标准》和专业教育标准，同时鼓励第三方行业组织制定行业协会认证标准并开展试点认证工作，建立完善激励、认证、评估、督查等质量保障机制，促进"管办评"分离，逐步完善来华留学质量保障体系建设。此外，坚持中国政府奖学金预科教育考核制度，不断完善预科教育。根据《留学中国计划》的要求，我国建设了50多个来华留学示范基地；评选了300门英语授课品牌课程；坚持推进管理队伍建设，培训了基层留管干部2 000多人；设立了两家英语授课师资培训中心，为来华留学教育质量建设提供内生动力。

此外，我国在来华留学生教育方面精准培养，发挥中国政府奖学金的示范引领作用，提升国际人才培养与国家战略需求的契合度。例如，设立中蒙、中坦、中埃和中印尼等13个专项奖学金；配合高级别人文交流机制，设立中美、中欧、中俄人文交流奖学金；配合"一带一路"倡议，每年共向沿线国家提供1万个新生名额；新设"丝绸之路"中国政府奖学金，通过部委合作、校企合作、省部合作模式，提供行业人才支撑；注重高端人才培养，设立"卓越奖学金项目"，培养发展中国家青年精英和未来领导者。在国家政策引领下，各地方政府、企业和高校纷纷设立了奖学金或助学金，形成了来华留学的多元化资助体系，为本地区社会经济发展储备了国际人才。

# 第四节

# 基础教育阶段学生的出国留学教育

在我国，基础教育阶段主要指小学、初中和高中教育阶段，是相对于高等教育阶段而言的。在本研究中，基础教育阶段的留学生指的是年龄大多不满18周岁，未接受高等教育就到境外学习的学生，他们主要就读于国外的中小学、语言学校、公立高等教育机构的预科班或语言培训中心以及其他一些私立培训机构，社会上一般称为低龄留学生或小留学生。尽管一般而言出国留学教育多发生在高等教育阶段，但随着教育国际化趋势的进一步加强，基础教育阶段的学生出国留学现象也日趋增多，因此，这些低龄学生的出国留学教育就成为基础教育国际化的一个重要表现，出国留学低龄化由此成为社会关注的一个话题。

## 一、基础教育阶段学生出国留学现状

### （一）我国留学生低龄化现象的基本表现

改革开放后，特别是进入21世纪后，中国经济进入了高速发展的快车道，无论是国家还是城市家庭，经济水平都在稳步提升，出国留学便具有了一定的经济基础。一个有趣的现象是，随着出国留学规模扩大，留学的学历层次也逐步下移：20世纪80年代之前，出国留学生大多是到国外攻读硕士或博士学位，留学的学历层次高；进入90年代，开始有高中毕业生到国外去读本科；90年代末期之后，中学生甚至小学生出国学习的现象也逐渐增多。这说明，随着留学的普遍化，越来越多有经济能力的家长开始让孩子从小就接受国际化的优质基础教育。

有关研究机构的统计数字也说明了这一点。据《中国留学发展报告（2012）》显示，2009年中国有2.6万名学生赴美读预科，比2008年多两倍；2010年我国出国留学的高中及以下学历学生人数为7.64万，占当年出国留学总人数的19.8%。2011年仅高中生出国学习人数就高达7.68万，占当年我国总留学人数的22.6%。[1]

从地域分布来看，低龄留学生多出自大城市的富裕家庭。数据显示，在上海18岁以下青年出国人数不断攀升，15—18周岁这一年龄段，青年留学人数2010年比2005年上升了21倍；6—14周岁这一年龄段，上升了4.3倍。需要说明的是，6—14周岁移民的人数多于15—18周岁，这一年龄段的小孩基本上是随父母移民，父母年龄大多是40岁出头。而北京的留学人数在全国排名第一。2011年度我国出国留学

[1] 中国青少年研究中心课题组.我国低龄留学生发展状况研究报告［J］.中国青年研究，2013（11）：7.

总人数为33.97万人，这一年，北京自费出国留学人数占全国的1/3，达11.5万人，其中，小留学生占4.6万人，比例高达40%。低龄留学的现象，在北京表现得很突出。[1]

### （二）低龄留学生出国留学的原因

#### 1. 国内高考压力大，不少高中生"弃考"选择出国留学

据媒体报道，我国的高考竞争之大，可以用"惨烈"二字来形容。多年来应试教育大行其道，学校教育追求分数、排名和升学，学生的个性发展受到压抑，得不到全面发展。鉴于这种种弊端，不少富裕的家庭选择放弃国内高考，让孩子出国留学。这直接导致了低龄化留学潮以意想不到的速度迅速膨胀。根据教育部的统计数据，2009年全国高考报名人数为1 020万，当年有750万应届高中毕业生报考，所占比例为73.5%；而根据全国教育事业发展统计公报数据显示，2009年全国应届高中毕业生为834万人，这意味着当年有84万高中毕业生放弃了高考。据中国教育部公布的数据显示，2010年的高考弃考人数接近100万，因出国留学而选择弃考者约占1/4。[2]

这种"弃考"，最初是一些在高考中竞争力不强的学生选择了"洋高考"。他们在同龄人中不是顶尖的学生，没有把握考入重点大学或自己心目中的名校，于是另辟蹊径。但近些年来，这方面的情况已经发生很大变化，越来越多的尖子生也加入"洋高考"的行列。优秀高中生加入出国留学大军，在一定程度上反映出城市家长对国内高考

[1][2] 中国青少年研究中心课题组.我国低龄留学生发展状况研究报告［J］.中国青年研究，2013（11）：7.

以及高等教育的不满和失望。例如，在北京、上海等大城市，选择
出国的优秀学生越来越多，很多重点高中都设有"国际部"或"国
际班"，不少优秀学生从高一时就把升学目标定为哈佛大学、耶鲁大
学、牛津大学、剑桥大学等名校，这种现象值得我国的高等教育界
深思。

### 2. 高收入家庭注重对孩子的教育投资

中国人有重视教育的优良传统。当一个家庭有了足够的经济条
件可以支撑孩子出国留学时，有的家庭的出国留学选择就变得非常现
实：低龄留学生自费出国留学，实质上就是中国家庭购买海外院校的
教育产品。培养一个孩子在国外完成从中学到大学阶段的学业，大约
需要耗资数以百万元的人民币。当家庭资产快速增加、付出这些学费
不影响家庭经济发展时，很多家长是愿意为孩子付学费的。而且，根
据人力资本理论，对教育的投入会获得长久的回报，家长们也认为这
种教育投资会带来积极的收益。

出国留学低龄化这种行为的发生与一个国家经济发展水平紧密相
关。留学低龄化的发展趋势，与经济、社会发展的水平有关。当一个
国家的人均GDP发展到一定水平时，也会出现出国留学的需求，而
且当人均GDP达到一定水平时，出国留学的数量会大幅增长。根据
国家统计局统计，2008年我国人均GDP超过3 000美元，2010年超过
4 000美元，2015年超过8 000美元；而在2019年，我国GDP的总量
达到了99.1万亿元，接近100万亿元人民币，按平均汇率折算，人均
GDP达到了10 276美元，突破了1万美元大关，已经非常接近世界上
中等偏上收入国家的平均值。正是这种经济上的强劲发展为越来越多
的中国家庭提供了送孩子出国留学的底气，低龄学生出国留学的热潮
不可避免。

### 3. 家长的国际化发展理念进一步推动了低龄学生出国留学的热潮

当前中小学生的家长基本上是"70后""80后"，这是改革开放后出生的新一代的中国家长。他们赶上了国家经济快速发展的大好时机，生存状况和发展前景比起他们上一辈有了极大的改善，家庭生活因而逐步富裕起来。同时，在教育上他们亲身经历了高考竞争的残酷，而当下的学校教育也没有完全摒弃应试教育的弊端，他们以自己的亲身经历总结在国内求学的得与失。尤其是大城市的家长，他们经过自己的打拼过上了优越的生活，于是迫切希望下一代能够在社会阶层上继续向上流动，最起码保持现在的阶层，不至于掉落。出国留学热折射出深层的社会问题，也折射出中国家长的集体焦虑。基于对现有教育的缺陷、大规模的大学扩招后带来的大学生就业问题等的思考，在规划子女教育的时候，他们将眼光投向教育更发达的欧美国家，由此带来留学生低龄化也就在所难免了。

上述分析说明，中国家长对孩子的人生规划越来越体现出国际化发展理念。随着中国经济的崛起，中国家庭财富的增加及教育理念的国际化：一方面，很多家庭把教育作为一项长期投资对待；另一方面，让孩子接受相对优越的国际教育，对他们的长远发展更有裨益。根据某机构的调查，在关于"出国留学目的"的调查中，选择"增强竞争力"和"充电、增加学识"的比例接近50%。数据表明中国学生和家长的关注度已经从让孩子接受国际教育，转向对孩子国际竞争力的培养，以期在未来的全球化竞争中占据金字塔塔尖的位置。调查中，20%多的人选择了出国留学可以让自己拥有更好的发展空间，这也是为应对未来职场竞争进行的积极准备；同时近20%的人选择了"丰富人生经历"，从侧面表明，留学是一种增加人生阅历、培养精英素质的良好方式。全球化的竞争，需要具备国际竞争力的优秀人才，这已得到越来越多的学生和家长的认同。[1]

## 二、存在的问题与对策

### 1. 低龄留学生出国后遭遇一系列不适应问题

据调查，脱离了父母的监管后，由于生活环境、心理素质、社会适应能力的差别，部分低龄出国留学生出现了不同程度的适应性心理问题或障碍，甚至导致学习成绩不合格、学习效率低、学习中断或被迫提前回国等，使出国留学的预期目标难以实现。相比于大学本科或研究生阶段的留学生，低龄出国留学生由于其认知能力、社会性思维能力都还处在发展阶段，加之没有在外独立生活和学习的经验，特别是这一代的低龄出国留学生大多数是独生子女，对父母与家庭的依赖心理非常大，出国后，他们同父母的联系日益减少，需要独自面对新的生活和学习环境，需要对自己的行为负责任，这一发展过程的直接结果是归属感和安全感丧失。有研究认为，低龄出国留学生适应性问题产生的最主要原因是安全感的缺乏。有学者提出，孩子在青春期有两种基本的需要，即安全和满足的需要，而这两种需要的满足完全依赖于父母，当父母不能满足未成年孩子这两种需要时，未成年孩子就会产生基本焦虑。安全感是人的第一心理需要，当一个人没有安全感时，就容易产生心理问题，从而不能适应所处的环境。是否能产生安全感，有很多方面的因素，既有主观的也有客观的。可能导致低龄出国留学生安全感缺乏的因素和表现有：生命安全感的缺乏、人际

---

[1] 启德2012年中国学生留学意向调查报告［EB/OL］. http://edu.sina.com.cn/a/2012-01-10/1645211315.
shtml.［2020-04-13］

关系、生活环境和学习安全感的缺乏、情感和社会支持系统安全感的缺乏。[1]

这方面最基本的对策，就是加强对低龄留学生的安全教育，并在价值观等方面进行正确的引导。随着留学生规模的增加，涉及中国留学生各个层面的安全问题都已逐渐显现，并引起中国政府、社会各界、留学人员和专业研究人员的高度重视。留学生的安全隐患主要表现为自我保护意识差，出现意外几率高，自我辨别能力差，上当受骗案件频发等。一方面，低龄留学生如果自制力差、心理承受能力弱，加之缺乏家长的监督和正确引导，就易受到当地不良风气的负面影响，导致走向堕落；另一方面，低龄留学生的社会和生活经验通常都不足，缺乏自我保护意识，容易轻信他人，因而出现高危的安全问题，影响到学习和生活。

### 2. 低龄留学生自主能力差，缺乏明确的学习目标和发展规划

低龄留学生的背后，主要还是家长在起推动作用。有些家长出于盲目攀比的心理选择了不适合孩子发展的求学道路；有部分家长甚至存在盲目崇拜"洋文凭"的跟风心理，听别人夸耀国外教育好，就对国外的教育方式推崇备至，觉得中国的应试教育不利于孩子的成长。学生自己由于对国内高考制度恐惧，为了逃避激烈的竞争而选择出国，自以为出国学习的竞争就没有那么大。这样的出国留学使得学习目标不明确，也没有合理的学习计划和职业规划。

为解决这方面的问题，加强专业指导是根本的出路。由于学校及家长未能给学生适合自身发展的指导帮助，学生就会产生迷茫和困

---

[1] 胡婷，宋奕，张雯雯，祁丽君.低龄出国留学生适应性心理问题与对策探讨［J］.湘南学院学报，2017（1）：109.

惑。随着留学低龄化浪潮的进一步席卷，出国留学的群体将日益增加。他们在储备基础文化课程的同时，也急需专业的出国语言培训和留学咨询服务，帮助他们更精准地选择留学国家、专业及进行留学规划等。作为留学机构，在提供基础留学服务的同时，也要不断提升整体的留学服务质量，将服务内容延伸至留学规划、职业规划等方面，为学生们提供信息更加对称、匹配度更高的精准留学服务。有机构做了一项调查，在提及"有无清晰的个人发展"时，仅有17.42%的人有很清晰的长远规划；高达37.23%的人只做了短期的规划；还有多达31.15%的人只有大概的想法，但没提上日程；选择"没有规划，走一步看一步"的人占了7.28%。[1]这些数据基本上能够体现目前大部分中国留学生的真实状态，他们对学业有较理性的规划，对长远的人生发展比较模糊，缺乏清晰合理的定位与规划。有专家表示，出国留学是一项系统工程，须谨慎对待，认真规划，才能将留学的宝贵经历转化成未来的职场竞争力。

### 3. 留学中介和留学预备学校不规范

尽管这个问题不是低龄留学生本身的问题，但对他们的出国留学产生了很大影响。绝大多数低龄出国留学生都是通过留学中介机构出国的，教育部通过教育涉外监管信息网公布通过资格认定的自费出国留学中介机构，这些机构有数百家之多；但有些没有通过资格认定的机构也在开展出国留学服务活动，甚至有的国外高校委托代理人在我国招收自费出国留学人员。伴随高中生"留学热"这一社会现象的产生，各种出国培训机构、出国代办机构、留学中介等大量涌现，有的

---

[1] 启德2012年中国学生留学意向调查报告［EB/OL］. http://edu.sina.com.cn/a/2012-01-10/1645211315. shtml.［2020-04-13］

留学中介因利益驱动，成为国外某些高校招生的代理。不少自费留学中介机构多以营利为目的，利用家长望子成龙的心理，夸大效果搞宣传。而部分留学申请者对国外学校的情况缺乏真实判断和全面了解，这种信息"不对称"严重影响家长和学生对学校作出正确的选择。国外相关机构为获得经济利益，也大张旗鼓地在中国留学市场拓展份额。

要解决这一问题，最根本的途径就是健全留学中介机构的服务体系。相关部门要坚决取缔未经教育部予以资格认定的自费出国留学中介机构，不允许无资质留学中介机构经营自费出国留学业务。并对已批准的自费出国留学中介机构严格监督管理，定期检查评估，发现有违规违纪、坑蒙拐骗行为者，严肃查处。根据有关规定，国内越来越多的留学中介机构要求我国驻外使馆教育处协助对国外合作学校的资质进行认证，并通过国家有关部门加强管理；各省教育行政部门加强了自费留学网页等宣传信息建设，明确了对国外学校进行资质认证的唯一机构；加强自费留学中介机构的售后服务工作，建立自费留学人员数据库并跟踪管理。同时，留学中介机构也要加强自身专业性，广泛、全面地提供留学信息，不再单纯地以价格战为赢得竞争的手段，要着重于提供人性化的服务，帮助学生做出专业挑选与职业规划相一致的选择，不断提升服务质量，遵循政府提倡的培养人才导向。[1]在公平竞争、优胜劣汰的基础上，培育和规范自费留学中介服务市场，对面向未来的留学生教育实现健康和长远发展是至关重要的。

---

[1] 李祖超，汪孟旋.我国高中生自费出国留学问题分析及对策建议 [J].江汉大学学报（社会科学版），2013（5）：116—117.

第八章

教育国际化背景下的国际
教育援助

国际援助是"二战"后形成的一项重要的国际事务。美国援助欧洲的"马歇尔计划"就是一个重要的起点。国际援助主要是发达国家承担起援助欠发达国家的责任，推动落后国家的经济社会发展。学校教育一直是国际援助的优先考虑事项之一，半个多世纪以来，国际教育援助既是国际教育交流与合作的重要方面，也是拓展各国对外关系的不可或缺的组成部分。"国际教育援助不仅意味着援助方和受援方之间资金的转移，同时意味着知识和技术及其他相关教育资源的转移"。[1]它是一个把先进的教育理念、教育方法和教育技术传播到受援国的过程，因此有助于发展中国家和落后地区提升教育质量，提高教育研究和教育决策的能力。

# 第一节

# 国际教育援助的发展历程和基本特征

教育援助是国际援助的一个重要领域，教育援助对全球经济和社会的发展发挥着深层次的影响作用。教育援助意味着资金和其他教育资源从援助国向受援国的转移，在这　对关系中，前者往往是发达国家，后者往往是发展中国家和落后地区，因此，教育援助也被看作是

---

[1] 赵玉池，陈时见.国际教育援助及其对世界教育发展的影响 [J].比较教育研究，2010（10）：49—54.

发达国家在教育领域承担国际责任的一部分。

## 一、国际援助概况

国际援助指的是在国际交往中援助国以各种方式对受援国提供的支持和帮助，用以促进受援国的经济、教育文化和社会的发展。在国际援助范畴内，最重要的是经济援助，所以多数情况下"国际援助"等同于"国际经济援助"。而国际经济援助指的是在国际经济交往与合作中，一国政府及其所属机构或国际组织向另一国家或地区提供用于经济和社会发展方面的赠与、中长期无息或低息贷款，以促进受援国经济社会发展的措施。它的终极目标是缩小差异和消除不平等，帮助受援国在它们自己的道路上前进，最终实现人类发展一体化的理想。

国际经济援助的形式多种多样，包括双边援助、多边援助、联合贷款、官方和民间的捐赠与资助等。提供国际援助的机构也是多种多样的，包括：（1）政府设立的专门机构，如美国国务院的国际开发署设有私人企业局，加拿大国际开发署设有工业合作司等；（2）专门的官方援助性基金会，如比利时发展合作基金会、瑞典与发展中国家工业合作基金会、芬兰工业发展合作基金会、法国援助与合作基金会等；（3）兼有援助职能的官方投资开发公司或机构，如德国对发展中国家投资金融公司，是政府执行"对发展中国家中小企业贷款"援助计划的主要机构；英国的联邦发展合作公司；法国的经济合作中央金库和对外工业开发信贷；日本的进出口银行、海外经济协力基金及日本国际合作署等；（4）多边援助机构主要是国际经济和国际金融组织，如世界银行集团、亚洲开发银行、联合国农业发展基金会、欧盟的欧洲发展基金等。

现代意义上的国际援助起源于"二战"结束后。由于"二战"对工业生产能力的巨大破坏，欧洲在战后的短时期内无法恢复被破坏的经济，甚至有些国家还遭遇了饥荒和社会动乱。由于远离战场，美国经济没有遭受战争的破坏，反而一跃成为世界头号经济强国。"二战"后不久，美国就开始投入大量资金用于欧洲重建。这些援助大多数是以间接形式进行的，其中包括作为《租借法案》中一揽子协定的继续，或由美军出面重建当地的基础设施及帮助难民等。1948年4月美国正式启动"欧洲复兴计划"（European Recovery Program），因其主要提出者是时任美国国务卿的乔治·马歇尔，因此这一计划又被称为"马歇尔计划"（The Marshall Plan）。它是"二战"后美国对被战争破坏的西欧各国进行经济援助、协助重建的计划，对欧洲国家的发展和世界政治格局产生了深远的影响。

"马歇尔计划"是"二战"后国际经济援助的典范，此后国际经济援助逐渐成为一项国际公认的政策。从20世纪50年代开始，国际经济和金融组织转而对众多的发展中国家提供国际经济援助。这些援助主要分官方和非官方两大类，在官方援助中，国际性组织、地区性机构或某个国家都有国际经济援助专案；非官方主要指私人商业银行对欠发达地区提供的低息贷款。受援助国家主要集中于发展中国家，国际经济援助已成为国际社会处理南北关系中的一个重要问题。

20世纪90年代，冷战结束之后，市场经济体制在全球范围内得以确立，意识形态问题在国际政治中的地位有所下降；与此同时，经济问题以及与之相关的全球性的问题在国际事务中的地位开始凸显，国家间以经济实力为核心的综合国力竞争愈加激烈。在这种大背景下，全球一体化的浪潮势不可挡，世界逐步走进"经济全球化"时代。经济全球化给人们带来了便利和繁荣，然而随着亚洲金融危机的爆发以及由此带来的发展问题，人们意识到国际经济援助仍然是扶持

落后国家和地区发展必不可少的重要途径，它服务于全人类的福祉和
社会发展。

当然，国际经济援助并不仅仅是一个经济问题，也没有看起来那
么简单。就其实质而言，它仍然是以美国为首的西方发达国家实现自
身利益并影响他国的手段。全球化要求消除民族和国家之间的限制，
实现生产要素和资源的全球性优化配置，这在一定程度上导致国家经
济主权受到制约，并最终扩散至其他领域，导致受援助越多，受到的
制约越强。

## 二、国际教育援助的发展历程

国际教育援助是国际援助行为得以发生的具体领域。在援助过程
中，以发达国家政府、多边国际组织、非政府机构及其他私人部门为
代表的援助方为受援国在教育领域的发展提供援助，援助形式包括贷
款、无偿赠款或提供其他教育资源，如派遣师资和专业技术、提供教
育设施设备和奖学金等，以帮助这些国家和地区改善办学条件、促进
学校教育发展。

国际组织在国际教育援助中作出了重大贡献，其中最有影响力的
两个国际组织是世界银行和联合国教科文组织。近半个世纪以来，随
着社会环境的不断变化，国际组织的国际教育援助战略也随之改变，
在不同的时期表现出不同的特征。"二战"结束后，联合国及其下属
机构与世界银行在成立后，开展了多边援助，这是世界范围内大规
模、制度化的国际发展援助行动的开端。当时的国际教育援助主要表
现为由相关组织推进的技术支持和职业培训活动，这一取向影响到一
些发达国家的对外援助，如美国的"第四点计划"成了"扩大的技术
项目援助"的重要组成部分。1949年美国时任总统杜鲁门的"第四点

计划"提出，让欠发达地区从美国的科学进步和工业发展中受益，这标志着发展中国家成为国际教育援助的对象。

20世纪50—60年代，国际教育援助兴起并获得了巨大的发展。受人力资本理论的影响，教育作为经济建设中人力资源开发的重要手段得到社会的重视。独立后的发展中国家大多重点发展中等教育、高等教育和职业技术教育，而不是初等教育，国际教育援助的对象也倾向于中等教育、高等教育和职业技术教育。

20世纪60年代末70年代初，发展中国家出现贫困、失业、经济衰退等问题。教育也出现危机，如库姆斯的《世界教育危机》指出，教育系统没有及时应对政治经济变化带来的各种形式的不平衡。20世纪60年代末70年代初到冷战结束之前，国际组织教育援助的特点是：开始重视受援国自身的能力建设；逐步认识到初等教育对于发展中国家的重要性。这时期的国际教育援助包括语言教学和文化交流、派遣教师和专家、帮助建立新大学和技术院校，从而帮助受援国建立完整的现代教育体系。

20世纪50—60年代，发展中国家偏重中等教育和高等教育的发展，但其收效并不高。基础教育投入不足，学生留级率、辍学率持续上升，学习能力低下，水电等基本教学物资匮乏，教学设施和设备短缺，师资配备不足。[1]20世纪70年代，世界上一些发展中国家和国际组织提出的"以满足人的基本需求为目标的发展战略"开始受到更多的关注，且有研究表明基础教育的投资收益率是最高的。20世纪70年代国际教育援助的重点转移到与人类生活密切相关的基础教育、卫生、饮水等领域，并加强了对弱势群体的扶贫工作。20世纪80年代

---

[1] 袁本涛.发展教育论［M］.南京：江苏教育出版社，2005：536.

对基础教育的援助大多数流向低收入或中低收入国家，援助的重点是基础设施建设，农村教育、女童教育不再被忽视。

20世纪90年代，国际教育援助以满足每个人的受教育权和基本学习需求为目标。1990年，联合国教科文组织等国际组织召开以"全民教育——满足基本的学习需要"为主题的世界全民教育大会，会议通过了《世界全民教育宣言》和《满足基本学习需求的行动纲领》。《世界全民教育宣言》提出要满足处境不利的受教育群体的受教育权和基本的学习需要。同年，世界银行重申"对初等教育的投资回报率高于其他层次的教育"。

进入21世纪，国际发展援助再次聚焦贫困问题。2000年4月，世界教育论坛在达喀尔召开，会议通过了《达喀尔行动纲领》以兑现全民教育的承诺。《达喀尔行动纲领》包括两个关键点：一是为所有国家提出了到2015年要实现的六项宽泛的教育目标；二是为国际社会、国家、政府、非政府组织等利益相关者制定了12项战略。在达喀尔会议召开后的一段时间内，教育援助增长很快。"2000—2004年，对教育领域的直接援助额度从46亿美元增加到85亿美元，提高了85%。"[1]

总体而言，20世纪90年代至今，国际教育援助增长较快，在基础教育领域尤为明显。2010年联合国教科文组织公布的《全民教育全球监测报告》显示，在普及初等教育方面，世界上一些最贫穷的国家极大地提高了入学率，性别差距在缩小，弱势群体比以往拥有更多的机会，发展中国家学业完成率上升。但是也要看到进步是局部的，性别差距依然存在，初等教育还没有普及到边缘群体的每个人。而援助

---

[1] 赵玉池.国际教育援助发展的四个历史阶段 [J].外国教育研究，2013（5）：80—87.

资金的限制阻碍了国际社会推动发展中国家满足全民基本学习需要的宏观目标，也阻碍改善处境不利儿童获得受教育的权利。20世纪90年代以来，国际教育援助已经进入全面发展阶段。在援助规模上，总体呈现增长态势；在援助形式上，也从传统的项目援助转向全面的"部门援助"和"计划援助"；在援助类型上，从传统的双边援助走向多边援助。[1]

## 三、国际教育援助的基本特征

### （一）国际教育援助具有阶段性

"二战"结束后，国际教育援助的发展经历了四个重要阶段：（1）兴起和初步发展阶段（1945年到20世纪60年代末），该时期主要表现为遭受"二战"破坏的西欧国家在美国"马歇尔计划"的援助下快速恢复工业生产、发展经济，同时教育领域也得以逐步恢复和发展；（2）深化阶段（20世纪60年代末到70年代末），该时期的国际教育援助开始重视受援国自身的能力建设，注重发展环境和专业技术力量，逐步认识到初等教育对于发展中国家的重要性；（3）政策调整阶段（20世纪80年代到冷战结束），这时期的国际教育援助包括语言教学和文化交流、派遣教师和专家、帮助建立新大学和技术院校，从而帮助受援国建立完整的现代教育体系；（4）全面发展阶段（20世纪90年代至今），国际教育援助出现新的特征，即联合国重回国际事务舞台的中央，世界银行、国际货币基金组织等开始关注全球教育发展问题，国际教育援助更注重个体发展，以满足每个人的受教育权和基本学习需求为目标。

---

[1] 熊淳.国际教育援助的人文理性：基础教育援助的价值取向 [J].教育发展研究，2012（12）：27—30.

这些发展阶段各自的特征折射出国际社会对教育援助的认识，也体现了不同时期的发展观对教育援助的影响。在社会历史领域，发展观是一定时期经济与社会发展的需求在思想观念层面的聚焦和反映，是一个国家在发展进程中对发展及怎样发展的总的和系统的看法。确立什么样的发展观，是世界各国面临的共同课题，它也是伴随各国经济社会的演变进程而不断完善的。迄今为止，发展思想的演变经历了经济增长观、社会发展观、综合发展观和以人为中心的发展观几个阶段。经济增长观注重经济发展和经济利益的回报，看重的是有了教育投入就应该带来积极的产出；社会发展观突出社会性的考量，看重教育援助带来怎样的社会影响；综合发展观强调对整体因素的关照，关注社会各方面的均衡发展；以人为中心的发展观则把个体发展视为社会发展的核心，只有人发展了，社会才能发展。因此，在不同发展观的影响下国际教育援助也体现了不同的关注重点和援助战略。

## （二）援助机构多元化

根据援助的来源机构划分，国际教育援助可以划分为多边教育援助、双边教育援助以及非政府机构教育援助。主要的多边教育援助机构，一个是联合国系统中的援助机构，如联合国教科文组织、联合国开发计划署、联合国儿童基金会；另一个是布雷顿森林体系下的世界银行。在双边教育援助方面，主要的提供方为经合组织下属发展援助委员会（DAC）成员国，包括英国、美国、日本、加拿大等国。除了国际组织、发达国家政府和其他双边援助提供者外，非政府机构也在广大发展中国家开展教育援助。非政府机构主要包括各种慈善基金会、志愿者组织、商业机构、大学及其他一些私人机构等。

几种类型的援助各有优势，相互补充，共同为发展中国家的教育发展提供资金、知识、技术和其他资源的支持。我国从1979年开始正式接受来自西方国家、国际组织和非政府机构的援助。30余年来，我国作为受援国，经历了开始接受援助到成为较大的受援国，再到从国际援助体系中"毕业"（目前我国已经成为其他发展中国家重要的教育援助力量），这一变化过程体现出以下特点：国际组织是对华教育援助的核心力量；越来越重视基础教育的发展和能力建设等"软件"的改善；外部教育援助能够密切配合和支持我国教育发展政策和战略。

### （三）国际教育援助的取向处于不断变化中

援助取向是援助行为的一种导向，折射出援助方和受援方对国际援助行为的理解，以及对援助行为产生的后果的认识和预判。半个多世纪以来，国际教育援助的发展体现了如下特点：从关注经济增长转向满足人类基本需求；从"硬件支持"转型到"软件建设"；援助的方式从"项目援助"转向"部门援助"和"计划援助"。

无论哪种取向和转变，跟政府与私人机构相比，国际组织在教育援助中发挥着越来越重要的作用，这一点是毋庸置疑的。特别是联合国教科文组织、世界银行、国际货币基金组织等，这些国际组织日益承担起全球责任，为欠发达国家和落后地区的学校教育提供各种援助，包括贷款、无偿捐赠、师资培训、提供教育教学设施和用具，比如捐建学校、教室、图书馆、厕所等。国际组织的这些努力更有可能超越国家利益的考量，从而真正服务于受援国的教育发展，对促进全球教育的发展起到了积极的作用。

# 第二节

# 主要国家教育援助的政策与实践

国际教育援助主要发生在发达国家和欠发达国家之间，前者是援助方，后者则是受援方。由于教育援助同时涉及经济发展，因此国家之间的教育援助又与"南北发展"问题有着千丝万缕的联系。这些复杂的关系也考验着双方的交往智慧，只有双方共同努力，才能推进国际教育援助的发展。

## 一、发达国家的教育援助政策与实践

美国作为最早对发展中国家进行教育援助的国家之一，其援助的区域主要包括撒哈拉以南非洲、亚洲、中东、拉丁美洲和加勒比地区、欧洲。"二战"后，美国实施了第一个援助计划为欧洲提供了大量的援助，并帮助非洲大陆重建基础设施，加强当地的经济。

"马歇尔计划"后，美国教育援助的又一个里程碑是1961年时任总统肯尼迪签署了《对外援助法》，成立了美国国际开发署（USAID）。美国国际开发署是一个独立的联邦政府机构，接受国务秘书的总体外交政策指导，由总统任命并由参议院确立行政长官领导。美国国际开发署与其他美国政府机构、捐助者、多边机构、民间组织和私营部门合作，确保受援国所有人享有全纳的、高质量的教育——特别是边缘化和弱势人群。美国国际开发署教育战略的目标包括：提高小学生的阅读技能，增加学业成功率；增加青年就业机会，加强高等教育体系，使青年找到好工作，为国家经济发展作出贡献；在危机和冲突环境中增加平等接受教育的机会。[1]美国国际开发署的成立标志着美国对外援助工作的不断深入，是第一个把经济和社会进步纳入全球长期发展重点的美国对外援助机构。

进入21世纪，美国在2005年发布了《教育战略：通过学习改善生活》，重点阐述了美国新时期的两个教育援助目标：促进公平的、有质量的教育，加强劳动力市场的知识和技能。为了响应新时代人人接受教育的呼吁，2010年底，美国国际开发署制定了《2011—2015年教育战略》。这一教育战略以发展为前提，即教育既是人类发展的基础，也与广泛的经济增长和民主治理密切相关。根据预计的资源可用性和上述政策原则，当时美国国际开发署提出了追求三个全球教育目标的计划：到2015年，提高1亿小学生的阅读技能；提高高等教育和劳动力发展计划的质量，培养与国家发展目标相关的劳动力技能；在危机和冲突环境中，到2015年增加1 500万名学习者公平的受教育机会。结果显示，《2011—2015年教育战略》资助了45个国家的151个基础教育项目，直接惠及4 160多万名儿童和青年；在危机和冲突环境中，为1 180万名儿童和青年创设了安全的学习环境、建立了优质的教育系统；帮助60.9万人改善了就业。[2]

在教育援助方面，英国的援助理念是"减贫"。1997年成立的英国国际发展部（DFID）作为援助机构，在教育援助方面的主要工作包括：普及基础教育、平衡性别差异、全民教育、提升教育质量、艾

---

[1][2] 美国国际开发署［EB/OL］.https://www.usaid.gov/education.［2019-10-28］

滋病防治教育、动乱和不稳定区域的教育、高等教育和职业教育。随后，英国国际发展部公布了白皮书《消除贫困：21世纪的挑战》。白皮书指明了援助的重点领域是：促进可持续发展、关注贫困阶层的教育与医疗、改善自然资源和环境保护。2000年发布《消除贫困：让全球化惠及贫困人口》白皮书，再次强调援助目标的同时，重点分析了全球化进程给贫穷国家带来的挑战与机遇。英国国际发展部为了改善世界上最贫穷国家的教育，2013年发布了《教育立场文件：改善学习，扩大机会》。为了兑现千年发展目标和全民教育目标的承诺，英国国际发展部将工作重点放在三个核心事项上：提高学习质量；帮助所有儿童，特别是贫穷国家的儿童接受教育；让女童留在学校。为了实现这些事项，英国保守党和自由民主党联合政府发表了《2010—2015年政府政策：发展中国家的教育》，阐述了到2015年的教育援助计划是：提高教育水平，培训19万名教师，引进教育监测，给予家长更多的发言权，使他们能够确保子女从高质量的教学中受益；为1 100万名儿童提供教育，通过"女童教育挑战"让更多女童入学；通过提高非洲和亚洲200多所高等教育机构的质量来支持高等教育的发展，每年为750—800名英联邦学生提供奖学金；把一半的教育援助经费用于失学儿童占比高于2/5的不稳定或处于战争中的国家；让儿童入学并留在学校，提高教育质量。

日本在"二战"之后曾经接受过国际援助，随着经济的发展，日本从受援国变为援助国。日本的国际援助部门是日本国际协力机构，该机构的教育援助业务主要包括学校教育、扫盲教育、社会教育、职业培训等。1954年，日本加入援助南亚和东南亚国家的"科伦坡计划"，这标志着日本的援助国地位得到国际认可。20世纪60年代，日本继续扩大接收外国留学生的数量并且参与"卡拉奇计划"，这一时期的国际教育援助强调经济发展。1974年发布的《教育、科学和文化国际交流报告》奠定了日本20世纪70—80年代国际教育合作与交流的基础。1989年，日本的官方发展援助金额以89.65亿美元超过美国居世界第一。[1]

## 二、发展中国家接受基础教育援助的实践

在国际教育援助中，发展中国家一般扮演的是受援助的角色。尤其是印度、孟加拉国、巴基斯坦、尼日利亚等国，其教育普及水平低下、失学儿童数量巨大，而政府又无法在短期内有效提升教育质量，因此，这些国家往往接受较多的国际教育援助。下面以印度为例，简要分析发展中国家在接受国际教育援助方面的实践。

印度人口众多、出生率高，教育普及成为政府多年来必须面对的严峻挑战。然而，在1990年之前，印度接受的国际教育援助非常少，其中的重要原因在于印度政府有意识地对外部援助进行抵制，不欢迎外部力量介入其基础教育体系。但在2000年之后，随着国际社会对普及全民教育的关注，印度政府也开始转变态度，积极接受外部援助。由此，国际社会对印度基础教育的援助水平快速提升。

20世纪90年代之前，印度接受的国际援助较少，较早的援助项目有1986年由英国海外发展机构支持的"安得拉邦基础教育项目"（APPEP），以及联合国儿童基金会支持的一些非正规教育项目。进入20世纪90年代，印度接受的外部援助主要包括联合国儿童基金会的"比哈尔邦教育计划"、瑞典国际发展机构在拉贾斯坦邦发起的"边远地区小学教育计划"、世界银行支持的"北方邦基础教育计划"，此外

---

[1] 彭丽婷.国际教育援助实践及启示［J].世界教育信息，2018（24）：29.

还有当时的欧洲共同体对印度基础教育提供的信贷补充援助等。进入
21世纪之后，印度接受援助的质量进一步提高，其利用外部资源发展
自身教育的水平也不断提高。例如，2001—2012年，印度利用外部资
金和办学经验，启动了"初等教育普及计划"，该计划不仅要普及5年
的初级小学教育，而且要普及8年的初等教育。

除了整体性的教育改进项目，印度政府积极将援助资金和其他
资源落到实处，切实解决学校教育的现实问题。例如，2005年联合
国儿童基金会与宜家社会服务机构合作，为印度没有通电的中小学
提供太阳能灯。2009年，宜家发起"安全优质教育计划"和"重返
校园计划"，与联合国儿童基金会一起，在印度北方邦八个地区的学
校建设厕所和其他卫生设施，为儿童提供肥皂，以及帮助童工重返
校园。

教育援助不仅体现为经济上的支持，一些先进的办学理念和教育
思想也会在援助过程中融入受援助国的教育实践。印度在接受外部资
金支持的同时，也吸收了国外的教育经验，这有助于提升其教育质量
和办学水平。经过多年的努力，印度基础教育质量有了一些提升，例
如，儿童的辍学率不断降低，具体见表8-1。

表8-1　印度儿童辍学情况

| | 2006年 | | 2009年 | | 2014年 | |
|---|---|---|---|---|---|---|
| | 辍学人数 | 百分比 | 辍学人数 | 百分比 | 辍学人数 | 百分比 |
| 总体 | 1 345万 | 6.94% | 815万 | 4.28% | 606万 | 2.97% |
| 男童 | 677万 | 6.18% | 410万 | 3.92% | 316万 | 2.77% |
| 女童 | 668万 | 7.92% | 404万 | 4.71% | 289万 | 3.23% |

（资料来源：Department of School Education and Literacy & Department of Higher Education,
Ministry of Human Resource Development. Annual Report 2014-15［EB/OL］.http://mhrd.gov.in,
2015-12-31.）

印度作为接受教育援助的大国，在利用外来教育援助的资源配置上，曾一度集中于高等教育和职业教育领域，而很少将资源分配给基础教育。进入21世纪后，援助资金开始向基础教育领域优先分配，这反映了印度政府对于通过普及教育提升人力资源整体水平的重视。通过解决经济贫困实现人类发展及追求幸福的目标相对有限，依靠高等教育和职业教育领域的援助获益的人群也相对有限，而通过解决"人文贫困"来消除经济贫困则更具有长远意义。基础教育的投入对于受援国在保健、卫生、增加选择机会、扩大社会参与等方面发挥着巨大而深远的作用。[1]发展中国家在接受国际教育援助的过程中需要有一个明确的制度设计和实践方向，这样才能更有效地利用援助资源，更好地借助外力发展本国教育。

# 第三节

# 基础教育领域的国际援助现状及启示

基础教育领域的国际援助是教育援助的重要组成部分，21世纪以来，越来越多的援助行为发生在基础教育领域。在这些援助行为中，一些国际组织（如联合国、联合国教科文组织、联合国儿童基金会、

---

[1] 胡瑞.印度接受国际教育援助的变革研究［J］.比较教育研究，2017（7）：27—32.

世界银行、国际货币基金组织等）发挥了重要的作用，不少援助案例效果突出，为我们更好地推进基础教育援助带来了很好的启示。

## 一、国际组织发起的基础教育领域国际援助现状
### （一）联合国发起的基础教育国际援助

在国际教育援助领域，联合国及其下属机构教科文组织无疑扮演了重要的角色。2000年9月，在联合国首脑会议上189个国家签署《千年宣言》，提出了著名的"联合国千年发展目标"（Millennium Development Goals），正式作出承诺：将全球贫困水平在2015年之前降低一半（以1990年的水平为标准）。"千年发展目标"有八个方面：消灭极端贫穷和饥饿、实现普及初等教育、促进两性平等并赋予妇女权力、降低儿童死亡率、改善产妇保健、与艾滋病毒和其他疾病作斗争、确保环境的可持续能力、建立促进发展的全球伙伴关系等。这八个目标中，涉及教育的包括：普及初等教育、确保不论男童或女童都能完成全部初等教育课程；促进两性平等并赋予妇女权力，到2005年在初等教育和中等教育中消除两性差距，至迟于2015年在各级教育中消除此种差距。这些要求对各国基础教育的发展起到了很好的督促和引领作用。

### （二）世界银行发起的基础教育国际援助

世界银行由国际复兴开发银行、国际开发协会、国际金融公司、多边投资担保机构和国际投资争端解决中心五个成员机构组成。其使命是消除极端贫困、促进共享繁荣，通过提供资源、贡献知识、能力建设和部门合作帮助人们改善生活环境。世界银行于1994年发表了第一个关于高等教育政策的声明——《高等教育：经验的教训》，此

后还发表了一系列有影响的报告。世界银行在教育领域的工作主要是发布政策报告、提供财政支持（如贷款）、收集分析数据、提供教育发展建议、赞助地区性的会议等。

与联合国教科文组织一样，世界银行也提出了一些有影响的教育发展理念，为基础教育国际化发展提供了重要的理念准备。其最核心的理念，就是发展"全民教育"，以此为中心规划教育战略。1990年，世界银行倡议发起的世界全民教育大会在泰国宗迪恩举办，大会通过的《世界全民教育宣言》指出，明显加重的债务负担、经济停滞和衰退的威胁、人口的迅速增长、国家之间及各国内部日益扩大的经济差距，本可预防的无数儿童的夭亡以及普遍的环境退化，这一系列问题限制了为满足基本学习需要所作的努力，而相当一部分人基础教育的缺乏又阻碍了各社会全力且有目的地解决这些问题。这些问题导致了20世纪80年代基础教育在许多最不发达国家的明显倒退。在其他一些国家中，经济的增长使资助教育的扩展成为可能；但即使如此，仍有许许多多的人处于贫困之中，未受过教育或仍为文盲。在某些工业化国家，整个80年代政府开支的削减也造成了教育状况的恶化。宣言还指出：教育是世界上所有人和所有民族的基本权利；教育有助于确保一个更安全、更健康、更繁荣、环境保护得更好的世界；教育有助于社会、经济和文化的进步，有助于宽容和国际合作；教育是个人和社会进步的关键；基础教育必须普及，其质量必须得到提高。

2000年，在世界银行的倡议下，世界教育论坛在达喀尔举办，论坛委员会基于1990年的《世界全民教育宣言》，起草了《达喀尔行动纲领》。该纲领重申每个人的教育权和学习需要，回顾了过往全球基础教育治理取得的成就与不足，评估了现存的全球教育问题，并提出六项全民教育目标。《达喀尔行动纲领》指出，"任何对实现全民教育作出严肃承诺的国家都不得因资金不足而贻误这一目标的实现"。[1]《达喀尔行动纲领》的出台使得世界各国再次认识到教育的重要性及教育问题的严峻性，纲领也提出了一系列具有可行性的全球教育治理途径，并鼓舞各方达成治理目标。此外，《达喀尔行动纲领》多次提及"筹资""减贫""援助"等词汇，让各方代表意识到了国际教育援助投入的重要性。

在世界银行的推动下，自《达喀尔行动纲领》发布以来，国际教育援助开始向基础教育领域倾斜。20世纪90年代前，全球经济不景气的背景下，出于满足社会快速发展和对精英及技术人才的急迫需求，以及基础教育分布过广、需要持续大量投入等原因，基础教育领域得到的教育援助并不突出，不具备优先性。比较明显的例子是，1981—1986年，初等教育援助投入为平均每年1.813亿美元，仅占年均教育援助投入额的4.3%，约2/3来自多边机构，且整体上逐年下降，其中32%被分配到低收入国家，57%被分配到中低等收入国家[2]。但随后的发展现实是，对高等教育及职业教育的援助并没有取得理想的实际效果，非洲及拉丁美洲国家在20世纪80年代反而陷入"失去的十年"，许多发展中国家暴露出适龄儿童受教育比例低、成人文盲率高等一系列教育问题。由此，国际上开始认识到基础教育的重要性。世界银行提出的"全民教育思想"，旨在使每个人都能获得满足其基本学习需要的受教育机会，其实质是关注基础教育的普及和发展。

自《达喀尔行动纲领》发布以来，基础教育援助投入的发展

[1] 王晓辉.全球教育治理——国际教育改革文献汇编［M］.北京：教育科学出版社，2008：36—40.
[2] 姜少杰.《达喀尔行动纲领》发布以来的国际教育援助投入研究［J］.世界教育信息，2019（11）：10.

是较为乐观的。2002~2014年间基础教育援助支出占比大体稳定在40%~44%，年平均占比约为41.8%。此外，2001年的基础教育援助投入水平相对2000年有小幅增加，2002年的基础教育援助投入水平与2001年相当。2003~2014年的基础教育援助年均支出额约为50亿美元，较之2002年的29亿美元有大幅提升。由此也可以看出这种投入倾向使得基础教育援助投入量显著上升。全球范围内的基础教育援助致力于确保人人获得教育，同时有研究表明，对于低收入国家，初等教育援助可以促进其经济增长，而中高等教育援助对其经济增长并没有显著的影响。显然，国际社会在新世纪肯定了基础教育对人和社会发展的重要性，并提高了基础教育援助在实践中的优先性。[1]

### （三）联合国儿童基金会发起的基础教育国际援助

联合国儿童基金会（The United Nations Children's Fund，以下简称"儿基会"）成立于1946年12月，其宗旨是满足全球发展中国家和落后地区的母亲和儿童的发展需求。它是联合国大会的下设机构，主要由联合国经济与社会理事会管理并向联合国大会汇报。儿基会设执行局管理其日常事务，包括执行联合国大会的政策、监督基金会的工作业绩、批准项目计划和项目预算、向经济与社会理事会做工作汇报等。儿基会七十多年的发展史，就是一部支持儿童教育和发展的历史。1959年，联合国大会通过了《儿童权利宣言》，规定了儿童在受保护、教育、卫生保健和良好营养等方面的权利，这也成为儿基会工作的重心。儿基会的教育援助已经成为发展中国家教育发展的重要动力和值得信赖的依靠。

---

[1] 姜少杰.《达喀尔行动纲领》发布以来的国际教育援助投入研究［J］.世界教育信息，2019（11）：10.

20世纪60年代，儿基会成立不久，其教育援助开始从关注儿童的健康和营养需求转向从更全面的视角看待儿童的发展，儿童教育问题开始逐渐受到关注。例如，1963年儿基会开始与相关国家规划部门讨论儿童的发展计划，推出相关援助项目，涉及健康、营养、家庭教育等；1964年，儿基会执行局第一次在泰国曼谷召开针对亚洲儿童需求的特别会议，同意开展亚洲教育援助项目；1967年，儿基会重申儿童发展的国家方针，目标是摆脱个别项目的限制，在国家层面上为儿童提供全面的服务。在教育援助方面，儿基会重点关注如下五个方面：（1）师资培训，负责教师培养、领导和教育行政人员的培养；（2）提供教科书纸张、印刷机、地图等资源和配件；（3）课程的制定；（4）社会人的准备教育，生存技能的教育；（5）科学教育。[1]

20世纪70年代儿基会在教育领域的投入由"人才开发"转向"社会公正"和"消灭贫困"，倡导关注弱势群体的基础教育这一理念。"1970—1971年，1 300万美元的援助中30%提供给83个国家的教育服务，重点仍旧是在课程改革、师资培训和青年人就业培训方面，为14 000所中小学、教师培训机构和1 100所职业培训学校提供设备和用品，为42 000名教师提供培训，其中包括29 000名小学教师。"[2]值得一提的是，儿基会在该时期还对受援国的课程改革进行指导，帮助这些国家给予儿童科学的思维训练，改编其教材，并为教师提供新的教育教学方法，扩大对非正规教育和家庭教育的指导，加强正规教育与非正规教育之间的联系。

20世纪80年代，儿基会开始全面关注儿童的受教育权和接受教育的质量，落实联合国《儿童权利公约》。这个事情，儿基会重点关

---

[1][2] 陆石彦.联合国儿童基金会教育援助历史的研究［D］.上海：上海师范大学，2012.

注贫困地区和国家的儿童的特殊需求，例如在安哥拉，为处境困难的儿童提供最基本的教育服务，同时对妇女进行扫盲，提高女童的入学率。在小学教育方面，通过课程改革、师资培训、教材编写等，提高儿童受教育的质量。这个时期，儿基会开始与中国政府合作，帮助教育部门在儿童的识字率、健康、营养、卫生保健等方面做出更科学的规划，有其在我国的西部欠发达地区开展教育援助，以提高该地区儿童接受教育的质量。

20世纪90年代的教育援助始于1990年联合国教科文组织和世界银行等发起的"世界全民教育运动"。同年9月，世界儿童首脑会议在纽约召开，一百多个与会国家达成共识，包括普及基础教育、到2000年小学教育入学率达到80%等。鉴于儿基会在80年代确立的儿童生存革命的一些原则，宗迪恩大会确立了六个关键目标：（1）扩大儿童早期护理和发展，特别是贫困人群；（2）至2000年实现普及小学教育；（3）使一个年龄组（80%的14岁儿童）的学习成绩提高至一定的水平；（4）至2000年成人文盲率减少一半，特别是减少妇女文盲率；（5）扩大基础教育以及青年和成人的培训规模；（6）改进知识、技能、价值观的传播方式，促进更好地生活和可持续发展。[1]这些目标也是儿基会教育援助的基本目标，儿基会的相关项目基本上围绕这些主题而设立。

进入21世纪之后，世界教育发展的格局发生了新的变化，儿基会的教育援助也出现了一些新的特征，主要是进一步保护女童受教育权、提升儿童接受基础教育的质量。尽管不少国家在21世纪获得了较大发展，但仍然有相当数量国家的儿童并不能接受完全的小学教育，

---

[1] 陆石彦.联合国儿童基金会教育援助历史的研究［D］.上海：上海师范大学，2012.

全面普及小学教育的目标并没有彻底实现，尤其在撒哈拉以南的非洲国家，小学教育的普及率勉强达到八成。联合国千年发展目标要求2015年要实现两性平等、消除教育中的性别差距，这在上述地区面临了很大的挑战。因此，这也成为儿基会教育援助的重要领域。

我国与儿基会在教育援助方面有着长期的合作。我国是人口最多的发展中国家，儿基会也积极与我国教育部门开展教育援助和其他教育合作，为我国的教育发展提供政策建议和指导。从20世纪80年代开始，儿基会与我国政府开展持续教育援助和项目合作，这些项目取得了积极的成效。例如，最近的一次援助是启动于2016年的中国教育部—联合国儿童基金会"创新性教学与教师培训项目"。该项目在2018年选择云南弥勒、广西忻城、辽宁本溪、重庆忠县、贵州盘州地区作为5个项目县开展具体的援助工作，笔者有幸受聘为该项目的国家级专家，具体负责贵州盘州项目县的各项活动，为该项目县提供全程指导。"创新性教学与教师培训项目"是联合国儿童基金会与我国教育部合作开展的、专门提升欠发达地区学校办学质量和教师水平的一个项目，它致力于改善教师相关政策，创新学校教育教学支持和服务机制；探索可持续的县级教师培训和教学支持模式，更新农村教师教学理念，提升其教学能力和专业水平；提高项目学校教师教学和学生学习的质量，促进教师专业发展和学生全面发展。

## 二、基础教育领域援助项目案例：以中国对南苏丹的教育援助为例

南苏丹共和国（The Republic of South Sudan）简称"南苏丹"，2011年7月9日宣布独立，是东非的一个内陆国家，也是世界上最不发达的国家之一。南苏丹教育水平也相对落后，教学设施匮乏，缺少

必要的教师队伍、教材教辅。在基础教育阶段南苏丹实行"8+4"学制，即8年小学教育、4年中学教育。教学语言上南苏丹以英语为主，但南苏丹当前也面临英语教师和以英语为母语的专业技术教师严重短缺这些问题。

为帮助南苏丹更好地发展基础教育，我国对南苏丹进行了一系列的教育援助。2016年11月，商务部正式立项"援南苏丹教育技术援助项目"，委托中南传媒执行对南苏丹的教育援助。项目内容涵盖五大板块：帮助南苏丹开展教育顶层设计；针对教师及教育管理者开展培训活动；开发南苏丹小学一年级数学、英语、科学教材；为南苏丹提供教材印刷；建设教育信息技术培训中心。[1]

2017年，南苏丹援助项目顺利实施：1月，南苏丹小学一至八年级数学、科学、英语的教学大纲修订工作启动；3月开展调研、召开研讨会；9月完成教育顶层设计报告；10月完成198名教师的培训工作。2017年2月与2018年5月，84个品种130.4万册教材全部印刷完毕，顺利发港，由南苏丹教育部签收；2017年8月，ICT中心搭建完成，并由南苏丹政府签收；2018年1—2月，面向南苏丹当地教师的ICT中心使用培训完成；2018年3月，南苏丹小学一年级的数学、科学、英语教材编写完毕；11月，两国正式就项目成果进行政府间移交。[2]

随着越来越多的国家加入"一带一路"倡议，我国积极实施"丝绸之路"教育援助计划，开展了"中非高校20+20合作计划"教育援外行动。该援外行动在我国和非洲国家各选择20所高校开展一对一长

---

[1][2] 张新.我国首个教育援外项目——南苏丹教育技术援助项目案例 [J].出版参考，2019（12）：102—103.

期稳定合作，合作双方在各自优势学科、特色学科领域开展实质性合作与交流，包括合作科研、教师培训、学术交流、师生互访、共同开发课程、联合培养研究生等。援助南苏丹项目是一个具体的个案，它为我国开展教育对外援助积累了宝贵的经验，也对南苏丹的教育发展产生了切实的推动作用。项目通过顶层规划设计，对南苏丹现存的教育问题进行了梳理，对包括中国在内的世界其他国家的教育发展案例进行了介绍，有助于南苏丹政府从国家层面规划长远战略与政策。项目解决了不少实际问题，为南苏丹提升了教育造血功能：项目通过为南苏丹十万名师生提供百万册教材，缓解了南苏丹教材短缺的压力；教师培训为受训教师输送先进教育理念与专业技能，并通过他们在南苏丹发挥榜样、辐射作用，提升了南苏丹师资力量培育的造血功能。

## 三、启示

### （一）国际教育援助对教育发展具有重大意义

首先，国际教育援助缩小了教育上的性别、地区和贫富差距，促进受援国的教育公平。国际教育援助不仅对受援国教育事业产生了重要的影响，而且在很大程度上促进了世界范围内的教育合作交流，推动了世界教育研究的深入发展。

其次，国际教育援助促进了发展中国家的能力建设。只有提高受援国的自身发展能力，才能减少他们对外部援助的依赖。援助国帮助受援国建立本国教育体系，使受援国加强自主管理，从而让国际援助效果最大化。

最后，援助国和受援国之间不断地沟通交流，在国际援助问题上达成共识。这促进了援助双方的进一步了解，并将双方之间的教育合作与交流从教育援助扩大到人员往来、合作科研、信息分享、政策对话等多个领域。

## （二）充分关注国际教育援助的有效性

国际援助起步于"二战"后，被认为是促进贫困国家经济和社会发展的有力手段。然而，国际援助的实践并不顺风顺水，原因之一在于援助方在提供援助时往往会捆绑一定的条件，受援方也会在援助问题上提出自己的利益诉求。因此，如何在符合双方共同利益的基础上提高援助的有效性就成为21世纪国际援助领域需要解决的一个问题。2005年，经合组织在巴黎举办了第二届援助有效性高层论坛，并签署了《巴黎宣言》。会议提出的"援助有效性"（Aid Effectiveness）概念已经成为需要遵循的重要理念和基本原则。

"援助有效性"意味着在援助方和受援方的积极合作下有效实现援助目标。对此，《巴黎宣言》主张的基本精神是："强调发展中国家主导其发展政策和战略的主体性；优化资源，更好地服务于受援国的优先需要；简化捐赠程序，进行信息分享；增加透明度，避免重复捐赠；援助方和受援国共同为发展结果承担责任。"[1]对教育援助而言，这些原则的落实有助于真正达到双方制定的预期目标，让援助资源发挥建设性作用，切实改进贫困国家和地区的教育面貌。

## （三）处理好国际教育援助的利与弊

国际教育援助在弥补受援国的教育资金不足、引进先进技术和管理经验、培养教师和专业人才、引入先进教育理念和管理制度等方面起到了不可或缺的作用，产生了积极的作用和影响。但国际教育援助

---

[1] 郑崧.有效援助议程下的中国对非教育援助 [J].比较教育研究，2011（12）：48—52.

在给受援国带来积极影响的同时，也存在一些弊端，最大的弊端就是容易导致受援国对援助国的依附。

为了规避这一弊端，提高援助的针对性和有效性，国际援助界应该注意如下几个方面：一是不仅要"输血"，更要切实帮助受援国"造血"，通过提高受援国研究、规划及管理的能力，让受援国走上积极、自主的发展道路；二是通过受援国和援助方之间及国际层面的协调来加强国际教育援助的整体协调；三是不仅为受援国提供硬件和物质上的帮助，还要加大培训力度、培养科研骨干，提升其对相关问题的研究能力和决策水平；四是加强国际教育援助的网络化，建立援助政策沟通以及知识和信息分享的交流机制。

### （四）正确认识我国在国际教育援助中的角色和功能定位

中国的崛起促进了世界政治经济格局的逐步改变，在日趋国际化的教育领域，中国不应在国际教育援助中缺席。如何定位我国的角色和功能，笔者认为可以从两个基本维度进行分析。

从我国已经成为世界上有影响力的大国这一角度来看，为了进一步提升我国的教育影响力和其他"软实力"，我国要承担起大国的责任，积极参与对欠发达国家和地区的教育援助。随着"一带一路"建设的逐步深入，教育领域的对外开放必将成为国家教育发展的重大关切。2016年我国颁布了《关于做好新时期教育对外开放工作的若干意见》，提出"坚持扩大开放，做强中国教育，推进人文交流，不断提升我国教育质量、国家软实力和国际影响力"；2017年，党的十九大报告明确提出："建设教育强国是中华民族伟大复兴的基础工程，必须把教育事业放在优先位置。"建设教育强国需要积极融入国际化的潮流，并在这一潮流中提出我国的主张，甚至重新定义国际化。而要做到这一点，就必须让更多的国家理解我国教育和文化，在积极援助欠发达国家和地区的过程中增进国际信任和相互了解，承担我国的责任并作出贡献。

当前我国的教育发展仍然面临很多问题，学校教育中的一个大的问题是素质教育发展不充分和优质教育发展不均衡。因此，发展素质教育、推进教育公平仍然是我国在很长时期内都要面临的重要课题。从这一角度来看，我国也是受援国的角色。作为受援方接受国际组织、发达国家和相关机构的教育援助，并积极有效地利用这些资源，可以提升我国的教育质量。

总之，无论是"走出去"还是"请进来"，教育援助都是一种双边甚至多边的活动。国际教育援助不能流于表面的资金支持，因为它在深层次上属于人文交流。教育领域的国际援助在本质上是一种"民心相通"的基本工程，抓住了这一本质属性，我们才能在国际教育援助中大有作为。

第九章

主要国家基础教育国际化的
经验与启示

教育国际化是当今世界各主要国家教育发展的重要特征。发达国家是教育国际化的引领者，它们开展教育国际化的时间较长，也从教育国际化的浪潮中获益最大。与高等教育国际化相比，基础教育领域的国际化起步晚，发展水平低，但基础教育领域的国际化趋势还是很明显的，各主要国家也在近年开展了大量实践，推动了基础教育国际化的进程，同时也积累了一定的经验，这些经验也为推动我国的基础教育国际化带来有益的启示。本章在北美、欧洲和亚洲各选择一个国家（分别是美国、德国和日本），对其基础教育国际化的经验进行分析和梳理，在此基础上提出对我国的启示，以期更好地推动我国的基础教育国际化进程。

## 第一节

## 美国基础教育国际化的经验

作为世界上最发达的国家，美国无疑是教育国际化的领军者。早在"二战"刚刚结束的1946年，美国就颁布了《富布莱特法案》（Fulbright Act of 1946），首创由官方来资助学生和学者双向国际交流的国际化模式，拉开了教育国际化的序幕。1948年颁布《史密斯-蒙特法案》（Smith-Mundt Act），这是一个关于信息与教育交流的法案，要求成立专门的教育交流服务机构，为后来的教育交流和访问项目搭建了基本的架构；1949年杜鲁门政府提出"第四点计划"，积极开展对外教育援助。1966年美国颁布《国际教育法》（International Education Act），首次以国家名义制定相关法律，明确了国际教育的管理、财政资助和实施途径等，进一步推动了教育国际化的进程。"二战"后美国在教育国际化方面的举措是其实力在教育领域的体现和延伸，通过这一系列的措施，美国成为国际学者的汇聚之地和国际学生的教育中心。尽管近年来面临新的阻力和不利条件，但美国毫无疑问还是教育国际化领域的翘楚。在基础教育领域，美国也有其独特的做法和一定的实践经验值得我们去探讨。

## 一、以法律法规保障教育国际化发展的制度环境

注重法律和政策体系的保障是美国推进教育国际化最鲜明的一个特征。"二战"结束后美国颁布的几个重要政策奠定了美国乃至世界教育国际化发展的基础，在此后的发展历程中，美国继续制定相关的法律法规和政策，以确保教育国际化发展的制度环境。例如，1991年冷战结束后，美国颁布《国家安全教育法》（National Security Education Act），加强语言教学和国际教育方面的研究，为本科以上的学生提供海外学习和研究的奖学金，为大学参与国际交流与合作提供资助。1994年，美国颁布《美国2000年教育部目标法》（Goals 2000: Educate America Act），明确提出：提高中小学生的基础文化水平，了解关于世界其他国家和地区的多元文化方面的知识，加强对外语的学习，提升美国中小学生在国际学生学业成就测试中的排名，美国中学生的数学和科学成绩要处于世界领先地位。[1]

---

[1] 侯瑞君.《美国2000年教育目标法》综述 [J].牡丹江师范学院学报（哲社版），2006（4）：88.

进入21世纪，教育发展的国际化趋势进一步明显，美国在教育决策和政策制定过程中继续强调国际化策略。2000年4月19日，克林顿签署《国际教育行政备忘录》（Executive Memorandum on International Education），要求确保美国公民对世界有广泛的了解、能掌握外语工具而且具备其他方面的文化知识。文件指出，支持国际教育是美国联邦政府的既定政策，鼓励其他国家学生来美国留学、促进美国学生到外国留学，支持教师、学者的国际交流，发展高质量的外语教学，向学生讲解其他国家及其文化。同年，美国教育部部长理查德·莱利发布关于美国迈向国际教育的政策，主张从幼儿阶段到中学阶段的教育要强化儿童的外语学习，鼓励学生学会与国际合作。"9·11事件"后，美国更加重视国际教育。2001年，美国参议院一致通过推进国际教育政策的决议。2002年，美国教育部部长佩吉提出鼓励教师从幼儿园开始就将国际知识介绍给学生。同年，美国教育理事会发表《超越"9·11"：国际教育的综合国家政策》（Beyond September 11: A Comparative National Policy on International Education），强调增加留学生数量，保障美国全球领导地位。

当然，美国在基础教育领域推进国际化的力度远远小于高等教育领域。因此，当谈到学校教育国际化问题时，不少美国校长表达了自己的顾虑。他们认为，美国中小学恐怕是世界上国际化水平最低的，因为大家已习惯以美国为中心来思考问题，这导致美国学生对其他国家的了解程度远远低于其他国家学生对美国的了解程度。[1]

---

[1] 赵萱.基础教育国际化：美、英、日的经验[J].中小学管理，2012（2）：52.

## 二、加强战略规划，推动教育国际化的发展

美国实行地方分权管理体制，教育管理权集中在各州。但联邦政府也会积极开展教育领域的宏观规划，以引领全国教育的发展。尤其是2008年金融危机之后，美国联邦政府加强了对各州教育的干预力度，强化了联邦对地方教育的管理。这方面最明显的表现，就是制定三到五年的教育战略规划，由此确定国家教育发展的侧重点，这在很大程度上影响了美国教育整体的走向。例如，自2001年以来，美国多次制定这种战略规划，每年的规划侧重点有所不同，具体参见表9-1。

表9-1　2001年以来美国政府财年规划[1]

| 2001—2005年财年规划 | 2002—2007年财年规划 | 2007—2012年财年规划 | 2011—2014年财年规划 |
|---|---|---|---|
| ① 为所有儿童的学习建立坚实的基础；<br>② 改革美国教育体系，使其成为全球最佳；<br>③ 人人有受高质量中学后教育及终身学习的机会；<br>④ 使教育部成为一个高绩效的机构。 | ① 创建一种崇尚成就的文化；<br>② 提高学生的学业成绩；<br>③ 给学生安全环境和坚强品格；<br>④ 创建一种有科学支持的教育事业；<br>⑤ 提高终身教育的质量，拓宽其途径。 | ① 提高学生学业成绩，奖励高素质的教师，改造薄弱学校；<br>② 提高初中和高中学生的学业成就水平；<br>③ 提升高等教育入学率和中小学校的绩效责任，确保美国拥有全球最好的高等教育体制。 | 分四个领域提出了战略目标：<br>① 中学后教育、职业技术和成人教育目标；<br>② 小学和中学教育目标；<br>③ 早期教育目标；<br>④ 教育部自身建设目标。 |

2012年11月，美国教育部颁布了《2012—2016国际战略》（US Department of Education International Strategy 2012—2016），致力于通

---

[1] 杨明全."后金融危机时代"美国教育发展战略规划及启示 [J].全球教育展望，2012（7）：69.

过国际教育与合作在全球取得成功，系统阐述了美国国际教育的价值取向、目标体系和具体的推进策略，将美国国际教育上升至国家战略层面，标志着美国国际教育步入了一个新的历史发展阶段。它提出了一些具体的战略目标：（1）增进全球素养，发展所有美国学生的全球素养，包括弱势群体学生。为此，美国专门组建了由州立学校主管官员委员会和亚洲学会领导的"全球素养工作组"，负责全球素养内容框架的确定及核心工作的推进。（2）学习其他国家的经验，改进联邦、州、地方教育政策与实践，应用从其他国家习得的经验来促进美国及全球教育质量实现卓越和创新。在积极参与国际评估的同时加强国际对话，从更深层次学习别国关于创新实践的运作经验，并研究怎样将它们应用到美国教育发展中。（3）开展教育外交，经由积极的教育外交，战略性地推动国际优先事务。根据美国政府的需要，通过聚焦优先国家和地区，与其他国家进行双边乃至多边的互动，培养与世界范围内政府官员、政策制定者、教育研究者、学生和其他专业人士的关系，以提高美国应对教育热点问题上的领导力。（4）统整协调活动和计划——以一个整体协调的方式来持续推进美国国际教育的发展。由于支持上述目标的活动需要由教育部相关部门与其他联邦机构来协同执行，所以战略目标的达成有赖于统整协调的计划与活动。[1]

为了实现上述战略目标，美国教育部在文件中提出了相应的举措，包括：（1）建立国家间战略伙伴关系，加强国际教育对话，教育外交对于国家间建立双边利益和互惠关系颇为重要，通过这种战略伙伴关系，可以为双方搭建一个教育交流与对话的平台。近年来，美国

---

[1] 马毅飞，谭可.美国国际教育政策的战略走向——基于《美国教育部2012—2016国际战略》的分析[J].现代教育管理，2015（6）：63.

政府与中国、印度、巴西、西班牙、墨西哥、韩国、澳大利亚、新加坡等多个国家签署了教育领域的双边协议，以加强国际教育交流与合作。例如，2010年，美国和中国签署"中美人文交流高层磋商机制"，力促美国学生留学中国。美国和西班牙通过签署《联合行动计划》(Plan for Joint Activities) 来共同提升英语、西班牙语在两国第二语言学习中的效果，为两国在教育领域的高水平合作奠定语言基础。美国和墨西哥之间签订的"教育理解备忘录"，旨在促进两国教育政策制定者之间的对话，就双方关注的教育问题共同努力，特别是两国移民学生的高质量教育问题。同时，美国还通过与战略合作国家共同举办教育峰会、研讨会等形式，对教育中的关键问题展开深入研讨。（2）参与国际组织评估项目，学习其他国家的先进经验，取长补短。一方面，美国加强与联合国教科文组织、经合组织、亚太经合组织等国际组织的合作，通过分享先进经验和优质课程，互相学习以提高本国教育质量；另一方面，美国积极参与PISA、TIMSS等一系列国际教育评估项目，识别本国教育的优势和弱势领域，并从其他国家引入优质教学资源和教育实践经验。（3）借助国际访问者领导项目，争取全球智力支持。"国际访问者领导项目"是由美国国务院教育文化事务局负责协调的一项国际交流项目，其目的是通过个人和专业人士的沟通，增进美国和其他国家之间的相互了解。《2012—2016国际战略》将"国际访问者领导项目"作为推进国际教育交流的途径之一，意在搭建一个经验分享的平台，通过构建一种长效机制，争取全球智力支持。[1]

---

[1] 马毅飞，谭可.美国国际教育政策的战略走向——基于《美国教育部2012—2016国际战略》的分析 [J].现代教育管理，2015（6）：65.

## 三、高度重视基础教育领域的对外援助

援助的本质是发生在经济层面的利益转让，教育援助意味着发达国家的教育资源（包括捐助金、设备、技术、贷款、奖学金等）转让给发展中国家以扶持其教育发展。现代意义上的教育援助发端于"二战"结束之后的经济复苏期。作为世界上实力最强大的超级大国，美国无疑是教育援助的排头兵。例如，美国在"二战"后实施"马歇尔计划"，帮助欧洲国家恢复经济，促成了欧洲经济合作组织的成立。1961年，美国总统肯尼迪签署了《对外援助法》（The Foreign Assistance Act of 1961），成立美国国际开发署（以下简称USAID）负责美国对外援助事宜。这一机构的成立具有里程碑式的意义，标志着美国对外教育援助事业达到了新的高度。美国国际开发署成立至今，在培训师资、女童教育、学校建设等方面做了大量工作。对外援助已成为美国彰显实力、强化对外影响的重要手段，正因如此，2004年USAID发布《面临21世纪挑战的美国对外援助》（US Foreign Aid: Meeting the Challenges of Twenty-First Century）报告，强调进一步加强外援在服务美国国家利益和维持美国主导的国际政治经济秩序中的作用。

美国加大对发展中国家的基础教育进行援助，是从20世纪90年代开始的。1990年的世界全民教育大会聚焦欠发达国家基础教育的发展状况，美国顺势加大了对其基础教育的援助力度。在随后的十多年里，美国国际开发署根据受援国的经济条件制定了多种发展援助方案，如根据发展中国家的经济条件而提供的一整套综合援助、为处于危机时期的转型国家提供帮助、通过非政府组织对一些国家进行援助支持等。进入21世纪后，美国在对外教育援助领域延续了此前做法，

重点关注的仍然是基础教育。不过，受"9·11事件"影响，美国对外教育援助政策更加注重国家安全和地缘政治利益，如加大对阿富汗、伊拉克等国家的教育援助。此外，据USAID官网公开信息显示，从2011年到2017年，USAID的基础教育计划直接惠及了8 300多万儿童和青少年；共有6 980万儿童和青少年受益于USAID的阅读计划，女童几乎占了一半（49%为女性，51%为男性）。[1]

在半个多世纪的对外援助实践中，USAID越来越认识到，教育不仅是经济增长和减贫的关键之一，而且越来越明显的是，教育的失败会导致国家更广泛的不稳定。因此，加大对基础教育的援助力度成为21世纪后该组织的重要转向。2005年，USAID发表了《教育战略：通过学习改善生活》（Education Strategy: Improving Lives Through Learning）这一报告。该报告认为，对教育进行充分投资有助于实现大多数其他发展目标，并增加取得持续进展的可能性；除了对个人发展的影响外，教育在经济增长、减贫和民主治理方面发挥着关键和多方面的作用，尤其是基础教育在贫穷国家的经济和社会发展中起着重要作用。为此，USAID提出的重大援助目标就是在欠发达国家促进学生平等地获得优质基础教育。USAID重申致力于将基础教育作为获得终身学习机会的基础；基础教育将继续是USAID在教育领域的主要优先事项。在援助基础教育过程中，USAID特别强调"教育质量"，认为需要从以下三个方面提升教育质量：提高教师素质，教师需要了解课程的内容，知道如何有效地教授它，并且有动力每天来学校帮助孩子学习；提高课程质量，课程包括与学生当前环境相关的具体知识和技能，以及学生应对经济和社会变革带来的新挑战所需的更多一般性知识和技能；配置

---

[1] USAID.What we do education［EB/OL］. https://www.usaid.gov/education.［2020-05-02］

学习资源，所有学习者都可以获得相应的练习册和补充的其他学习材料。为此，USAID 在 2003 年为基础教育项目提供了 3.485 亿美元，其中 3.3 亿美元用于儿童基础教育，1 850 万美元用于成人扫盲项目；2004 财年，美国国际开发署以 3.655 亿美元的资助额度来支持 43 个国家的基础教育发展；为培训教师直接投资总计 1 200 万美元。[1]

2018 年 12 月，USAID 发布了《2011—2017 教育战略进展报告》（2011—2017 USAID Education Strategy Progress Report）。该报告指出，要通过教育援助确保儿童和青少年获得成为社会有用成员所需的教育和技能。报告还指出，2017 年 9 月 8 日，美国总统签署了《加强发展中的教育问责法》（The Reinforcing Education Accountability in Development Act），表明了美国政府对发展中国家儿童接受高质量基础教育的承诺。报告认为，USAID 的基础教育援助影响不断扩大，USAID 支持的与教育战略相一致的基础教育项目已经使 8 300 多万学生直接受益，捐助方和伙伴国家已用 USAID 的方法扩大了项目规模，覆盖了另外 2 600 万学生，使援助方案规划的总体覆盖面超过 1.09 亿儿童和青年。例如，2015 年尼泊尔发生毁灭性地震后，USAID 支持建立了 1 000 多个临时学习中心，为 148 000 多名儿童提供服务，并为 195 000 名儿童提供学习和学习用品；USAID 与世界各地 50 多个国家的政府合作，向 410 万生活在危机和冲突环境下的失学儿童和青年提供了平等受教育的机会。[2]

USAID 的对外教育援助实践说明，积极开展对外教育援助已经成为美国推动基础教育国际化发展的重要方式。这种援助从客观上增加

[1][2] USAID. Education Strategy: Improving Lives Through Learning［EB/OL］. https://www.usaid.gov/education.［2020-05-02］

了受援国基础教育的国际元素，同时也在一定程度上输出了美国基础教育发展的理念，提升了对他国的教育影响力，对美国自身的基础教育发展也具有积极的意义。

# 第二节

# 德国基础教育国际化的经验

德国在基础教育国际化领域起步较早，很早就意识到教育国际化发展的重要性，并致力于培养和提升学生的国际化水平和国际素养。德国在基础教育的国际化发展方面，注重通过颁布一些法规政策来确保在中小学课程与教学中落实诸如：欧洲意识、国际共识及跨文化学习等方面的内容，最直接的体现是提出"全球化发展学习"的概念，要求学生在全球化教育和可持续发展领域形成必要的认知和情感态度，让学生通过课堂学习获得必要的技能，以适应全球化的世界，并发展学生全球化的价值观和态度。本节以德国印发的《全球化发展学习指导框架》为例，阐述其在基础教育国际化方面的实践经验。

## 一、《全球化发展学习指导框架》的制定及其基本内容

### （一）《全球化发展学习指导框架》的制定

2005年，为了更好地应对全球化问题、提升德国学生的国际化能

力，德国联邦经济合作与发展部（BMZ）联合德国各州文教部长联席会议（KMK）制定了第一版《全球化发展学习指导框架》，该版框架于2007年正式印发。2012年，德国联邦经济合作与发展部和德国各州文教部长联席会议共同委托全球管理研究所对该框架的实施效果进行评估。在此基础上，德国联邦经济合作与发展部和德国各州文教部长联席会议于2015年6月11日对该框架进行更新和扩展，并于2016年正式印发，这就是第二版《全球化发展学习指导框架》。[1]

《全球化发展学习指导框架》从课程教学、教师培养和学校环境三个角度，系统介绍了德国全球化发展教育的内容和具体要求。它是一个体系完善的基础教育国际化能力发展指导框架，以塑造个人和职业生活、社会参与和全球责任为学习目标；要求学生能够面向全球化发展、分析不同行为方式、正确看待世界多样性，并具有改变观念的能力。它从认知、评价、行动三个领域，规定了学生在基础教育阶段应掌握的能力和应取得的结果。从学段上看它涵盖了小学教育、中等教育和职业教育。该框架颁布后，在德国各联邦州得到积极落实，为德国基础教育国际化发展提供了强有力的支撑。

## （二）《全球化发展学习指导框架》的基本内容及要求

《全球化发展学习指导框架》提供的是指导中小学生全球化发展的基本框架，在内容上并没有给出特定而具体的学习内容，而仅是指定主题领域和选择主题的标准。它共列出了21个学习主题（具体参见表9-2），这些主题涵盖了目前存在的大部分全球化问题。以这些主题

---

[1] 刘佳.德国全球化发展学习政策与实践研究——以巴伐利亚州为例［D］.北京：北京师范大学，2020.

为参照，学校可以根据自身需要和具体情况自拟主题，主题的选择范围很宽泛，只要与当下所学学科知识相适应、符合全球化主题要求并有助于提升学生的国际化能力即可。

表9-2 《全球化发展学习指导框架》划分的21个学习主题

| 1. 价值、文化和生活条件的多样性：多样性和包容性 | 2. 宗教和道德模式的全球化 | 3. 全球化的历史：从殖民主义到"地球村" |
|---|---|---|
| 4. 来自世界各地的商品：生产、贸易和消费 | 5. 农业与粮食 | 6. 健康与疾病 |
| 7. 教育 | 8. 全球化娱乐 | 9. 保护和利用自然资源及能源生产 |
| 10. 技术进步的机会和危险 | 11. 全球环境变化 | 12. 出行，城市发展和运输 |
| 13. 商业和工作的全球化 | 14. 人口结构与发展 | 15. 贫困与社会保障 |
| 16. 和平与冲突 | 17. 迁移与整合 | 18. 政治统治，民主与政治人权 |
| 19. 发展合作及其机构 | 20. 全球治理 | 21. 在全球范围内进行交流 |

（资料来源：Jörg-Robert Schreiber. Orientierungsrahmen für den Lernbereich Globale Entwicklung: Kompetenzen, Themen, Anforderungen, Unterrichtsgestaltung und Curricula［S］. Engagement Global gGmbH. Bonn: 97.）

在中小学教育阶段，《全球化发展学习指导框架》对学生全球化发展的学习能力提出了不同的要求。小学阶段的要求大体可以总结为：具备与他人共同生活、为可持续发展的全球社会作贡献的能力[1]。具体可分为三个方面：（1）了解自己生活环境中的社会文化和自然多样性；（2）了解其他国家和地区的社会文化和自然多样性；（3）了解个人生活环境和社会所构成的全球网络。中学阶段的要求体现了对小学阶段要求的延续，但在认知广度、复杂性、批判意识、个人独立性

---

[1] Jörg-Robert Schreiber. Orientierungsrahmen für den Lernbereich Globale Entwicklung: Umsetzung in Fächern, Fach-und Bildungsbereichen［S］. Engagement Global gGmbH. Bonn: 115.

和责任感、情感投入、行动能力、跨学科能力等方面的要求则进一步提高。也就是说，对于同一个主题，小学生只需要从家庭、节日、上学等方面进行学习；而在中学则需要扩展到社会层面，如人口结构和发展、贫困与社会保障等方面。比如，在学习"其他国家的产品"这一主题时，其学习内容就包括生产、贸易和消费、经济和工作的全球化等；在学习"社会、团体、学校、家庭的决策过程"这一主题时，其学习内容就包括政治、民主与人权、全球治理等。在学习"水、空气污染"这一主题时，学习内容就扩展到环境层面，例如全球环境变化、保护和利用自然资源、能源生产等。[1]

## 二、《全球化发展学习指导框架》的实践举措：以巴伐利亚州为例

《全球化发展学习指导框架》在巴伐利亚州的实践主要分为两种方式：一是在该州原有课程体系中加入《全球化发展学习指导框架》所规定的主题；二是制定三个必学的全球化学习主题。

### （一）结合《全球化发展学习指导框架》设置课程要求

巴伐利亚州把全球化发展学习主题落实到各教育阶段的不同科目中，主要包括：宗教、伦理、现代外语、自然科学、历史、社会研究、地理、商业和法律、工作、经济、技术、艺术、音乐与体育等。在不同学段，课程的要求也相应不同，我们以小学阶段和中学阶段为例来分析和说明。

---

[1] 刘佳.德国全球化发展学习政策与实践研究——以巴伐利亚州为例[D].北京：北京师范大学，2020：32-34.

巴伐利亚州将小学阶段的全球化发展学习内容融合到道德规范、外语、家庭和基础课程、工厂与产品、体育教育和宗教等六个学科领域。道德规范学科对学生提出了如下要求：思考自己的生活、愿望和人生展望；以道德为导向，感知自己的同类和环境；能看到并欣赏令人愉悦的、美丽的事物；学会解决问题，培养解决冲突的意愿。可选的学习主题有三个："与他人一起生活""多样的文化""投身环境问题"。外语学科要求学生加强与非母语群体联系的意愿和能力。家庭和基础课程要求学生了解来自其他地区和国家的同学，体会不同的文化和宗教；学习尊重和包容不同的生活方式；认识到环境的美丽和独特性及其目前所遭受的扰乱和破坏；能够通过学习行动，理性地看待事实，树立正确价值取向。可选的主题有："作为一个新集体的学校""交通""生活在自然中""合理用电""水的自然循环""原材料""工业产品的生产周期""垃圾处理是共同的责任"等。"工厂与产品"课程要求学生根据环境因素，了解工厂选址的原因，以及产品生产销售的路径。

中学阶段的全球化发展学习要求学生能适应各种矛盾的价值观，增强对未来的信心，寻找生活的意义；在应对时代的问题和挑战时，激发承担责任的意愿，行使负责任的公民权利和义务。其全球化发展学习的目标：（1）维护人的尊严和权力，对社会秩序和正义问题有敏锐的意识，尊重性别、世代及社会群体之间的关系，以及尊重病人和残疾人的权利并维护其尊严；（2）了解饥饿、贫困和缺乏自由的根源，了解人权的性质和重要性，维护公正的世界秩序，能够在公共生活中与他人和平共处，以非暴力方式解决冲突；（3）了解德国统一的重要性，在尊重区域差异的同时，认识欧洲统一的必要性，对国际合作持开放态度；（4）以跨文化的观点看待文化的冲突与融合；（5）了解自然和文化环境的价值和所面临的危害，愿意承担责任，以保护子孙后代的生活。在此基础上，巴伐利亚州将中等学校阶段的全球化发展学习融合到物理、化学、生物学；历史、社会研究、地理；宗教、伦理学；以及工作、经济、技术等四个学科方向。例如，在历史、社会研究和地理学科方面，要求学生了解人、自然与环境之间的相互依存关系，并为可持续发展的行动做好准备；了解环境保护的必要性和措施；了解工业化和第三世界国家的特征；了解全球化的趋势和影响；了解工业化国家与发展中国家之间的关系；对全球化问题持开放态度，探索出和平与可持续的解决方案；了解德国在国际政治中的作用；认识到一个世界的生活需要共同努力。

## （二）结合《全球化发展学习指导框架》设置学习主题

在巴伐利亚州教育部门的委托下，该州的学校质量与教育研究所组建起全球化发展学习项目小组，共制定出三个具有本州特色的全球化学习主题。并要求各学校根据主题要求，制定相应的课程计划和能力评价标准。三个学习主题分别是：

（1）"放眼全球——采取地方行动：印度尼西亚雨林绝不消亡"。该主题要求学生通过多个学科的交叉进行学习，了解位于印度尼西亚的热带雨林。认识雨林的作用，并能采取可持续的行动保护雨林。如：在美术课上绘画、在语言课上写诗、制作关于热带雨林中各种动植物的PPT来说明雨林的生物多样性；搜集有关雨林能源效率的信息，探索节能和雨林保护措施；组织关于雨林主题的文艺活动，并开展募捐活动；为印度尼西亚婆罗洲岛上的学校提供资助；组织社会活动，引起人们对热带雨林的关注等。

（2）"为坦桑尼亚的儿童提供帮助"。该学习主题要求学生以多种方式应对异国文化。比如做关于非洲坦桑尼亚的报告；用泥土塑造非洲梅鲁山和非洲村庄的景观模型；创作有关"价值取向"的广播剧；创作以"儿童权利"为主题的戏剧；用垃圾和电子废物制作口罩；尊重人权；与"坦桑尼亚儿童的未来"协会建立合作关系；开展筹款和募捐活动等。

（3）"我们的学校在哪里？"。该主题学习要求学生了解学校所在的环境，认识学校环境的历史、生态与气候变化，认识反法西斯主义。比如在"学校所在环境与反法西斯主义"这一部分的学习中，要求学生通过不同方式了解学校的历史和地理位置，参观前纳粹党集会场地，了解法西斯主义的危害；通过对学校历史遗迹和对纳粹法西斯主义的研究，加深对过去的理解，促进身份认同的形成，增强自尊心。在"学校的自然环境与生态"这一部分中，要求学生与当地森林管理局合作，进行植树活动，并在第二年回访所种树木；观察树木生长环境和当地树木种类，研究树木进行气体交换的方式；讨论个人为遏制气候变化可以采取的措施；探索最佳种树时间；开展"绿化带运动"，了解树木在防止沙漠侵蚀、气候变化和能源方面的作用，认识到大规模生物能源生产的影响；证明气候变化和物种丧失的国际意义。[1]

## 三、巴伐利亚州舒特钠文理中学的主题学习案例

这里以巴伐利亚州舒特钠文理中学（又称新乌尔姆市"贝尔塔·冯·舒特钠文理中学"，即 Bertha-von-Suttner-Gymnasium）的"放眼全球——采取地方行动：印度尼西亚雨林绝不消亡"主题学习实践为例，说明该校落实全球化发展学习的具体实践举措。[2]

---

[1] 刘佳.德国全球化发展学习政策与实践研究——以巴伐利亚州为例［D］.北京：北京师范大学，2020.
[2] 本案例主要内容参见：刘佳.德国全球化发展学习政策与实践研究——以巴伐利亚州为例［D］.北京：北京师范大学，2020。

## （一）制定跨学科的学习内容

巴伐利亚州落实《全球化发展学习指导框架》的第一步举措是制定跨学科的学习内容。舒特钠文理中学认为，"放眼全球——采取地方行动：印度尼西亚雨林绝不消亡"主题学习涵盖了生物、自然和技术，以及德语、地理、艺术和物理等学科的知识，不同学科所对应的年级和学习内容不同，具体如表9-3所示。

表9-3　不同年级学生"印度尼西亚雨林"主题学习所跨学科

| 年级 | 所 跨 学 科 | | | | |
|---|---|---|---|---|---|
| | 生物、自然与技术 | 德　语 | 地　理 | 艺　术 | 物　理 |
| 五年级 | √ | | | | |
| 六年级 | √ | √ | | √ | |
| 七年级 | | | | | |
| 八年级 | √ | | √ | | √ |
| 九年级 | | | | | |
| 十年级 | √ | | √ | | |
| 十一年级 | | | √ | | |
| 十二年级 | √ | | | | |

（来源：Bertha-von-Suttner-Gymnasium. Anknüpfungspunkte des Projekts an den Orientierungsrahmen für den Lernbereich Globale Entwicklung "Im bayerischen Lehrplan für das" Gymnasium: Global denken-lokal handeln: Der Meratus-Regenwald darf nicht sterben [S].Staatsinstitut für Schulqualität und Bildungsforschung (ISB). München: 1-4.)

各年级学生所跨不同学科的学习内容分别如下。

### 1. 跨生物、自然和技术学科的学习内容

五年级学生的学习内容为：自然和技术过程中的能源变化；土壤和岩石（例如侵蚀、农业）；环境和生命（例如食物、环境污染、水质、生物多样性、可再生原材料、景观保护）。

六年级学生的学习内容为：使用简单的多媒体或软件来呈现信息。

八年级学生的学习内容是：深入了解无脊椎动物的生物多样性；深入了解进化论，对物种起源进行科学解释，包括关于人类历史进化的假设和自然系统中人类的分类。

十年级学生的学习内容是：了解生态系统的重要性、危害生态系统的因素；生态和经济的重要性；直接或间接人为干预造成的危险；环境保护和自然保护（例如物种保护、持续管理、恢复措施等）。

十二年级学生的学习内容是：认识人类对环境变化、人口动态和生物多样性的影响。包括：人口发展；人为因素对生物多样性的影响；全球动植物迁移、经济利用、娱乐行为、污染物输入、气候变化；生物多样性的重要性；以及环境管理（包括：自然和物种保护、可持续性发展以及相关国际协议）等。

### 2. 跨德语学科的学习内容

六年级学生的学习内容为：处理文本文献，进行添加、重写；使用信息化学习方式，使用计算机进行学习和交流、查看图片和图纸，准确描述地理环境。

### 3. 跨地理学科的学习内容

八年级学生的学习内容为：认识地球的气候和植被带：热带和亚热带；了解热带和亚热带干旱地区的生活和工作；认识发展中国家及其与欧洲的经济联系；认识全球差异和相互依存关系；以及工业化国家、全球难民运动、宗教在世界范围内的影响。

十年级学生的学习内容为：认识太平洋地区；认识亚太经济圈：认识东南亚新兴国家的经济发展阶段和增长点，认识亚太地区国家的全球化机遇和风险，整个地区对全球经济发展的重要性，及其对德国作为工业国家的影响；认识全球挑战：了解经济、政治、交流和环境对德国的影响；认识全球环境保护：以人为温室效应为例，说明全球环境污染的原因和后果；认识可持续发展的基本目标及相关观点。

十一年级学生的学习内容为：了解地球及其在宇宙中的位置；了解生态系统和人为干预，根据自然条件判断热带生态系统的发展潜力和障碍；资源的使用、威胁和防护；认识环境风险与人类行为等。

### 4. 跨艺术和物理学科的学习内容

六年级学生的学习内容为：观察生活环境，并进行艺术再现（例如表演、绘画）；运用新媒体技术进行艺术设计。

八年级学生的学习内容为：了解能量守恒定律这一自然界的基本原理；对能源供应系统及其对环境的影响进行概述；了解电能资源的不合理使用及造成的环境问题，其发展前景以及区域和全球的能源供应；进行能源实验；运用物理测量方法。

## （二）制定教学计划

巴伐利亚州落实《全球化发展学习指导框架》的第二步举措是制定全球化学习的教学计划。贝尔塔·冯·舒特钠文理中学将其全球化发展学习的教学计划总结为五个教学阶段：（1）课程引入；（2）确定学习目标；（3）主题学习；（4）学习成果展示；（5）学习效果评价。

### 1. 第一阶段：课程引入

课程引入阶段对学生能力的要求主要有：使用互联网、电影、演示文稿等方式了解雨林的作用，和印度尼西亚雨林目前的状况：刀耕火种、种植单一作物、破坏原住民的生计、破坏栖息地、灭绝物种；将原始的小规模砍伐（可再生）与棕榈油种植园的大规模砍伐进行比较，将热带雨林的经济作用与生态效应进行对比；认识到工业化国家对雨林地区的兴趣日益增加（例如木材和药用资源）；了解制药公司的药品上市和专利政策；以反对雀巢公司使用印尼棕榈油的某家绿色和平组织为例，讨论社会行为水平；对濒临灭绝的动物如猩猩产生同理心。

对学习内容的要求主要有：雨林的作用和功能；全球化给印度尼西亚可能带来的后果；了解油棕、低养分土壤与增产；了解森林砍伐对全球气候和经济的影响。

对课堂活动的安排：引导学生讨论、分析相关影片等素材。

教学建议：播放有关猩猩的影片和报道，播放为了种植棕榈、大豆而砍伐雨林的相关影片和报道；介绍《丛林思想者》等书籍；播放世界自然基金会和绿色和平组织的公益广告。

2. 第二阶段：确定学习目标

能力要求：审视并思考雨林地区的物产；通过"学生教学生"或者其他校园活动让同学之间或低年级学生了解可持续性、物种和气候保护的思想；尝试制定应对本地和全球挑战的解决方案，并探索实施方法。

学习内容要求：认识到不同消费者行为的积极和消极影响；鼓励个人对可持续发展做出承诺：为什么雨林对于生活在欧洲的人们依然很重要？如何使我们的消费行为更具可持续性？如何保护雨林？如何以全球化的视角思考本地问题？

课堂活动安排：通过小组讨论，确定每个小组的研究问题。

教学建议：为达到更好的学习效果，可以向学校各委员会（例如学校论坛、家长"顾问委员会"、学校管理部门、教师会议等）征求相关学习建议，尽可能征得广泛的同意。

### 3. 第三阶段：主题学习

在这一阶段，该中学共提出了三个大的学习主题，分别是"保护物种多样性""气候变化、气候保护与能源节约""可持续发展与个人行为"。以下以"保护物种多样性"为例，对主题学习阶段教学计划进行说明。

学生能力要求：能用PPT展示欧洲、亚洲和美洲的各种动植物；能从图片和照片中认识到雨林的丰富景观和独特性；能认识到雨林地区是物种最丰富的地方，且其中尚存在许多未确认的特有物种；能够认识到人类是热带雨林的设计者、使用者和破坏者；能够比较雨林不同开发策略的可持续性；可以用不同作品说明生物多样性和雨林的重要性。

学习内容要求：印度尼西亚的动植物；印尼猩猩的状况；雨林是地球上最古老的生态系统之一，具有丰富的生物多样性；雨林中未确认的特有物种；大型公司扮演的角色；单一文化与生物多样性。

课堂活动安排：计算机课要求学生利用互联网，针对不同动植物物种进行研究（合作或独立完成），并针对每种类型制作简短的包含4—5张内容的PPT；美术课要求学生用水彩或蜡笔画出雨林中的动植物；德语课要求学生撰写关于雨林或雨林破坏主题的诗歌。

教学建议：在搜索动植物名称时，可使用拉丁文名称进行搜索；美术课上的绘画可以包含任何形式和颜色；在诗歌创作中，引导学生加入所学知识，以及创造性和批判性观点。

### 4. 第四阶段：学习成果展示

学生能力要求：能够对环境负责，并为环境保护作出自己的贡献；认识全球思维与本地行动之间的联系，并采取行动；消费时能考虑可持续性、气候和物种保护方面的因素；能够在学校范围内展示学生自己的作品。

学习内容要求：展示学生在生物多样性、气候保护和能源效率、可持续发展与个人承诺方面的学习成果，引起人们对该主题的关注。

课堂活动安排：在课堂上进行PPT演示；在教学楼里展出自制艺术品、张贴诗歌；举办"雨林之夜"活动，通过投票确定最佳的五首诗歌；举办"雨林蛋糕制作"活动，通过公益售卖雨林蛋糕宣传雨林知识；通过校内外媒体对"雨林之夜"进行报道。

教学建议：利用校园建筑和校内活动作为成果展示平台。

5. 第五阶段：学习效果评价

学生能力要求：能够反思气候和物种保护会议的决策和目标，并将其与政府的能源和环境政策目标进行比较；发现矛盾并评估可行性；能够对自己的学习进行反思和自我评估。

学习内容要求：学习成果接受度怎么样？实现了哪些目标？哪些学习活动获得了成功？哪些方面的学习应该加强？

课堂活动安排：学生填写学习效果反馈表，反思自己的学习；以班会的形式讨论总结学习的成果。

教学建议：运用学校效果反馈表；进行总结性讨论，收集改进建议；将主题学习成果纳入学科考试中，由相应学科的教师进行评价。

### （三）制定全球化发展学习能力评价标准

巴伐利亚州落实《全球化发展学习指导框架》的第三步举措是制定全球化发展学习能力的评价标准。该中学在评价学生主题学习成果时，主要参考"教学计划"中各个阶段对学生提出的能力要求。

这些要求与《全球发展化学习指导框架》所要求的十一个核心能力及其子能力一一对应。从学生应该掌握的核心能力要求标准出发，结合主题学习的具体情境，对学生的实际学习效果和习得能力作出评价。

此外，该校还开发了一套学生反馈问卷，在主题学习完成之后发放给学生进行填写[1]。该学习反馈问卷首先通过李克特量表要求学生对下述问题进行自我评估：（1）"我"学到了有关雨林作用的知识（选项从"非常不符合"到"非常符合"五个等级）：可以准确地解释热带雨林的作用；可以表述出雨林的破坏与气候变化之间的联系；可以描述雨林开发对原住民生存状况的影响；可以使用具体例子将雨林的破坏与物种灭绝联系起来；可以列举一些日常保护雨林的做法；可以列举一些节能的做法。（2）通过学习，"我"的行为发生了变化（选项从"非常不符合"到"非常符合"五个等级）：购买消费品时，"我"会注意它们的来源；"我"只购买可持续生产的产品；如果"我"确定消费品以环保和公平的方式生产，"我"愿意为消费品支付更多的钱；"我"有意识地避免购买与雨林破坏有关的消费品（即使"我"特别喜欢这些产品或它们看起来很棒）；"我"保持对原材料的自觉处理并采取一些节能措施；"我"继续积极参与慈善项目。（3）通过学习，"我"能够发现自己的优势和劣势；想法和创意贡献；组织和执行力（选项从"非常不符合"到"非常符合"五个等级）；与相关人员的沟通能力；"我"的言行有说服力。

---

[1] Bertha-von-Suttner-Gymnasium.Feedback-Bogen zum Projekt "Meratus darf nicht sterben"：eigene Reflexion［S］. Staatsinstitut für Schulqualität und Bildungsforschung (ISB). München: 1.

# 第三节

# 日本基础教育国际化的经验

20世纪60年代，日本经济发展迅速，1968年超越联邦德国成为"世界第二经济大国"，进入发达国家行列。随着经济的崛起，日本开始提出教育国际化发展的诉求。1965年日本中央教育审议会在其教育咨询报告中指出，培养活跃于国际社会中的日本人是推进日本国际化的核心。可见，日本较早地将国际化作为教育发展的重要政策导向，由此带动了教育国际化的实践与发展。日本在基础教育国际化发展中有着丰富的经验，主要表现为将教育国际化作为国家的重要政策、积极推动国际理解教育等方面。

## 一、将教育国际化作为国家的重要政策

日本将教育国际化作为国策是从20世纪80年代开始的。当时，日本经济依旧保持了较快的发展速度，教育领域的发展由此具有了良好的发展基础；同时，国际经济和贸易合作日趋频繁，经济和贸易领域已经出现了全球化的萌芽。在这种背景下，日本开始将教育国际化作为国家的重要政策之一，试图在各国教育的国际化发展中发挥更大作用。1983年，日本21世纪留学生政策委员会向当时的日本首相中曾根康弘递交了扩大留学生接收的报告。根据这一报告，学生交流研究委员会编制日本高校接收留学生指南，提出1992年之前接收留学生数量每年增加16.1%，至1992年达到4万人；1992年至2000年每

年增长12.1%，最终达到10万人[1]。这说明，日本教育界对接收留学生表现出极大兴趣，这一计划也很快被批准。在接受外国留学生的同时，日本还加强了同他国的双向交流，鼓励日本学生走出国门，派遣了相当数量的日本青年出外留学。1984年，日本"临时教育审议委员会"发布《教育改革报告书》，提出要在国际舞台上扮演"建设和平国家与社会"的角色，以"世界上的日本人"作为21世纪的教育目标，以教育自由化、重视个性和国际化作为改革方针。1985年，日本政府提出了学校教育要培养具有"宽广的胸怀、健康的体魄、丰富的创造力，自由、自律与公共精神的日本人"的目标。1987年，日本"临时教育审议会"在最终报告中确立了教育改革与发展的三大基本理念："个性原则""向终身学习体系过渡""适应国际化和信息化趋势"。[2]

进入20世纪90年代，日本教育国际化的相关政策更加明确，并被逐步纳入国家总体发展战略。1997年，文部省提出与国际化相关的改革内容：（1）促进中小学国际交流；（2）改进英语等外语教学；（3）促进教师的国际经验交流；（4）加强外国侨民的日本语教育。2001年，日本政府开始大力推进学生交流，推出"海外学生十万人计划"，提供额外的资助和师资，补助私立学校对海归学生的教育，委派中小学教师到海外侨办学校任教。2002年，日本发布中小学校《新学习指导纲领》，明确规定中等学校及高等学校必须将外语列为必修课，并强调学生的听说能力，小学则要利用"综合学习时间"学习英语会话。[3]2000年12月，"教育改革国民会议"向首相提交了新世纪

[1] 黄新宪.从留学生教育看日本对教育国际化目标的追求 [J].教育评论，1994（2）：59.
[2] 臧佩红.试论当代日本的教育国际化 [J].日本学刊，2012（1）：92.
[3] 赵萱.基础教育国际化：美、英、日的经验 [J].中小学管理，2012（2）：53.

的《教育振兴基本计划》。其中的一项内容是"从教育应对全球化的视点……将在教育的所有领域中推进国际交流"。2010年6月，日本制定了新的国家发展战略《新增长战略——"活力日本"复兴方案》，在"亚洲经济战略"中提出"人的交流倍增"，包括"完善国内体制，扩大接收外国留学生，便于研究者及专业性海外人才就业。促进与亚洲及世界在科技、文化、体育、青少年人员等方面的交流与合作，加强培养活跃的国际型人才"。[1]

在推动教育国际化发展的过程中，日本还非常重视对外教育援助。20世纪70年代开始，日本向发展中国家提供官方援助。20世纪90年代中后期起，日本的对外教育援助政策开始将教育外援的重心逐渐由高等教育和职业教育转向基础教育，并将非洲和南亚作为基础教育援助的重点区域。例如，1993年日本发布《非洲援助倡议》，对非洲的初等教育进行了具体规划，提出了"非洲人才培养构想"的援助方针；2002年，日本在加拿大召开的八国领导人峰会上发表了《为了成长的基础教育倡议》，正式确立了本国的基础教育外援方针。"日本国际协力机构（JICA）具体负责基础教育的技术援助，并按照发展中国家的援助需求和问题的紧急性以及援助效果来划分援助的重点领域。JICA将理数科教育、女子教育、社会弱势群体教育、非正规教育作为基础教育外援的重点领域；强化教育行政，加强教师研修和课程及教材开发、完善学校设施则是重点援助的内容。"[2]从2001年至2015年，日本在基础教育领域开展了众多的对外援助项目，具体参见表9-4。

[1] 臧佩红.试论当代日本的教育国际化 [J].日本学刊，2012（1）：93.
[2] 熊淳，魏体丽.日本基础教育外援中的国际话语权建构探究 [J].外国教育研究，2013（4）：27.

表9-4　2001—2015年日本基础教育领域教育国际援助主要项目[1]

| 项　　目 | 内　　容 |
|---|---|
| 改善办学条件 | 在46个国家援建5 500多所中小学校，改善基础教育办学条件 |
| 开展教师培训 | 在42个国家累计培训中小学教师87万余人次，其中数学、理科教师最多，累计85万人次 |
| 协助改善学校管理 | 在17个国家，协助6.2万余所学校改善运营管理 |
| 建立非洲数理教育联盟 | 支持非洲27个国家建立非洲数理教育联盟 |
| 接收教师赴日进修 | 共接收来自140个受援国的8 042名中小学教师赴日进修学习 |
| 派选海外志愿者 | 向98个国家累计派出志愿者5 298人，重点承担当地调研、日语教学、文化传播与教学支持工作 |

## 二、开展国际理解教育

国际理解教育由联合国教科文组织首倡，1974年11月召开的第十八届联合国教科文组织大会上通过了《关于促进国际理解、合作与和平的教育以及关于人权与基本自由的教育的建议》文件，以加强各国之间的相互理解与沟通、达到不同文化之间的相互认同与和谐共处，从而推动世界和平与共同繁荣。文件建议各国在制定教育政策时考虑如下基本原则：在开展各种水平和各种类型的教育时，要考虑国际维度和全球视野；理解并尊重所有人的文化与文明、价值观和生活方式；意识到全球范围内各国和人民之间的相互依赖在不断加强；有能力与他人交流；意识到国际团结与合作的必要性；为参与解决本国和世界的相关问题做好准备，等等。日本积极响应教科文组织有关国际理解教育的号召，从20世纪50年代起就参与到教科文组织有关国际理解教育合作的项目，

[1] 田辉.新时期日本教育"走出去"的"南美战略"——教育国际协力背景下的教育渗透与输出［J］.世界教育信息，2017（5）：68.

在不同时期积极践行国际理解教育，推动了教育国际化的进程。

根据日本学者田渊五十生的梳理，"二战"后日本国际理解教育实践在不同时期有不同的内容：一是别国理解的教育实践，这是20世纪50年代后期到70年代前期由联合国教科文组织推进的实践活动；二是根据1974年日本中央教育审议会的咨询报告开展的所谓日本型国际理解教育活动，重视对本国文化的理解以及生存于国际社会中的日本人的身份认同问题，主要是在70年代后期，海外归国子女的教育问题受到普遍关注时展开的；三是80年代后期出现的对全球教育、发展教育、世界研究等新的教育理论的实践；四是90年代后期开始的多元文化教育实践，主要是起因于"新外来人等外国籍居民的增加以及人权意识的提高"。[1]也有的学者将日本"二战"后至今的国际理解教育分为三个大的阶段，大体上与联合国教科文组织倡导开展的世界范围的国际理解教育同步，这三个阶段即：第一阶段——20世纪50年代到70年代，可称为秉承联合国教科文组织精神阶段，由联合国教科文组织国内委员会负责推行，并以合作学校为中心开展，这是该阶段国际理解教育的两大特征。第二阶段——20世纪70年代到90年代，可称为国际化对策阶段。强调教育要培养"具有国际素质的日本人""世界中的日本人"，该阶段的国际理解教育管理机构从联合国教科文组织国内委员会改为文部科学省，教育重心也从联合国教科文组织合作学校为主的教育转向留学人员子女教育、外语教育留学生教育等。第三阶段——20世纪90年代至今，可称为国际理解教育概念的混乱时期。这一时期受到国际化趋势及日本国内问题的影响，国际理解教育相关范畴中出现了国际教育、国际化对策教育、异文化教

---

[1] 姜英敏.国际理解教育的发展及其问题［N］.中国教育报，2007-05-05（3）.

育、全球教育等诸多不同的概念，教育形式则包括专门课程的设置及在其他教科书中渗透国际理解教育理念等。[1]

在政策制定的过程中，日本教育行政部门对国际理解教育的认识也在因应形势发生一些变化。例如，1996 年日本中央教育审议会在其咨询报告《二十一世纪我国教育的形态》中，就国际理解、国际化教育进行了阐述：（1）培养广阔的视野及对异文化的尊重与理解，以及同异文化背景的人们共同生活的能力；（2）为了更好地做到国际理解，首先要确立作为日本人以及作为个人的自我；（3）在国际社会中，要做到既尊重对方的立场，又能够表达自己的想法和意愿，需要培养外语基础、表达和交流能力。这段话明确表达了日本国际理解教育的目标，即形成对不同文化的理解，确立作为日本人的自我意识，以及培养对外交流与表达的语言能力。[2]这一认识将国际理解教育上升到国际教育的高度，其实也是面向 21 世纪进行新的布局。

在推动基础教育课程改革之际，日本教育主管部门也重视国际理解教育的发展。1989 年、1998 年两次课程改革，都将"推进国际理解""培养日本人立足国际社会的素质"等确立为四大基本方针之一。1989 年的改革提出中小学社会课要加深理解"世界与日本的关系"，日语课要"加深国际理解、培养国际协调精神"；初中与高中要重视外语课，道德课等要"培养日本人的世界意识"，世界史成为高中必修课。1998 年，外语课成为初中及高中必修课，小学则利用"综合学习时间"讲授英语会话等。2008 年的课程改革规定小学外语课增

---

[1]  李协京.日本国际理解教育的发展历程及相关政策 [A].纪念《教育史研究》创刊二十周年论文集 [C].2009：1619.
[2]  李协京.日本国际理解教育的发展历程及相关政策 [A].纪念《教育史研究》创刊二十周年论文集 [C].2009：1620.

加70学时，初中外语课增加105学时。[1]日本从1998年开始在中小学课程中增加"国际理解教育"要素，要求三年级以上的学生每周必须有三小时的综合学习时间，用以体验不同文化，培养包容和尊重的态度，主要是理解发展中国家，参与异国文化教育、和平教育、环境教育、回国子女教育等。

日本在向国内推动国际理解教育的同时，也积极对外推动日语的教学。为了扩大日本文化在海外的影响，从20世纪80年代起，日本政府开始在世界范围内大力推广日语教育。主要表现在：其一，加强对日语教育师资队伍的建设。在各大学设立日语教育专业，并于1987年开始实行日语教育能力水平测试，以确保教师水平。其二，支持国外的日语教育。为推动国外的日语教学事业的发展，日本政府从1990年开始派遣日本国内公立初、高级中学的教师到国外的中等教育机构支援日语教学。另外，日本政府还每年派遣资深日语教育专家到国外或邀请外国的日语教师到日本，实施与日语教学相关的培训。其三，在日本国内外实施"日语能力测试"。为检测外国人的日语学习水平，测试由日本国际教育协会、日本国际交流基金会和日本国际交流基金共同主办，于1984年开始面向以日语为非母语的人群，在日本国内、外实施"日语能力测试"。考试优胜者，可得到日本政府的适当奖励，以激发外国人对日语和日本文化的兴趣。[2]1989年，日本国际交流基金设立了日本语国际中心，招收了大量来自东南亚各国的留学生。根据国际交流基金的调查，1982年到1988年间，海外日语的学习者人数由40万增加到73万，其中东亚占了80%。[3]

[1] 藏佩红.试论当代日本的教育国际化 [J].日本学刊，2012（1）：95.
[2] 赵霞.战后日本国际教育的政策调整 [J].湖北大学学报（哲社版），2007（5）：102.
[3] 彭文平.日本的国际教育援助及其软实力构建 [J].比较教育研究，2014（2）：97.

# 第四节

# 主要国家基础教育国际化的启示

基础教育领域的国际化色彩日趋明显，这是世界各国教育发展新的走向，折射出全球教育发展的某种必然性。本质而言，这是各国之间文化交流日益频繁，各国之间相互依赖的必然结果，学校教育是社会生活的一个领域，国际化的潮流进入其中势不可挡。在这一背景下，如何准确判断基础教育国际化发展的格局并审慎地做出教育发展的相关决策，对于未来的基础教育发展意义重大。为了更好地推动我国的基础教育国际化发展，需要分析主要国家的相关经验，从而得出对我们的启示。

## 一、强化国家利益导向的战略规划和系统布局

基础教育阶段是人的一生发展的基础。基础教育阶段的受教育者是未成年人，他们的人生观、价值观并没有定型，因此这一阶段的教育更强调"全人教育"和知情意行的统一，不同于高等教育阶段以专业知识的习得为主要目的的专门教育。在基础教育阶段，最大的国家利益是为未来一代提供恰当的意识形态教育和情感态度教育，因为这涉及受教育者长大成人后的民族认同和家国情怀。所以，在基础教育阶段的国际化进程中，国家利益是绝不能放弃的。我们需要正确地认识和处理国际化和本土化的关系。在当今比较教育界，人们无法回避的一个话题就是教育的国际化。乐观者积极拥护国际化的浪

潮，认为这是融入全球、发展自身的绝佳机会；悲观者则感叹民族
教育的式微，甚至把国际化看作是"西方中心主义"对非西方世界
的"后殖民"。这种态度显示人们在国际化和本土化之间的"两难选
择"。我们认为，教育的本土化发展是国际化的前提，也是国际化的
应有追求；国际化不能取代本土化，更不应消解本土化。本土化为
什么重要？因为它首先关涉一个国家在教育领域的国家主权，任何国
家和民族都不可能让渡教育主权而任由他人裁决。其次，本土化代
表着民族国家的教育福祉，因为大多数的国民是在本土的教育环境
中获得发展的。最后，本土化是开展国际化教育研究最基本的立足
点和利益诉求的出发点，没有了本土化的支撑，任何研究都是无源
之水。

　　之所以强调国家利益，还在于民族性是一个国家教育创新的内
在精神力量。在比较教育发展史上，英国比较教育学家萨德勒（M.
Sadler）首次提出了"民族性"（national character）这一概念，从解
释教育制度的影响因素出发，他认为国民教育制度是民族性的确切
标志。受他的影响，英国涌现出多位倡导民族性的比较教育学家，
如汉斯（Nicholas Hans）、马林森（V. Mallinson）、霍尔姆斯（Brain
Holmes）等，民族性成为这些比较教育学家解释教育差异和推进比
较研究的重要概念。所谓"民族性"，指的是构成民族国家的人们长
期以来形成的稳定的价值取向、精神状况和行为模式的总体特征。显
然，民族性是传统文化长期积淀的结果，是民族文化在民族特征上的
投射，它使得一个民族区别于另一个民族，由此也奠定了国民教育制
度的基础。例如，马林森的研究特别重视民族传统，认为民族性对一
个国家的教育制度影响最大，认为民族性实际上就是一种"情感"，
是"某一民族的人民特定的或广为流传的思想、感觉和行为的一个整

体，表现为连续几代人的或多或少的连续性"。[1]霍尔姆斯则把民族性看作是一个国家或民族的"精神状态"，他提出，"预测任何国家教育政策成就的能力，依赖于我所能描述一个国家的群体的'民族性'和'精神状态'的构成要素的精确性"。[2]文化范式把民族性作为一个国家教育创新的内在精神力量，也就意味着教育变革必须与民族理想相一致，任何教育变革要取得成功，首先必须满足民族性的发展诉求。

在充分关注国家利益的前提下，基础教育领域的国际化发展需要进行战略规划和系统布局。这种规划和布局一定是配合国家战略，服务国家发展大局的，尤其是在国家更宏观教育政策框架之中来推进。对我国来说，2016年4月29日中共中央办公厅、国务院办公厅印发的《关于做好新时期教育对外开放工作的若干意见》就是一项国家宏观教育政策。该文件要求坚持扩大开放，做强中国教育，推进人文交流，不断提升我国教育质量、国家软实力和国际影响力，说明教育国际化是我国扩大开放的基本国策的一部分，是展示和提升国家软实力和国际影响力的重要途径。文件指出，要大力提升教育对外开放治理水平。要完善教育对外开放布局。加强与大国、周边国家、发展中国家、多边组织的务实合作，充分发挥教育在"一带一路"建设中的重要作用，形成重点推进、合作共赢的教育对外开放局面。支持东部地区整体提升教育对外开放水平，率先办出中国特色、世界水平的现代教育，支持中西部地区不断扩大教育对外开放的广度和深度，引导沿边地区利用地缘优势，推进与周边国家教育合作交流，形成因地制宜、特色发展的教育对外开放格局。这为规划和推进基础教育国际化

---

[1] Mallinson, V. An Instruction to Comparative Education. London: Heinemann, 1957: 26.
[2] Holmes, B. The Problem (Solving) Approach and National Character［A］. Keith Watson, Raymond Watson, eds. Contemporary Issues in Comparative Education［M］. London: Croom Helm Ltd, 1985: 33.

提供了重要参考和依据。

## 二、制定相关法规和政策，加强引导与规范

在推动国际化进程的实践之前，法规和政策先行是发达国家的基本做法。以美国为例：1946年，美国国会通过的《富布莱特法案》，首创了国家和政府资助学生和学者双向国际交流模式；1948年通过《史密斯-蒙特法案》，成立教育交流服务机构，分享教育、艺术和科学领域的成果等；1949年提出"第四点计划"，对落后地区进行技术援助，使得高校的知识与技术援助成为战后美国高等教育国际化的一个重要领域；1950年美国国会先后通过《国际开发法》和《国家科学基金会法案》，践行对外援助、人员培训、科学咨询等计划，鼓励与外国科学家之间的学术交流和信息交换，支持国际教育的开发；1958年出台《国防教育法》，规定由联邦政府直接拨款建立现代语教学研究中心，设立"外国语和地区研究奖学金"，资助美国大学教师海外学术交流和国外学者来美合作。1961年颁布《富布莱特-海斯法》（Fulbright-Hays Act），并在美国历史上第一次提出为研究生和学者从事海外研究提供固定资金支持。1966年颁布《国际教育法》，这是世界上第一个以国家名义制定的国际教育法规，对国际教育的管理、财政资助、实施途径等各方面做了全面的规定。有了这样一些法规和政策的引领和规范，美国在20世纪80年代后成为引领教育国际化的一面旗帜。

以美国为例可见，政府的政策引导在教育国际化的进程中发挥着举足轻重的作用。对我国来说，2016年印发的《关于做好新时期教育对外开放工作的若干意见》是近年来推动教育国际化发展最基本的政策依据。但这个文件是一个框架性的指导意见，它提供的是宏观层面

的规范和引领，并不能具体针对某一实践领域提供指导，尤其是在基础教育领域更是缺少针对性的指导意见。为更好地规范和引领基础教育领域的国际化实践，我国需要国家层面制定针对性的法规和政策文本，对相关的做法进行阐释，针对具体问题提出更加明确的规范性要求。这种明确的政策导向和系统支持有助于指明实践方向，解决实践中的一些困惑，从而推动基础教育国际化健康发展。

## 三、加强文化输出，强化汉语教育

教育领域的竞争与合作归根结底属于人文交流的范畴，它不同于经济或军事领域的竞争，因此文化影响力在很大程度上决定了一个国家在国际教育中的地位，这也就是我们所说的软实力。扩大教育对外开放不仅要"请进来"，还要"走出去"。应该说，21世纪以来随着孔子学院等文化机构在海外的扩建，我国加快了对外文化输出的步伐，中华传统文化的软实力也得到了很大提升。以儒家思想为核心的中华传统文化日益得到其他民族的认同，这为中国教育走出国门奠定了良好的基础。

要更好地"走出去"，就需要让对方了解我们。文化范式的比较研究主张以文化的民族性确立比较教育研究的立足点，也就是立足自身谋取教育的改革与发展。这涉及如何理解民族性和国际性的关系问题。在这一问题上，我们赞同美国比较教育学家康德尔（Isaac L. Kandel）的观点，他认为，除非比较教育研究能够致力于发现国家主义的意义，否则它是没有价值的，因为国家建立了教育制度的基础[1]。我们无法回避这样一个问题：世界范围内的比较教育研究必然面临不

---

[1] Kandel, I. L. (1933). Comparative education. Boston: Houghton Miffl in Company. 24.

同的民族倾向和不相容的世界观，"学术研究"和"政治权力"并不总是和谐统一的，这是人文社会科学无法回避的"价值关涉"问题。在这种情况下，国家和民族的教育意志与发展战略是任何一个比较教育研究者都必须坚守的，在扩大教育对外开放的实践中这一点尤其需要引起充分的关注。我国的比较教育研究者需要以开放的心态让对方了解我们的文化、理解我们的价值诉求，在此基础上达成共识、从而推动我们的教育走向广阔的国际舞台。

在这方面，日本的做法值得借鉴。日本国际交流基金会在日本外务省的管辖下，通过向世界各国的日语教育机构提供资金援助、教师派遣、教师培养、开发教材等，有力地推动了日语教育国际化进程。语言及其表达的文化因素是一个国家软实力的集中体现，在通过软实力的建设和输出来参与国际竞争的过程中，语言具有基础性、先导性作用。目前全球汉语学习的人数已达1亿人，说明汉语及中华文化的影响力不断增强。在推广汉语的过程中，我们会面临非汉字圈国家汉字学习上的困难，因此加强教材的开发就显得非常重要。为提高文化教学的效率，有必要编撰专门的教材帮助汉语课堂中的文化教学系统化、条理化。

## 四、借助信息技术手段加强教育领域的国际交往和沟通

信息化应用于学校教育，实现了教育手段和载体的革新。信息化克服了传统资源物理空间配置模式上的弊端，促进了教育资源的空间国际化配置，促进了国内外资源共享共建。通过慕课与在线课程等方式扩大受众范围，数字化平台为提升教育的服务质量提供数据支撑。这为我国重视并健全数据统计和发布机制，建设数据研究平台，制定适合自身发展特色的国际化战略规划等，提供了决策咨询依据与具体

可操作的新方案。

在信息技术的应用方面，"互联网+"是当前热门的教育形式。互联网正在打破地理边界、生活边界、学习边界，为教师和学生提供了新的学习资源和发展途径。我们应加大对互联网技术设备的投入，构建高速的校园网络，提供大量国内外网络学习课程，让教师可以及时更新知识，丰富教学内容，传授最前沿的研究成果；让学生的学习不再局限于授课教师和传统的有限的教学资源，而可以依托庞大的教学资源平台，根据自己的喜好和发展愿望来选择国内外学习资源，拓宽国际化视野。

第十章

中外教育交流与合作的政策
实践及展望

历史的车轮滚滚向前，每一个时代都有其特征和发展诉求。在当今时代，各国的交流与合作超过了历史上任何一个时期，人与人之间的联系日趋密切，不同国家和民族的人共同生活在一个"地球村"中，"全球化""国际化"成为描述这个时代的关键词。在教育领域，国际化的色彩也越来越浓厚，国际教育交流与合作日趋密切，由此带来了教育国际化的重大课题。1949年以来，我国积极参与国际教育交流与合作，特别是20世纪90年代之后，随着我国经济文化与科技发展步入快车道，借鉴他国成功的教育经验，融入世界教育潮流成为我国教育发展的重要选择。本章阐释1949年以来中外教育交流的情况，特别是全面梳理基础教育中外合作办学和境外办学的政策演变，阐述我国基础教育领域国际化的政策和实践，在反思的基础上，展望未来教育国际化发展的基本趋势。

# 第一节

# 中外教育交流与合作的政策演变

　　中华人民共和国成立70多年来，随着留学和对外交流与合作的政策变迁，我国在开展中外教育交流方面取得了令人瞩目的成就，为现代化建设培养了众多卓越人才。中华人民共和国成立初期，一方面，对外教育交流与合作是服务于当时我国的社会主义建设事业及

其对人才的需要；另一方面，鉴于冷战时期的国际环境，我国只能
"一边倒"地与苏联交好，无法与西方国家开展正常的国际交流与合
作，这也影响了当时的留学政策。但20世纪90年代之后，我国的外
交事业开启了新的格局，各个领域的发展越来越融入世界，在不少方
面甚至引领国际化的潮流，为教育领域的国际化发展奠定了良好的
基础。

## 一、外交政策及其对中外教育交流的影响

1949年后，我国奉行独立自主的和平外交政策，积极开展外交活
动，充分展示了我国政府的组织能力和多边外交能力，在国际事务中
的作用不断扩大，为教育领域的对外交流奠定了良好的基础。

考虑到当时的国内国际形势，中共中央确定了在执行和平外交政
策时遵守的三个基本方针：（1）"另起炉灶"，即：同历史上的屈辱外
交彻底决裂，对1949年前国民党政府同各国建立的外交关系一律不予
承认，对历史上同外国签订的一切条约和协定要重新审查处理，在新
的基础上重建外交关系；（2）"打扫干净屋子再请客"，即：在考虑与
西方国家建立外交关系之前，必须取消帝国主义国家在中国的一切特
权，以巩固中华人民共和国的独立和主权，并为我国与世界各国建立
平等互利的外交关系奠定基础；（3）"一边倒"，即：在世界分裂为两
大阵营的国际环境下，中华人民共和国站在以苏联为首的阵营内，倒
向社会主义一边，显然，这是由当时的世界政治格局决定的。

1949年9月，中国人民政治协商会议第一届全体会议通过了《中
国人民政治协商会议共同纲领》，其中规定："中华人民共和国联合世
界上一切爱好和平、自由的国家和人民，首先是联合苏联、各人民民
主国家和各被压迫民族，站在国际和平民主阵营方面，共同反对帝国

主义侵略，以保障世界的持久和平。"1950年2月，中国和苏联签订了《中苏友好互助同盟条约》，两个社会主义国家站在了一起，大大改变了国际政治力量的对比。1953年12月，周恩来第一次提出和平共处五项原则，即互相尊重领土主权、互不侵犯、互不干涉内政、平等互惠、和平共处。五项原则已为世界上许多国家所接受，成为处理国与国之间关系的基本准则。

党的十一届三中全会之后，党中央对战争与和平问题进行了科学估计和预判，认为和平与发展问题是当时的两大主题：发展需要和平，和平离不开发展。霸权主义和强权政治的存在，始终是解决和平与发展问题的主要障碍。社会进步、经济繁荣、生活提高，这是各国人民的普遍要求。和平与发展问题既关系到世界的稳定与繁荣，也关系到中国社会主义现代化建设的前途。因此，保卫世界和平、促进经济发展就成为当时中国外交的主要内容。

党的十一届三中全会之后，我国开始实施对外开放的基本国策，这个时期更加突出独立自主的和平外交政策。独立自主是中华人民共和国建立之初就确立的有关外交政策的根本原则，改革开放后这一原则表达得更具体和明确。所谓独立自主，就是从中国人民和世界人民的根本利益出发，独立自主地制定和执行本国的外交政策；反对任何外来干涉，对待国际问题，完全根据事物本身的是非曲直来决定我们的态度和立场，在涉及民族利益和国家主权问题上绝不屈服于任何外来压力。

20世纪90年代后，冷战结束，国际形势发生了巨大的变化，我国不仅综合国力在不断提升，也在积极探索国际化合作。1996年，中国与哈萨克斯坦、吉尔吉斯斯坦、俄罗斯、塔吉克斯坦四国在上海签署了《关于在边境地区加强军事领域信任的协定》，这是"上海合作组织"的前身，加强了我国同周边国家的关系。2001年，我国成功承办了"亚太经济合作组织会议"，达成了上海共识，会议主题为"新世纪、新挑战：参与、合作，促进共同繁荣"，鲜明地表达了我国的发展愿景和外交姿态。2001年11月，在卡塔尔多哈举行的世界贸易组织（WTO）第四次部长级会议上，审议通过了中国加入WTO的决定，从此中国成为世界上最重要的国际性贸易组织——WTO的成员，我国的外交事业进入一个新的时期。

这些外交政策为中外教育交流与合作创造了良好的环境。中华人民共和国成立初期，我国向苏联派遣了大量的留学人员。20世纪60年代，我国开始尝试性地制定向西方发达国家派遣留学人员的政策。1978年6月，邓小平作出了关于扩大派遣出国留学人员的重要指示。同年12月，52名中国学者以访问学者的身份前往美国华盛顿。这是我国改革开放后第一批公派留学人员，中国教育对外开放的新篇章也由此揭开。改革开放以来，中国逐渐建立并完善了公派出国、自费出国和留学回国的留学政策系统。1993年11月14日，中国共产党第十四届中央委员会第三次全体会议通过《中共中央关于建立社会主义市场经济体制若干问题的决定》，由此以中央文件的形式确立了"支持留学、鼓励回国、来去自由"的出国留学工作"十二字方针"，采取多种形式，鼓励海外人才为祖国服务。这一方针顺应了改革开放的历史潮流，理顺了政府尊重公民出国留学意愿并为其提供各种便利条件，与留学人员学成后为国家建设作贡献之间的关系，是中国政府对改革开放以来出国留学活动经验教训的总结和提炼，标志着中国的出国留学政策逐渐走向成熟。

2013年10月21日，在欧美同学会成立100周年庆祝大会上，习近平总书记出席大会并发表重要讲话。他强调，党和国家将按照"支持留学、鼓励回国、来去自由、发挥作用"的"十六字方针",使留学人员回到祖国有用武之地,留在国外有报国之门。这是对此前"十二字方针"的进一步完善和发展。2014年12月12日,全国留学工作会议召开,习近平总书记在会上对我国留学事业取得的成绩给予充分肯定,进一步确认了"十六字方针",使该方针成为新时期引领我国教育对外交流的重要原则。

## 二、改革开放后中外合作办学的政策演变

1982年12月,第五届全国人民代表大会第五次会议通过了《中华人民共和国宪法》,把从党的十一届三中全会以来提出的对外开放政策正式规定为我国的一项基本国策。对外开放政策不仅适用于物质文明建设,同样也适用于精神文明建设,包括学习外国的先进科学技术等;它不仅面向发达国家,同样也面向发展中国家,只要能促进我国经济和其他领域的发展,我们就同他们合作。对外开放政策极大地促进了我国在吸引外资、引进技术和开展对外贸易等方面的发展,有力地支撑了我国的现代化发展,提高了我国的国际地位。可以说,对外开放基本国策为我国教育领域的对外开放和交流提供了基本的制度环境,也促进了中外教育交流与合作。这方面最集中的体现就是中外合作办学领域的发展,从20世纪80年代到今天,中外合作办学经历了初步探索阶段、规范化发展阶段和提质增效三个主要阶段。

### (一)初步探索阶段(1978—1993年)

1978年12月,党的十一届三中全会召开,我国的发展进入到一个新的历史时期。1982年,对外开放政策极大地鼓励了我国在各个领域的对外开放和交流。1983年国庆前夕,邓小平同志为北京景山学

校题词："教育要面向现代化，面向世界，面向未来"，这为20世纪80年代后的中国教育改革指明了方向。教育要"面向世界"这一观点对随后教育的对外开放产生了积极影响。在这种社会背景下，中外合作办学也开始起步。这一时期，国家对中外合作办学并没有出台具体的法律法规，但国内外有条件的高等院校在办学过程中已围绕人才培养问题不断加强沟通和交流，如派遣和接收留学生、派遣教师出国访学等；地方对高端人才的需求和发展本地高等教育的愿望，也促使地方政府跟国外高水平大学加强了沟通和联系。在接触过程中，境外教育机构甚至个人来华办学的意愿逐渐被激发出来并日趋增强，中外合作办学进入初步的探索阶段。例如，1987年，天津财经大学与美国俄克拉何马大学合作举办工商管理硕士培训班，这是我国首批经国务院学位办批准的中外合作办学项目。[1]

鉴于当时尚缺少国家层面明确的政策规范和引导，中外合作办学在实践上面临很大的瓶颈，而要取得突破就需要国家出台相关政策文本。1993年2月13日，中共中央、国务院印发《中国教育改革和发展纲要》，提出要进一步扩大教育对外开放，加强国际教育交流与合作，大胆吸收和借鉴世界各国发展和管理教育的成功经验；并提出根据"支持留学，鼓励回国，来去自由"的方针，继续扩大派遣留学生；认真贯彻国家关于在外留学人员的有关规定，支持留学人员在外学习研究，鼓励他们学成归来；改革来华留学生的招生和管理办法，加强我国高等学校同外国高等学校的交流与合作，开展与国外学校或专家联合培养人才、联合进行科学研究；大力加强对外汉语教学工作。

1993年6月30日，原国家教委发布了《关于境外机构和个人来

---

[1] 罗婧雯，王敏.新时代中外合作办学的发展历程、现状及展望［J］.教育教学论坛，2020（21）：143.

华合作办学问题的通知》（以下简称"通知"）。该《通知》指出：多种形式的教育对外交流和国际合作是我国改革开放政策的重要组成部分。抓住机遇，通过接受捐资助学、合作办学等形式，有条件、有选择地引进境外于我有益的管理经验、教育内容和资金，这有利于我国教育事业的发展。该文件对合作办学的一些基本问题进行了规范，例如明确界定合作办学的性质，即：在国内建立教育机构，双方共同承担办学经费并进行教学管理；坚持"以我为主、加强管理、依法办学"的原则；合作举办实施学历教育的学校，国家承认其颁发的文凭和学历证书；欢迎境外民间组织和个人针对小学、初中和普通高中捐资助学，但这些则不属于合作办学的范围；境外宗教组织不得进行合作办学，等等。这一通知文件旨在规范中外合作办学行为，为其今后的发展提供了政策保障。到1994年，我国批准的中外合作办学机构和合作项目已经突破70个，取得了初步的发展成效。但当时的问题也很明显，如：对相关问题的规定不具体，在实际操作上有很大的弹性空间；中外合作办学机构的批准和管理机构众多、分工不明，重审批轻管理，管理难以到位等。随着中外合作办学实践不断推进，我们需要新的专门的法律法规对相关问题做进一步规范和引领。

## （二）规范化发展阶段（1994—2008年）

1994年后，国家对中外合作办学的规范和引导进一步加强，逐步颁发了一系列相关的法规和政策文件，中外合作办学由此走上规范化发展的阶段。

1995年1月，原国家教委颁布《中外合作办学暂行规定》，明确对中外合作办学进行了界定："指外国法人组织、个人以及有关国际组织同中国具有法人资格的教育机构及其他社会组织，在中国境内合作举办以招收中国公民为主要对象的教育机构（以下称'合作办学机构'），实施教育、教学的活动。"[1]此外，文件对中外合作办学机构的设置、运行、监督、范围等做出了相应的规定。该文件于2004年9月据《教育部关于废止部分规章和其他规范性文件的通知》被废止。

为了确保中外合作办学的健康发展，国务院相关部委和管理部门逐步印发了更多的文件以规范合作办学的行为。1996年1月22日，国务院学位委员会办公室发布《关于加强中外合作办学活动中学位授予管理的通知》，这是对《中外合作办学暂行规定》的重要补充，进一步推动中外合作办学步入依法办学和管理的轨道。1997年国务院学位办首次对外公布中外合作办学可授予境外学位的项目清单，由此可以获得社会监督，进一步规范了中外合作办学活动。

2001年11月1日，我国加入WTO，同时作出的一系列承诺对中外合作办学产生了深刻的影响。在WTO的相关规则中，教育服务贸易属于服务类贸易的一部分，我国承诺在教育领域跟成员开展更广泛、更高层次的交流与合作，签订了《服务贸易具体承诺减让表》，在教育市场方面承诺有限开放高等教育、成人教育、高中教育、学前教育和其他教育市场，但在义务教育和一些具有特殊功能的教育领域并没有向成员开放，此外，在教育服务方式上允许商业存在。可见，加入WTO之后，扩大教育开放成为我国不可回避的责任和义务，这对中外合作办学以及后来的教育国际化产生了深刻的影响。2002年12月28日通过的《中华人民共和国民办教育促进法》第三条提到："民办教育事业属于公益性事业，是社会主义教育事业的组成部分。"这

---

[1] 国家教育委员会.关于发布《中外合作办学暂行规定》的通知［EB/OL].http://www.moe.gov.cn/s78/A20/s8359/moe_864/tnull_4510.html.［2020-06-16].

一法律的颁布有助于促进民办教育事业的健康发展、维护民办学校和受教育者的合法权益，也为中外合作办学带来更大的政策空间。

2003年2月19日国务院第68次常务会议通过，2003年9月1日我国开始实施《中华人民共和国中外合作办学条例》（以下简称《条例》）。文件指出：中外合作办学属于公益性事业，是中国教育事业的组成部分；中外合作办学者可以合作举办各级各类教育机构，但不得举办实施义务教育和实施军事、警察、政治等特殊性质教育的机构。文件对国务院教育性质部门和省级教育行政部门的职责进行了明确规定，对合作教育机构的设立、组织与管理、教育教学、资产与财务、变更与终止、法律责任等做出了明确规定。2004年6月2日，教育部印发《〈中华人民共和国中外合作办学条例〉实施办法》（以下简称《实施办法》），进一步对相关问题提出了更详细的操作办法和要求，提高了该《条例》的规范性。这样，1995年颁布的《中外合作办学暂行规定》完成了其历史使命，随后被废止。作为该《条例》的配套规章，制定《实施办法》主要出于以下三点考虑：根据《条例》，制定有关教育部门主管的中外合作办学项目的审批和管理办法；解决《条例》立法中与《中华人民共和国民办教育促进法》相关的问题，吸收《中华人民共和国民办教育促进法》及其实施条例的成果，明确中外合作办学机构享受的同级同类民办学校的优惠政策；根据《条例》的原则和精神，进一步明确有关中外合作办学的管理和规范方面的制度，增强其可操作性。[1]2004年8月12日，教育部又下发了《关于做好中外合作办学机构和项目复核工作的通知》，进一步严格管理程序，对中外合作办学的机构和项目开展复核。

---

[1] 胡璇闻.关于中外合作办学政策的分析 [J].宁波广播电视大学学报，2007（1）：74.

　　《条例》及其《实施办法》的出台对21世纪以来的中外合作办学具有重要的价值，标志着中外合作办学进入法治化和规范化发展阶段。这两个文件的积极意义表现为：（1）坚持扩大教育开放，积极引进外国优质教育资源，把中外合作办学作为中国教育事业的组成部分（此前的表述是"中外合作办学是对中国教育事业的补充"），体现了我国教育对外开放程度的加深和更明确的支持态度；（2）明确中外合作办学者可以从合作办学机构的办学结余中获得合理回报，这与《民办教育促进法》对民办学校出资人的扶持和奖励政策相一致，进一步调动了办学机构的积极性；（3）相关的管理规定更加细致和具有可操作性，比如办学资金的投入问题、知识产权问题、教育效果评估问题等，这使得很多具体问题有法可依；（4）对各方权益进行保护，包括对办学机构的设施设备标准、课程与教学质量、收费标准、招生规模、教师聘用等，依法保护教师和学生的合法权益。当然，在今天看来这两个文件也存在一些问题，如：政策相对滞后，仅仅规范了中国境内的合作办学，而没有涉及国内教育机构和个人到国外去合作办学的行为；坚持"教育公益性"的同时，如何处理合作方对经济效益的诉求也是一个问题；以及质量保证和资格认证方面也亟须完善，等等。

　　2006年2月7日，教育部印发《教育部关于当前中外合作办学若干问题的意见》，进一步明确了"中外合作办学是我国教育事业的组成部分"。"意见"提出，坚持中外合作办学的公益性原则，坚决制止以中外合作办学的名义实行乱收费、高收费的行为，防止教育产业化的倾向；坚持依法办学，规范管理，要增强政治敏锐性，牢固树立教育主权的意识，维护好国家安全、社会稳定和正常的教育秩序，依法保护中外合作办学者、中外合作办学机构和教师、学生的合法利益；

坚持引进优质教育资源，加强能力建设的政策导向；加强中外合作办学的质量管理；加强对中外合作办学收费的管理等。

2007年4月6日，教育部印发《教育部关于进一步规范中外合作办学秩序的通知》，该文件针对中外合作办学中出现的一些机构和项目存在招生宣传不实、招生不规范等问题，提出了几条规范性的要求，包括要坚定不移地坚持中外合作办学的公益性原则；要以引进优质教育资源为核心，牢牢把握好审批入口关；要加强高等职业教育阶段中外合作办学的政策研究和发展规划；要准确把握中外合作办学的政策界限；要按照依法治教和规范管理的精神，进一步加强中外合作办学全过程的监督管理；地方教育行政部门和相关高校要提出和制定进一步规范中外合作办学秩序的工作方案，并对当前中外合作办学中的不规范行为进行集中清理整顿等。这一文件反映了教育部对中外合作办学的重视，教育主管部门根据调研和反馈的信息及时提出指导意见，有助于推动中外合作办学的健康发展。

### （三）提质增效阶段（2009年至今）

2008年世界金融危机爆发，此后，各国逐步进入"后金融危机"时代。教育领域的交流与合作进一步增强，教育国际化发展的势头日趋明显，在这种背景下，我国的中外合作办学，开始从关注数量的增加到更加注重质量的提升。2009年7月15日，教育部办公厅印发《教育部关于开展中外合作办学评估工作的通知》，文件指出，本次评估是对依法批准设立和举办的实施本科以上高等学历教育的中外合作办学机构和项目，以及实施境外学士学位以上教育的中外合作办学机构和项目的合格性评估。评估目的是督促中外合作办学坚持引进优质教育资源的法规原则和政策导向，增强我国教育机构吸收、利用优质教育资源和创新能力；评估重点为依法办学、引进优质教育资源、办学质量和社会效益等决定中外合作办学机构和项目办学稳定性及可持续发展能力的关键因素。文件明确该项工作由教育部国际合作与交流司统一组织，教育部学位与研究生教育发展中心具体实施，也提出了分阶段进行的思路。加强评估是政府发挥督导和引领作用的重要途径，这也显示进入21世纪后我国政府对中外合作办学的监管已经走出"重审批、轻管理"的窠臼，日益走向精细化管理，标志着中外合作办学进入了一个新的发展阶段。

2010年7月29日，国务院颁布《国家中长期教育改革和发展规划纲要（2010—2020年）》，明确提出加强国际交流与合作，引进优质教育资源，提高交流合作水平，这为中外合作办学的高水平发展提供了新的契机。在宏观要求上，文件指出："开展多层次、宽领域的教育交流与合作，提高我国教育国际化水平。借鉴国际上先进的教育理念和教育经验，促进我国教育改革发展，提升我国教育的国际地位、影响力和竞争力。适应国家经济社会对外开放的要求，培养大批具有国际视野、通晓国际规则、能够参与国际事务和国际竞争的国际化人才。"在国际化方面，规划纲要指出：吸引境外知名学校、教育和科研机构以及企业，合作设立教育教学、实训、研究机构或项目。鼓励各级各类学校开展多种形式的国际交流与合作，办好若干所示范性中外合作学校和一批中外合作办学项目。探索多种方式利用国外优质教育资源。"文件明确要求提高教育交流合作的水平，要求扩大政府间学历学位互认；加强国际理解教育，推动跨文化交流，增进学生对不同国家、不同文化的认识和理解；推动我国高水平教育机构海外办学，加强教育国际交流，广泛开展国际合作和教育服务；加强与联合国教科文组织等国际组织的合作，积极参与双边、多边和全球性、区域性教育合作；加强内地与港澳台地区的教育交流与合作等。

2016年4月29日，中共中央办公厅、国务院办公厅印发《关于做好新时期教育对外开放工作的若干意见》(以下简称《意见》)，这是近年来我国专门针对教育对外开放工作印发的文件。文件指出：扩大教育对外开放要坚持"围绕中心、服务大局，以我为主、兼容并蓄，提升水平、内涵发展，平等合作、保障安全"的工作原则。文件对做好新时期教育对外开放工作进行了重点部署，其中与合作办学直接相关的有三点：(1)完善体制机制，提升涉外办学水平。通过完善准入制度，改革审批制度，开展评估认证，强化退出机制，加强信息公开，建立成功经验共享机制，全面提升合作办学质量。鼓励社会力量参与境外办学，稳妥推进境外办学。(2)加强高端引领，提升我国教育实力和创新能力。通过引进世界一流大学和特色学科，开展高水平人才联合培养和科学联合攻关，加强国际前沿和薄弱学科建设，借鉴世界名校先进管理经验，完善内部治理结构，加快建设具有中国特色的现代大学制度，助推一流大学和一流学科建设。(3)实施"一带一路"教育行动，促进沿线国家教育合作。加强教育互联互通、人才培养培训等工作，对接沿线各国发展需求，倡议沿线各国共同行动，实现合作共赢。该《意见》的印发是新时期推动我国教育国际化发展的重要标志，必将开创更有质量更高水平的教育对外开放新局面。它进一步强化了国家扩大教育对外开放的预期，激发了中外合作办学在基础教育阶段的实践热情，进一步带动了基础教育的国际化发展。

2019年6月23日，中共中央、国务院印发《关于深化教育教学改革全面提高义务教育质量的意见》，要求深化关键领域改革，把"课

程教材建设"作为第一个关键领域，提出了"义务教育学校不得引进
境外课程、使用境外教材"这一明确要求。这是新时期国家加强对中
小学教材建设的管理和引领的重要举措，进一步规范了基础教育阶段
的中外合作办学在课程教材领域的实践。

# 第二节

# 我国基础教育阶段中外合作办学的实践与趋势

进入21世纪，我国基础教育阶段的中外合作办学日趋规范化，
国家颁布一系列促进中外合作办学的政策，不断推动中外合作办学向
提质增效发展。特别是2016年印发的《关于做好新时期教育对外开放
工作的若干意见》，强化了国家扩大教育对外开放的预期，基础教育
阶段中外合作办学的热情被进一步激发，由此也进一步带动了基础教
育的国际化发展。

## 一、基础教育阶段中外合作办学的实践

目前，中外合作办学在学段上一般指的是高等教育和职业教育领
域，基础教育阶段的中外合作办学在数量上要少得多。在教育国际化
的影响下，基础教育阶段的国际化趋势日益明显，尤其高中阶段的中
外合作办学近年来呈上升趋势。

## （一）中外合作办学的概念及基础教育阶段中外合作办学实践形态

中外合作办学有严格的定义。教育部中外合作办学监督工作信息平台提供了明确的界定："根据《中外合作办学条例》和《中外合作办学条例实施办法》的有关规定，中外合作办学是指中国教育机构与外国教育机构依法在中国境内合作举办以中国公民为主要招生对象的教育教学活动。中外合作办学有合作设立机构和合作举办项目两种形式。从中我们可以明确：（1）中外合作办学的主体是具有法人资格的中国教育机构和外国教育机构；（2）中外合作办学的方式必须是合作办学，既不是合资办学，也不允许外国教育机构、其他组织或者个人单独办学；（3）中外合作办学的招生对象是中国公民，而不是主要招收外国或者香港特别行政区、澳门特别行政区和台湾地区的学生；（4）教育教学的地点主要在中国境内；（5）中外合作办学机构和项目都应当依法取得行政许可。"[1]

从政策规定来看，基础教育阶段的中外合作办学在实践形态上主要分两类：（1）中外合作办学机构，指的是我方教育机构（主要是高中）与外方相关教育机构根据共同的合作意向开展办学方面的合作。例如，北京中加学校就属于此类，合作办学的中方是北京师范大学附属实验中学，外方是加拿大纽宾士域省教育部和加拿大加皇国际教育集团。（2）中外合作办学项目。主要指国际课程项目，即：我方教育机构引入外方课程（国际课程，如IB课程、AP课程、A-LEVEL课程

---

[1] 中华人民共和国教育部中外合作办学监督工作信息平台.什么是中外合作办学？［EB/OL］.http://www.crs.jsj.edu.cn/news/index/52.［2020-06-10］

等），实施经过外方认证的课程、教学与评价体系。例如，北京师范大学第二附属中学的PGA（Project Global Access）高中课程项目，经北京市教委批准、教育部备案，与美国华盛顿爱尔格英迪中学合作举办的中等学历中外合作办学项目，招收初三毕业生，学生经过三年学习，达到PGA高中课程标准，经考试合格者可申请国外大学。

以北京市为例，2014年北京市教委批准的北京市基础教育阶段中外合作办学机构（截至2014年3月）有如下6所：北京中加学校、北京爱迪学校、北京王府学校、北京澳华学校、北京市阳光情学校、北京勤思英语学校。合作办学项目有22个，如：北京市第二中学与美国索斯兰·克里斯蒂安中学合作举办中美课程高中项目、北京市第八十中学与美国辅园中学合作举办中美课程高中项目、北京师范大学附属中学与美国堪萨德学校合作举办中美课程高中项目、北京市第十二中学与美国哈佛西湖中学合作举办中美课程高中项目、北京市第四中学与美国布利斯中学合作举办中美课程高中项目、北京市第八中学与美国蒙哥马利贝尔中学合作举办中美课程高中项目、北京市八一中学与美国莎杜克圣玛丽中学合作举办中美课程高中项目、北京市第二十五中学与加拿大谢尔伯尼地区高中中加英文高中课程项目、北京市第八十中学与英国埃克赛特公学中英高中实验课程项目等。[1]

## （二）基础教育阶段中外合作办学机构的规模与分布：基于国际学校的分析

国际学校是基础教育阶段中外合作办学的主要机构，尤其是民办

---

[1] 北京市教委.北京市基础教育阶段的中外合作办学机构名单［EB/OL］.www.cfce.cn/a/mingdan/gdmd/2014/0304/2297.html.［2020-06-12］

国际学校，更是占据了国际学校的半壁河山。但什么是"国际学校"呢？"国际学校"这个术语又具有相当的模糊性，人们所说的"国际学校"其实分为三种：（1）外籍人员子女学校，这是最初意义上的国际学校，指的是为各类外籍机构与合法居留中国的外国人的子女开办的学校，依据中国法律，这类学校只能招收非中国国籍的学生；（2）民办国际学校，指的是获得国外相关机构认证，以中国学生为主要招收对象，部分或全部采用国外课程、教学与评价体系的学校；（3）公办学校中的国际部（或国际班），指的是国内公办学校与国外学校合作举办的国际教育项目，严格来说不是教育机构，是按照国外课程体系、教学大纲、教材和考试系统对中国学生实施教育，公办学校中的这类教育仅存在于高中教育阶段。2018年5月16日，海南省教育厅发布了关于教育项目招商的意见征集函，其中提到，"国际学校指的是以中国公民为主要招生对象，以出国留学为目的学校，涵盖幼儿园、小学、初中、高中"，文件把专门接收外籍人员子女的学校从国际学校中排除而称之为"外籍子女学校"，"外籍人员子女学校指的是招收外籍子女的学校"，此举被视为官方对国际学校的首次诠释。从这三种来看，民办国际学校构成了国际教育机构的主体，但公办学校的国际教育项目也是基础教育阶段中外合作办学不可忽视的组成部分。这三类国际学校的核心特征都是获得了各类国际课程机构或质量保障机构的认证。

这三类国际学校的整体发展速度较快，近年来呈现较为明显的加速态势。专门研究国际学校办学业态的机构"新学说"在《2018年中国国际学校发展报告》中指出，该机构从各类国际课程机构或质量保障机构的官方渠道获得了目前在中国（不含港澳台）经认证或授权的学校名单，经过数据核对整理，共有821所，其中，外籍人员子女学校共121所，民办国际学校426所，公立学校国际部（班）274所。研究发现，自2010年以来，国际学校一直保持着较高的增长态势，2018年全国新增认证国际学校87所，创近年新高，年增长率达11.85%。2016—2018年民办国际学校数量大幅增长，公立学校开设国际班的增速则较为缓慢，而外籍办学机构数量出现下降，三类学校的占比分别为：民办国际学校占52%，公办学校国际班占33%，外籍子女学校占15%。[1]

从全国范围的分布上来说，国际学校的分布并不均衡。2018年的统计数字显示，国际学校主要分布在东部沿海发达地区，尤其是北京、上海、广州、深圳这些一线城市。从省份来说，广东省居首位，超过130所；上海居第二，超过100所；江苏省居第三、北京居第四，均超过80所；随后是浙江省和山东省，均超过60所。[2]

从这一分布来看，国际学校的发展，与地方经济的发展水平和城市的对外开放程度呈正相关。越是经济发达地区，家长的教育意识越超前、经济实力越雄厚，国际学校就有了更大的教育消费市场；对外开放程度越高的城市，也越容易获得国外认证机构的认可。由于一线城市土地资源紧张，而经济发达地区周边城市的经济发展水平较均衡、交通便利，国际学校近年来开始向发达地区的周边城市（二线、三线城市）蔓延。

## （三）基础教育阶段中外合作办学项目分析

国际学校主要是以引入国际课程的方式来开展中外合作办学的。从国内中外合作的课程项目来看，国际课程的主要类型有英国的

---

[1] 新学说.2018中国国际学校发展报告，1-3.〔EB/OL〕.https://www.xinxueshuo.cn/#/research/download?id=8.
〔2020-06-16〕
[2] 新学说.2018中国国际学校发展报告，4.〔EB/OL〕.https://www.xinxueshuo.cn/#/research/download?id=8.
〔2020-06-16〕

A-Level课程、美国的AP课程、国际文凭组织的IB课程，以及从加拿大、澳大利亚等国引入的课程。根据"新学说"2018年的调查数据，国际课程市场的占有率分别是：A-Level课程占40%，AP课程占26%，IB课程占14%，其他共占20%。截至2018年9月30日，引入IB课程的国际学校办学主体占比最大的是民办学校，占有率为51.4%；其次是外籍人员子女学校，占33.1%；占比最小的是公办学校，仅为15.5%。从中可以看出，IB学校的办学主体为民办学校及外籍人员子女学校。开设A-Level课程的国际学校办学主体占比最大的是民办学校，占有率为62.5%；其次是公办学校，占有率为31%。开设AP课程的学校办学主体占比最大的是公办学校，占比为52.8%，共142所公立学校国际部（班）、96所民办国际化学校开设AP课程；究其原因主要是AP课程本身不是体系化课程，开设灵活度较高，公办学校国际班可以根据自身学生和师资情况，在中国本土体系课程之上选择性开设不同的AP课程。相对于A-Level和IB课程，开设AP课程更加灵活，目前其留学美国的学生占比最多。[1]

2018年中国大陆（不含港澳台）新增国际课程认证数量为152个，其中新增开设A-level课程认证学校83所，占比54.6%；新增IB课程认证学校24所，占比15.8%；新增开设AP课程认证学校17所，占比11.2%；新增加拿大、澳大利亚等其他课程认证的占比18.4%。[2]需要指出的是新增课程认证学校的数量总和并不是新增学校的数量总和，因为一所学校可以申请并获得多种课程的授权认证。

---

[1] 新学说.2018中国国际学校发展报告, 5. ［EB/OL］.https://www.xinxueshuo.cn/#/research/download?id=8.［2020-06-16］
[2] 新学说.2018中国国际学校发展报告, 6. ［EB/OL］.https://www.xinxueshuo.cn/#/research/download?id=8.［2020-06-16］

## 二、基础教育阶段合作办学的发展趋势与建议

国内开展中外合作办学的趋势方兴未艾，这是国内外教育环境发展的结果。一方面，国内基础教育界日趋追求人才培养的国际化，中国基础教育体量大，正在积极吸收和借鉴国际先进教育理念、课程体系和管理规则，并推动国际教育本土化；另一方面，近年来我国基础教育在合作办学的过程中不断探索，逐步从单纯的"引进来"向"走出去"发展，基础教育境外办学已经成为新的发展趋势，从而促进了本土教育的国际化。

### （一）进一步推动国际教育本土化

2020年6月18日，教育部全面部署加快和扩大新时代教育对外开放，正式印发了《教育部等八部门关于加快和扩大新时代教育对外开放的意见》。文件指出：教育对外开放是教育现代化的鲜明特征和重要推动力，要坚持教育对外开放不动摇，主动加强同世界各国的互鉴、互容、互通，形成更全方位、更宽领域、更多层次、更加主动的教育对外开放局面。文件要求"把培养具有全球竞争力的人才摆在重要位置"，在基础教育领域要求"提高基础教育对外开放水平，培养德智体美劳全面发展且具有国际视野的新时代青少年"。显然，要落实这些要求，推动国际教育的本土化发展是其中很重要的一个方面。国际教育的本土化发展有助于我们更好地融入国际教育的潮流，在国际教育的舞台上加强与其他国家的对话、沟通与互鉴共享，从而在国际教育的潮流中发出我们的声音。

中外合作办学是推动国际教育本土化的重要渠道，基础教育阶段的中外合作办学是我国未来扩大教育对外开放需要加强的环节。无论是中外合作办学机构还是办学项目，它们都是扩大教育对外开放的

基础平台，搭载的是学校的办学理念、培养目标、课程设置、教学管理、质量监控和评价制度。通过举办中外合作办学活动，我国的中小学教育可以在这些核心领域加强与国际教育的对话，从而借鉴和吸收国外办学的成功经验，推动本土教育的改革与发展。

### （二）基础教育境外办学，促进本土教育国际化

上述文件也指出，要"积极向国际社会贡献教育治理中国方案"。具体提出，打造"一带一路"教育行动升级版，扩大教育国际公共产品供给，深化与重要国际组织的合作，推动实施联合国《2030年可持续发展议程》教育目标；建立中国特色国际课程开发推广体系，优化汉语国际传播，支持更多国家开展汉语教学。这一要求说明，教育对外开放不仅仅是"请进来"，还要"送出去"，有来有往、互通互鉴才是教育国际化发展的真谛。

要促进本土教育的国际化，就要加强基础教育的境外办学，推动我国的基础教育"走出去"。随着我国经济社会的稳步发展和政策上教育对外开放步伐的加快，基础教育的境外办学趋势已经初现端倪，越来越多的国家开始认同和接受我国的基础教育办学理念和成功经验，这为本土教育国际化奠定了良好的基础。但我国在基础教育领域尚未形成一套成熟的办学体系和管理模式，也尚未开发出成熟的具有中国特色的国际课程；同时，国际政治格局中也存在阻碍我国扩大国际影响力的不利因素，或对我国的境外办学带来干扰。

### （三）调动地方积极性，鼓励各地积极推动基础教育中外合作办学

各地积极推动中外合作办学，这样才能形成我国百花齐放的基础

教育国际化发展格局。1997年，北京中加学校宣告成立并开始招生，这是北京市第一所实施中外合作普通高中教育的新型学校。学校成立以来已有近万名学生毕业，毕业生几乎全部升读国内外大学，绝大多数能够获国外大学奖学金。1997年该校被正式吸纳为联合国教科文组织北京俱乐部协会成员校。2019年7月17日，甘肃省教育厅、省外办、省友协同时发布了《中小学"百校结好"项目实施方案（2020—2022年）》，该项目方案以教育强省、教育国际化、推动青少年国际交流为出发点，推动中外教育国际交流与合作，借助"友好省州""国际交流城市"等平台，通过海外研学、师生互访、文体活动等多种方式，实现甘肃省中小学与国外学校有来有往、常来常往、共享优质教育资源、拓宽学生国际视野和培养创新精神的目标，方案预计，在三年内使甘肃省内中小学与国外友好学校交流合作结对数量达100对。[1]

# 第三节

# 我国基础教育境外办学的政策与实践

我国基础教育境外办学起步于21世纪初。随着教育全球化发展

[1] 甘肃省积极推进中外中小学"百校结好"项目［EB/OL］.https://www.sohu.com/a/328227945_660643.019-07-2021: 37.［2020-06-19］

趋势的不断加强，在引入国外教育资源，开展中外合作办学的同时，国内一些教育机构也开始拓展办学思路，积极走到国外，开展境外办学。与发达国家相比，我国基础教育境外办学仍存在不少问题，需要前瞻性地确立发展策略，逐步开辟特色化的发展路径。

## 一、我国基础教育境外办学的现状与进展

据调查，在我国民办教育机构中，最早进行基础教育境外办学探索的是汇佳教育机构，2006年9月在新加坡成立了新加坡汉和国际学校。汇佳教育机构1993年成立于北京，是一个集各类教育、教育研究和教育服务为一体的教育集团，专注于推动教育国际化，1995年开始在美国、澳大利亚、德国等建立海外教育中心，这些为其后来建立汉和国际学校奠定了基础。1999年汇佳教育机构成为国际文凭组织（IBO）成员，经IBO授权在该教育集团内的学校引入IB项目。汇佳教育机构把多年从事国际化教育所积累的成功经验，和经过多年改进、完善所形成的成熟教育项目运用到新加坡汉和国际学校，迈出了汇佳教育机构拓展国际化教育的重要一步。新加坡汉和国际学校是一所具有中国特色的基于国际文凭课程（即IB课程）的教育理念和标准办学的国际学校。新加坡汉和国际学校设有小学、初中、高中和附属幼儿园等，学生来自近30个国家和地区，采用IB课程体系。

学校的优势和特色：（1）该校在新加坡教育部注册立案，以外籍学生为招生对象，并授予学籍；（2）该校采用双语和双文化教学，中文教学上，采用中国教育部核定的教材，中国籍合格教师授课，其余科目均采用IB课程；（3）该校采用六三三学制（小学6年、初中3年、高中3年），每年寒暑假与国际学校相同，采用寄宿制；（4）学生高中毕业，依据学校采用的IB成绩计分标准，除可申请新加坡本地大学

外，还可申请全球1 100所一流大学。[1]

新加坡汉和国际学校是我国教育机构在境外建立的第一所按照市场经济运行模式和国际课程标准、具有"双语—双文化"特色的国际学校。依托新加坡的市场经济环境，遵照新加坡的法律要求运作。采用中英双语教学，中英文课程设置各占一半，并采用中国国内的语文教材讲授中文课程。这对于中国基础教育走向世界具有里程碑式的意义。

除了民办性质的教育机构走出国门独立兴校办学之外，近年来也出现了公立高中境外办学的新发展。2013年，中国人民大学附属中学在美国创办普林斯顿国际数理学校，迈出了中国公立高中境外办学的重要一步。该校位于新泽西州普林斯顿，属于寄宿制精英高中，学制四年，招收九至十二年级学生。该校课程均为小班教学，入学第一年全面学习补习基础课程，第二年开始根据学生的学习特点和优势逐步协助学生转入专项学习及研究。该校在短短数年时间里取得了令人瞩目的发展，获得了美国中部各州大学和中小学协会的认证，毕业生们进入全美各地包括麻省理工学院、加州理工学院、布朗大学、康奈尔大学、杜克大学等世界顶尖大学继续学习，成为学校培养质量最有力的证明。据《长江日报》报道，2020年9月，杭州二中迪拜学校在迪拜开学，学校筹备组已开展多项建校筹备工作，学校已经开始招生。这是我国教育部首批海外中国国际学校试点单位，是在海外成功创办的第一家全日制中国学校[2]。筹建中的迪拜中国学校是一所涵盖小学、初中、高中12年制的非营利全日制学校，规划规模为在校生800

---

[1] 新加坡汉和国际学校［EB/OL］.https://www.cis.edu.sg/［2020-06-20］.
[2] 杭州二中迪拜学校［EB/OL］.http://www.cjrbapp.cjn.cn/tianxia/p/180467.html.［2020-06-21］

人。该校以"立志、努力、为公"为校训，以为迪拜华侨华人子女提供优质中国基础教育为办学宗旨，从而满足当地中国籍学生未来转学回国继续就读或者升入国际院校的实际需求，是一项海外学子的铸魂工程，更是迪拜华人、华侨的民生工程。学校实行管委会领导下的校长负责制，由举办者委托浙江省杭州第二中学负责运营，将传承杭州二中卓越的办学传统和先进的教育理念；学校将以中国全日制课程包括校本课程为主，涵盖其全部学科和相关标准；以迪拜地方课程和国际课程为辅，包括英语、阿语、社会学、道德学以及部分国际课程；将来学生既可以选择回国参加高考，又可以选择入读海外大学。学校将重视不同课程的融合，除了基础学术课程，也将提供优质的人文历史、科学技术、艺术体育、综合实践、哲学思辨等综合类选修课程，注重学生核心素质的培养。

## 二、基础教育境外办学面临的主要问题

### （一）规模小，影响力弱

改革开放以来，在引进外资和鼓励出口的政策导向下，我国对外贸易发展迅速，形成了巨额的贸易顺差。但在教育领域，我国却是"贸易逆差"，这表现为：在留学生教育领域，我国派出的留学生数量远远大于来华留学生数量；在国际课程领域，我国引入了大量的国际课程（如IB课程、AP课程等），但我国的课程体系并没有真正走出去；在办学机构方面，我国引入的办学机构远大大于我国走出国门的办学机构，等等。

### （二）依赖政府力量，缺少可持续性

目前基础教育领域的境外办学和境外教育项目主要还是政府主

导，其中不乏面向对外教育的援助项目和教育活动。这种境外办学过于依赖政府的力量，甚至不计成本地进行推广，往往不具有可持续性。国外则把国际教育合作看作是教育服务贸易的一部分，在这样的前提下，境外办学就需要遵循市场经济的规则，而我们缺少对这一问题的充分认识，这在很大程度上影响了我国的教育输出。

### （三）缺少有影响力的教育品牌，国际认同度不高

发达国家的教育组织更早开始教育国际化的探索，因此也积累了丰富的经验，逐步建立起具有特色和影响力的教育品牌，如IBO的IB课程体系、英国的哈罗公学（Harrow School）、美国的AP课程等。这些教育品牌代表着世界公认的优质教育资源，它们不断向世界各地输出，获得了很高的国际认同度。与此相比，我们国内的基础教育并没有形成类似的具有国际影响力的教育品牌，因此也难以获得较高的国际认同。

## 三、基础教育境外办学的建议与对策
### （一）运用中华文化优势，彰显文化特色

中国是四大文明古国之一，中华文化博大精深、源远流长；中华文化在世界范围内影响深远，以独特的魅力吸引世界各国。基础教育境外办学可以充分利用中华文化的影响力，让"文化搭台、教育唱戏"：在教学和行政管理中融合东西方文化传统，并以此作为学校办学特色；打好"文化牌"，顺应国家在文化战略上的要求，拓展中国和中华文化的国际影响，有助于培养知华爱华、具有国际视野的外籍学生和家长群体，以及热爱中国、理解中国文化、通晓国际规则的留学人才，也能影响到华裔及其家庭，培养华裔家庭和学生对

中华文化的认同感。

## （二）适应国外的经济、政治、法律和社会环境

境外办学的对象国在引入中方学校的时候，主要是基于对丰富的国际教育资源、改善投资环境、创新教育内容和方式等方面的需要。学校教育涉及复杂的办学环境，不同的国家有不同的社会发展状况和历史文化传统，我国开展境外办学也需要适应国外的经济、政治、法律和社会环境。学校教育从宏观上看，属于人文交流的一部分，因此，在相互理解的基础上才能办好学校教育。

## （三）建立符合国际标准的课程体系和遵循国际规则、符合市场经济环境的运作模式

教育国际化的进程也是一个世界各国在教育领域达成共识、形成大家可以接受的基本规则的过程。国外教育机构在我国的成功办学经验说明，国际公认的行业规则和标准是学校教育得以在更大范围内开展的前提，我国的基础教育学校要开展境外办学，也必须遵循国际同行的运行模式和管理规则，根据教育服务贸易的基本规范来推进。随着经验的积累，相关学校可以尽快开发一套符合中国国情和时代特征、拥有独立知识产权、获得国际社会认可的、中西合璧的国际高中课程。

## （四）研判国际政治局势，维护国家教育主权和利益

近年来，随着我国综合国力的提升，中国已经从力量偏弱的国家成长为拥有较强力量和一定国际影响力的大国。我国基础教育的境外办学也承担着培养国际化人才、提升国际形象的重要历史使命。为

此，境外办学一定要基于国家利益稳步推进，树立中国国际化教育的品牌，建立中国特色国际化教育形象，提升我国教育的国际地位和影响力。通过建立基于国际标准的具有中国特色的课程体系，形成符合国际规则的办学模式，实现境外办学的可持续发展。

### （五）加强对中外合作办学和境外办学的监督和引导

我国基础教育阶段的教育国际化起步较晚，随着教育对外开放的步伐加快，教育国际化水平得到提升的同时，也出现了一些令人担忧的现象，如中外合作办学项目管理混乱、教育教学质量不高等。因此需要加强监督和引领。各教育机构和项目应树立教育主权意识，强化中国教育机构的主导地位，维护国家安全、社会稳定和正常的教育秩序；应将中外合作办学工作与国家和区域社会经济发展的需要结合起来，与学校的整体定位和发展战略以及学科专业建设紧密结合起来。近年来教育部相关部门也在积极开展中外合作办学监管工作，包括成立"教育部中外合作办学监督工作信息平台"，比如：将相关机构和项目的情况及时向社会公布，通告已经终止合作办学的机构名单，对相关政策和热点问题进行解读等。此外，地方教育行政部门也在积极发挥监督和管理功能，对相关办学行为作出规范。2019年北京市教委对中外合作办学和外籍人员子女学校进行抽查，公布了抽查合格的学校。[1]

基础教育阶段的境外办学是我国学校教育发展过程中的新问题，它必然面临诸多问题和重大挑战，但也给我们带来了新的机遇和发

---

[1] 北京市教委关于中外合作办学和外籍人员子女学校抽查合格学校名单（2019-12-30）[EB/OL]. http://jw.beijing.gov.cn/xxgk/xkbayssjygk/202002/t20200217_1645726.html. [2020-06-20]

展的可能性。这是我国中小学校走出国门、扩大教育对外开放的必然要求，也带来了国家软实力的增长和中华文化的对外传播。经过全球化浪潮的洗礼，相信中国的基础教育境外办学会有一个光明的未来。

# 主要参考文献

## 中文著作

1. ［英］爱德华·泰勒.原始文化［M］.连树声，译.上海：上海文艺出版社，1992.
2. ［英］爱德华·泰勒.文化之定义［M］//庄锡昌，等，编.多维视野中的文化理论.杭州：浙江人民出版社，1987.
3. 常士闇.异中求和——当代西方多元文化主义政治思想研究［M］.北京：人民出版社，2009.
4. 丁钢.中国教育：研究与评论（第10辑）［M］.北京：教育科学出版社，2016.
5. ［美］弗兰兹·博厄斯.原始人的心智［M］.项龙，王星，译.北京：国际文化出版公司，1989.
6. ［德］迦达默尔.哲学解释学［M］.夏镇平，等，译，上海：上海译文出版社，1994.
7. 顾明远.民族文化传统与教育现代化［M］.北京：北京师范大学出版社，1998.
8. 顾明远.中国教育的文化基础［M］.太原：山西教育出版社，2004.
9. 联合国教科文组织国际教育发展委员会.学会生存——教育世界的今天和明天［M］.北京：教育科学出版社，1996.
10. 联合国教科文组织.世界教育报告2000［M］.北京：中国对外翻译出版公司，2001.
11. ［美］蕾切尔·卡逊.寂静的春天［M］.吕瑞兰，李长生，译.长春：吉林人民出版社，1997.
12. ［日］NHK特别取材组.印度！印度！——NHK眼中的印度［M］.北京：中国友谊出版社，2012.
13. 王承绪.比较教育学史［M］.北京：人民教育出版社，1999.
14. 邬志辉.教育全球化：中国的视点与问题［M］.上海：华东师范大学出版社，

3

2004.

15. 王晓辉.全球教育治理——国际教育改革文献汇编［M］.北京：教育科学出版社，2008.

16. 项贤明.比较教育学的文化逻辑［M］.哈尔滨：黑龙江教育出版社，2000.

17. 徐滇庆，柯睿思，李昕.终结贫穷之路——中国和印度发展战略比较［M］.北京：机械工业出版社，2009.

18. 臧宏.公民教育的民族性趋势与本土资源研究［M］.长春：吉林人民出版社，2012.

19. 詹明信.晚期资本主义的文化逻辑［M］.北京：三联书店，2003.

20. 张民选.国际组织与教育发展［M］.上海：上海教育出版社，2010.

21. 赵中建，顾建民.比较教育的理论与方法——国外比较教育文选［M］.北京：人民教育出版社，1994.

22. 赵中建，主译.全球教育发展的历史轨迹——国际教育大会60年建议书［M］.北京：教育科学出版社，1999.

23. 郑金洲.多元文化教育［M］.天津：天津教育出版社，2004.

24. ［日］筑波大学教育学研究会.现代教育学基础［M］.钟启泉，译.上海：上海教育出版社，1986.

## 英文著作

25. Donald H. Roy. The Reuniting of American: Eleven Multiculturalism Dialogues ［M］. New York: Peter Lang Publishing, Inc.,1996.

26. Kandel, I. L.Comparative Education ［M］. Boston: Houghton Miffl in Company, 1933.

27. Kazamias, A. M. & Massialas, B. G.Tradition and Change in Education: A Comparative Study ［M］. Englewood Cliffs, NJ: Prentice-Hall, 1965.

28. Watson, Keith, Watson, Raymond, eds. Contemporary Issues in Comparative Education ［M］. London: Croom Helm Ltd, 1985.

29. Mallinson, V. An Instruction to Comparative Education ［M］. London: Heinemann, 1957.

# 后 记

"基础教育国际化"是近几年随着国际化在社会各领域的深度发展而出现的一个新课题，我们也可以将其看作国际化从高等教育阶段不断拓展到基础教育阶段的结果。2016年4月，中共中央办公厅、国务院办公厅印发《关于做好新时期教育对外开放工作的若干意见》，提出坚持扩大开放，做强中国教育，推进人文交流，不断提升我国教育质量、国家软实力和国际影响力。这进一步推动了教育国际化在我国的发展。此后，基础教育阶段的国际化特征日趋明显，引起了学术界和实践界的关注和讨论。

然而，放眼全球，同高等教育阶段的国际化相比，基础教育的国际化并不成熟，相关的研究和实践要少得多。对我国来说，除了世界范围内基础教育阶段的国际化因素不明显之外，另一影响因素是我国对基础教育阶段的教育对外开放的界定。在WTO的规则中，教育被看作是教育服务贸易的一部分，而我国在加入WTO时做出了有限承诺，即义务教育和特殊领域的教育并不对外开放。因此，基础教育国际化的空间相对有限，加上国家目前没有针对基础教育领域的国际化作出具体的政策性规定，因此，尽管实践领域存在不小的需求，特别是一些民办学校开展了很多探索，但鉴于政策和认识上的问题，相关实践中存在不少困惑。正是基于这一现实问题，我们在2017年申请了国家社科基金"十三五"规划2017年度教育学一般课题"主要国家基础教育国际化的政策取向与实践路径比较研究"（课题立项号BDA170024），力图从国际视野出发，对主要国家和国际组织的相关政策进行梳理和研究，以推动基础教育国际化问题的研究。本书是这一课题的研究成果。

本书的写作是一个艰难的梳理和研究的过程。2019年10月，我调任北京师范大学未来教育学院（珠海校区），本书很大一部分是来珠海之后完成的。未来教育学院坐落在珠海这个美丽的海滨城市，珠海校区以其山清水秀、风光优美而被誉为"亚洲最美的山谷大学"。在粤华苑的青年公寓，每当结束白天繁忙的工作之后，晚上很大一部分时间我都用在这本书的写作上。这期间又遭遇新冠肺炎疫情的爆发，切身感受到小小病毒给人类带来的灾难。学校闭门锁户，课堂搬到网上，平时热闹的校园沉寂下来；口罩和消毒液是最熟悉的陪伴，从粤华苑到励教楼办公室要经过三次测体温，门口的保安总是手持测温枪，目光冷峻，怀疑一切。就是在这样的环境中，书稿日渐变厚，日子从春风十里的三月到人间四月天，从五月的梅子黄时再到六月的仲夏，最终完成书稿的时候，珠海已是炎炎暑天的时节。校园里高大的椰子树，海边成片的红树林，这些浓郁的南方风情，伴随着书稿撰写的辛苦与快乐，沉淀成永久的记忆。谨以此书敬献这一段在珠海工作的岁月！

我要感谢一起开展课题研究的团队成员，感谢周满生教授、刘宝存教授、陈如平研究员、王凯研究员等专家的支持！还有我的研究生龚鹏飞、张晓芹、彭丽婷、张秋旭、刘佳、曹玲玲、李慧、李东等同学，他们都参与了本课题的研究，也参与了本书文献综述和国际组织教育政策等部分的信息资料收集和分析工作。刘佳同学在攻读硕士学位期间作为交换生到德国学习一年，收集了大量相关资料，并完成了德国基础教育国际化方面的政策梳理和文稿撰写；龚鹏飞、张晓芹、张秋旭分别参与了新加坡、美国和英国基础教育国际化的撰写；彭丽婷参与了国际教育援助的撰写。在此一并深表感谢！最后，特别感谢上海教育出版社的董洪老师和其他同仁，他们的耐心细致和专业支持让我感到温暖，在此也向为本书的出版付出努力的出版社工作人员表示由衷的敬意！

杨明全
于粤华苑青年公寓
2020 年 7 月

**图书在版编目（CIP）数据**

基础教育国际化政策与实践：比较研究的视角 / 杨明全著. — 上海：上海教育出版社，2021.11
（基础教育国际比较研究丛书 / 顾明远主编）
ISBN 978-7-5720-1242-6

Ⅰ.①基… Ⅱ.①杨… Ⅲ.①基础教育 - 国际化 - 教育政策 - 研究 - 世界 Ⅳ.①G639.1

中国版本图书馆CIP数据核字(2021)第234909号

策　划　袁　彬　董　洪
责任编辑　廖宏艳
书籍设计　陆　弦　陈　芸

基础教育国际比较研究丛书
顾明远　主编
**基础教育国际化政策与实践：比较研究的视角**
杨明全　著

出版发行　上海教育出版社有限公司
官　　网　www.seph.com.cn
地　　址　上海市闵行区号景路159弄C座
邮　　编　201101
印　　刷　上海展强印刷有限公司
开　　本　640×965　1/16　印张22.5　插页3
字　　数　270千字
版　　次　2021年11月第1版
印　　次　2021年11月第1次印刷
书　　号　ISBN 978-7-5720-1242-6/G·0975
定　　价　79.00元

如发现质量问题，读者可向本社调换　电话：021-64373213